起源でたどる
日本語
表現事典

木部暢子［編著］
中澤光平・中西太郎・平子達也［著］

丸善出版

はじめに

　日本語は系統関係がまだわかっていない言語です。日本語の起源もまだよくわかっていません。これらの解明は大変、興味をそそられるテーマではありますが、この事典はそのようなテーマを扱ったものではなく、あくまで実際に確認できる資料に基づいて、私たちが現在、使っている単語や表現がどのような歴史をたどって今に至ったかを、できるだけ分かりやすく解説しようとする事典です。誤解のないように、最初にこのことをおことわりしておきたいと思います。

　この事典に収められているのは、279の項目とそれらに関連する単語や表現の解説です。私たちが日常使っている重要単語は約3400語、そのうちの最重要単語は約1000語といいますから（三省堂『新明解国語辞典』第六版「あとがき」による）、ここで取り上げた単語は微々たるものに過ぎません。また、取り上げた単語の品詞にも偏りがあります。特に動詞が含まれていないのが大きな欠点です。このような不備があるのを承知のうえで、こうした事典を作成してみるのも日本語研究の一つの試みではないかと思い、この事典を出版することにしました。

　上に述べたように、この事典では実際に確認できる資料に基づいて、単語や表現の歴史を説明しています。そのため、説明の文章の中に文献資料の名前を丹念にあげています。読者の中には、これをうるさく感じる方がいらっしゃるかもしれません。しかし、単なることばの歴史だけではなく、どのようなエビデンスに基づいてそのような結論が導き出されるのかを説明することは、ことばだけでなく、すべての分野の研究の基本なので、このような説明のしかたをしています。事典の末尾に「引用文献一覧」をつけ、文献資料の解説を掲載していますので、是非、参考にしてください。

　この事典の大きな特長は、方言資料をふんだんに使っていることで

す。第I部に書いたように、ことばの歴史を探る方法には、文献資料を使う方法と方言資料を使う方法の2つがあります。両者を融合させた研究は、これまでもいくつか行われてきましたが、この事典では多くの単語・表現にこの方法を用いています。項目によっては各地の方言の調査報告が不足している場合があり、項目のすべてでこのような方法が可能だったわけではありません。その意味で、各地の方言の報告がもっと盛んに行われる必要があると感じます。

　最後に、この事典が読者の方々の日本語に対する考え方やものの見方を少しでも変えるきっかけとなれば幸いです。

令和6年11月

木部暢子

目　次

第Ⅰ部　ことばの歴史を探るための基礎知識 ……………………… 1
第Ⅱ部　身近な日本語の起源 …………………………………………… 40

● 1. 自然

そら［空］……………………… 42
てん・あめ［天］……………… 42
てっぺん［天辺］……………… 43
たいよう［太陽］……………… 44
つき［月］……………………… 45
つち［土］……………………… 45
じめん［地面］………………… 46
じしん［地震］………………… 46
た［田］………………………… 47
はたけ［畑］…………………… 47
あぜ［畔］……………………… 48
みなと［港・湊］……………… 49
みず［水］……………………… 49
こおり［氷］…………………… 50
つらら［氷柱］………………… 50

けむり［煙］…………………… 51
きり［霧］……………………… 51
かすみ［霞］…………………… 52
あめ［雨］……………………… 52
つゆ［梅雨］…………………… 53
かぜ［風］……………………… 54
つむじかぜ［旋風］、たつまき［竜
　巻］…………………………… 54
ひがしかぜ［東風］…………… 55
みなみかぜ［南風］…………… 55
こがらし［木枯らし］………… 56
かみなり［雷］………………… 57
いなびかり［稲光］…………… 58
にじ［虹］……………………… 59

● 2. 空間・時間

まえ［前］……………………… 62
うしろ［後］…………………… 62
あと［跡］……………………… 63
うえ［上］……………………… 63
した［下］……………………… 64
なか［中］……………………… 64
おく［奥］……………………… 65
あな［穴］……………………… 66

きょう［今日］………………… 66
きのう［昨日］………………… 67
おととい［一昨日］…………… 67
あした［明日］………………… 68
あさ［朝］……………………… 68
ひる［昼］……………………… 69
ゆうがた［夕］………………… 69
よる［夜］……………………… 70

● 3. 親族

親族名称と親族呼称	72	おっと [夫]	81
ちち [父]	73	つま [妻]	81
はは [母]	74	ふうふ [夫婦]	82
あに [兄]	75	おじ [伯父・叔父]、おば [伯母・叔母]	82
あね [姉]	75		
おとうと [弟]	76	おとこ [男]	83
いもうと [妹]	77	おんな [女]	84
きょうだい [兄弟]	78	むすこ [息子]・むすめ [娘]	85
そふ [祖父]	79	まご [孫]	85
そぼ [祖母]	80		

● 4. 人体

あたま [頭]	88	くび [首]	100
かみのけ [髪]	88	あくび [欠伸]	101
つむじ [旋毛]	89	かた [肩]	101
ふけ [雲脂]	89	むね [胸]	102
しらが [白髪]	90	ちち [乳]	102
かお [顔]	91	はら [腹]	103
め [目]	92	せなか [背中]	104
まゆ [眉]	92	きも・かん [肝]	105
はな [鼻]	93	へそ [臍]	105
みみ [耳]	93	こし [腰]	106
くち [口]	94	うで [腕]	106
くちびる [唇]	95	て [手]	107
した [舌]	95	ゆび [指]	108
つば [唾]	96	あし [足]	109
は [歯]	97	ひざ [膝]	110
あご [顎]	97	ほくろ [黒子]	110
ひげ [髭]	98	あざ [痣]	111
け [毛]	98	きゅう [灸]	111
のど [喉]	99		

● 5. 衣

きもの [着物]	114	くつした [靴下]	117
そで [袖]	115	げた [下駄]	118
すそ [裾]	115	ぞうり [草履]	119
おび [帯]	116	くつ [靴・沓]	120
ひも [紐]	116	はおり [羽織]	120
たび [足袋]	117	はかま [袴]	121

目　次　v

● 6. 食

こめ ［米］ …………………… 124	いちご ［苺］ ………………… 133
いね ［稲］ …………………… 125	み ［実］ ……………………… 134
むぎ ［麦］ …………………… 125	つぶ ［粒］ …………………… 135
きび ［黍］ …………………… 126	ゆ ［湯］ ……………………… 135
いも ［芋］ …………………… 126	ちゃ ［茶］ …………………… 136
やまのいも ［山芋］ ………… 127	めし ［飯］ …………………… 137
さといも ［里芋］ …………… 127	かゆ ［粥］ …………………… 138
さつまいも ［甘藷］ ………… 128	もち ［餅］ …………………… 138
じゃがいも ［馬鈴薯］ ……… 128	ぞうすい ［雑炊］ …………… 139
だいず ［大豆］、あずき ［小豆］	みそ ［味噌］ ………………… 139
……………………………… 129	しる ［汁］ …………………… 140
そらまめ ［空豆］、いんげんまめ ［隠	こうじ ［麹］ ………………… 141
元豆］ …………………………… 129	あぶら ［油・脂］ …………… 142
かぼちゃ ［南瓜］ …………… 130	にく ［肉］ …………………… 142
なす ［茄子］ ………………… 130	あじ ［味］ …………………… 143
きのこ ［茸］ ………………… 131	しお ［塩］ …………………… 143
きくらげ ［木耳］ …………… 132	しおからい ［塩辛い］ ……… 144
くわ ［桑］ …………………… 132	あまい ［甘い］ ……………… 145

● 7. 住

いえ ［家］ …………………… 148	かわら ［瓦］ ………………… 152
だいどころ ［台所］ ………… 149	にわ ［庭］ …………………… 153
かまど ［竈］ ………………… 150	いど ［井戸］ ………………… 154
ゆか ［床］ …………………… 151	ほこり ［埃］ ………………… 155
いろり ［囲炉裏］ …………… 152	

● 8. 道具

わん ［椀］ …………………… 158	かま ［釜］ …………………… 164
つぼ ［壺］ …………………… 159	かなえ ［鼎］ ………………… 165
とくり ［徳利］、へいじ ［瓶子］	ふで ［筆］ …………………… 166
……………………………… 159	うるし ［漆］ ………………… 166
ちょうし ［銚子］ …………… 160	かがみ ［鏡］ ………………… 167
かめ ［瓶］ …………………… 161	くし ［櫛］ …………………… 168
おけ ［桶］ …………………… 162	まくら ［枕］ ………………… 169
はち ［鉢］ …………………… 162	ほうき ［箒］ ………………… 170
さら ［皿］ …………………… 163	さお ［竿］ …………………… 171
なべ ［鍋］ …………………… 163	

● 9. 魚介類

さかな [魚] ……………………… 174	いるか [海豚] ……………………… 177
うろこ [鱗] ……………………… 175	えび [海老] ……………………… 178
かつお [鰹] ……………………… 176	かに [蟹] ……………………… 178
さめ [鮫] ……………………… 176	かめ [亀] ……………………… 179
さば [鯖] ……………………… 177	

● 10. 動物

うし [牛] ……………………… 182	うさぎ [兎] ……………………… 186
うま [馬] ……………………… 183	ねずみ [鼠] ……………………… 187
いのしし [猪] ……………………… 183	いぬ [犬] ……………………… 188
ぶた [豚] ……………………… 184	ねこ [猫] ……………………… 189
しか [鹿] ……………………… 185	くじら [鯨] ……………………… 190
さる [猿] ……………………… 186	

● 11. 鳥

とり [鳥] ……………………… 192	からす [烏] ……………………… 195
にわとり [鶏] ……………………… 192	たか [鷹] ……………………… 195
とさか [鶏冠] ……………………… 193	うぐいす [鶯] ……………………… 196
すずめ [雀] ……………………… 194	ほととぎす [時鳥] ……………………… 196
はと [鳩] ……………………… 194	たまご [卵] ……………………… 197

● 12. 虫

むし [虫] ……………………… 200	なめくじ [蛞蝓] ……………………… 207
あり [蟻] ……………………… 200	へび [蛇] ……………………… 208
か [蚊] ……………………… 201	まむし [蝮] ……………………… 209
くも [蜘蛛] ……………………… 201	むかで [蜈蚣] ……………………… 210
くものす [蜘蛛の巣] ……………………… 202	のみ [蚤] ……………………… 210
ちょうちょ [蝶々] ……………………… 202	しらみ [虱] ……………………… 211
はち [蜂] ……………………… 203	かいこ [蚕] ……………………… 211
はえ [蠅] ……………………… 203	かまきり [蟷螂] ……………………… 212
うじ [蛆] ……………………… 204	とんぼ [蜻蛉] ……………………… 213
みみず [蚯蚓] ……………………… 204	ばった [飛蝗] ……………………… 214
かえる [蛙] ……………………… 205	せみ [蝉] ……………………… 215
かたつむり [蝸牛] ……………………… 206	

目　次　vii

● 13. 植物

まつ［松］ …………………… 218	さくら［桜］ ………………… 222
たけ［竹］ …………………… 219	はぎ［萩］ …………………… 222
うめ［梅］ …………………… 220	たちばな［橘］ ……………… 223
もも［桃］ …………………… 221	とげ［棘・刺］ ……………… 223

● 14. 色彩

色彩語彙の体系 ……………… 226	くろい［黒い］ ……………… 231
あか［赤］ …………………… 227	くらい［暗い］ ……………… 232
あかい［赤い］ ……………… 228	しろ［白］ …………………… 232
あかるい［明るい］ ………… 228	しろい［白い］ ……………… 233
あお［青・碧］ ……………… 229	しるし［著し］ ……………… 233
あおい［青い・碧い］ ……… 230	みどり［緑］ ………………… 234
あわい［淡い］ ……………… 230	き・きいろ・きいろい［黄色］ … 235
くろ［黒］ …………………… 231	むらさき［紫］ ……………… 235

● 15. 形容詞

おおきい［大きい］ ………… 238	あたたかい［暖かい・温かい］ … 248
ちいさい［小さい］ ………… 239	すずしい［涼しい］ ………… 248
おおい［多い］ ……………… 239	つめたい［冷たい］ ………… 249
すくない［少ない］ ………… 240	たのしい［楽しい］ ………… 249
たかい［高い］ ……………… 240	かなしい［悲しい］ ………… 250
ひくい［低い］ ……………… 241	うれしい［嬉しい］ ………… 250
ふとい［太い］ ……………… 242	つらい［辛い］ ……………… 251
ほそい［細い］ ……………… 243	うつくしい［美しい］ ……… 251
こまかい［細かい］ ………… 243	きれいだ［綺麗だ］ ………… 252
あらい［粗い］ ……………… 244	きたない［汚い・穢い］ …… 252
ながい［長い］ ……………… 244	おそろしい［恐ろしい］ …… 253
みじかい［短い］ …………… 245	こわい［怖い］ ……………… 254
まるい［丸い］ ……………… 245	はやい［早い・速い］ ……… 254
しかくい［四角い］ ………… 246	おそい［遅い］ ……………… 255
あつい［暑い・熱い］ ……… 246	
さむい［寒い］ ……………… 247	

引用文献一覧（五十音順） ……………………………………………………… 256
引用文献一覧（年代順） ………………………………………………………… 292

項目五十音索引

●あ行

あお ［青・碧］〈色彩〉…… 229
あおい ［青い・碧い］〈色彩〉
　………………………… 230
あか ［赤］〈色彩〉………… 227
あかい ［赤い］〈色彩〉…… 228
あかるい ［明るい］〈色彩〉… 228
あくび ［欠伸］〈人体〉…… 101
あご ［顎］〈人体〉………… 97
あさ ［朝］〈空間・時間〉… 68
あざ ［痣］〈人体〉………… 111
あし ［足］〈人体〉………… 109
あじ ［味］〈食〉…………… 143
あした ［明日］〈空間・時間〉
　………………………… 68
あずき ［小豆］〈食〉……… 129
あぜ ［畔］〈自然〉………… 48
あたたかい ［暖かい・温かい］
　〈形容詞〉……………… 248
あたま ［頭］〈人体〉……… 88
あつい ［暑い・熱い］〈形容詞〉
　………………………… 246
あと ［跡］〈空間・時間〉… 63
あな ［穴］〈空間・時間〉… 66
あに ［兄］〈親族〉………… 75
あね ［姉］〈親族〉………… 75
あぶら ［油・脂］〈食〉…… 142
あまい ［甘い］〈食〉……… 145
あめ ［雨］〈自然〉………… 52

あらい ［粗い］〈形容詞〉… 244
あり ［蟻］〈虫〉…………… 200
あわい ［淡い］〈色彩〉…… 230

いえ ［家］〈住〉…………… 148
いちご ［苺］〈食〉………… 133
いど ［井戸］〈住〉………… 154
いなびかり ［稲光］〈自然〉… 58
いぬ ［犬］〈動物〉………… 188
いね ［稲］〈食〉…………… 125
いのしし ［猪］〈動物〉…… 183
いも ［芋］〈食〉…………… 126
いもうと ［妹］〈親族〉…… 77
いるか ［海豚］〈魚介類〉… 177
いろり ［囲炉裏］〈住〉…… 152
いんげんまめ ［隠元豆］〈食〉
　………………………… 129

うえ ［上］〈空間・時間〉… 63
うぐいす ［鶯］〈鳥〉……… 196
うさぎ ［兎］〈動物〉……… 186
うし ［牛］〈動物〉………… 182
うじ ［蛆］〈虫〉…………… 204
うしろ ［後］〈空間・時間〉… 62
うつくしい ［美しい］〈形容詞〉
　………………………… 251
うで ［腕］〈人体〉………… 106
うま ［馬］〈動物〉………… 183
うめ ［梅］〈植物〉………… 220

うるし ［漆］〈道具〉………… 166
うれしい ［嬉しい］〈形容詞〉
　………………………………… 250
うろこ ［鱗］〈魚介類〉……… 175

えび ［海老］〈魚介類〉……… 178

おおい ［多い］〈形容詞〉…… 239
おおきい ［大きい］〈形容詞〉
　………………………………… 238
おく ［奥］〈空間・時間〉……… 65
おけ ［桶］〈道具〉…………… 162
おじ ［伯父・叔父〕〈親族〉… 82
おそい ［遅い］〈形容詞〉…… 255
おそろしい ［恐ろしい］〈形容詞〉
　………………………………… 253
おっと ［夫］〈親族〉…………… 81
おとうと ［弟］〈親族〉………… 76
おとこ ［男］〈親族〉…………… 83
おととい ［一昨日］〈空間・時間〉
　…………………………………… 67
おば ［伯母・叔母〕〈親族〉… 82
おび ［帯〕〈衣〉……………… 116
おんな ［女〕〈親族〉…………… 84

●か行
か ［蚊］〈虫〉………………… 201
かいこ ［蚕］〈虫〉…………… 211
かえる ［蛙］〈虫〉…………… 205
かお ［顔］〈人体〉……………… 91
かがみ ［鏡］〈道具〉………… 167
かすみ ［霞］〈自然〉…………… 52
かぜ ［風］〈自然〉……………… 54
かた ［肩］〈人体〉…………… 101

かたつむり ［蝸牛］〈虫〉…… 206
かつお ［鰹］〈魚介類〉……… 176
かなえ ［鼎］〈道具〉………… 165
かなしい ［悲しい］〈形容詞〉
　………………………………… 250
かに ［蟹］〈魚介類〉………… 178
かぼちゃ ［南瓜］〈食〉……… 130
かま ［釜］〈道具〉…………… 164
かまきり ［蟷螂〕〈虫〉……… 212
かまど ［竈〕〈住〉…………… 150
かみなり ［雷〕〈自然〉………… 57
かみのけ ［髪〕〈人体〉………… 88
かめ ［瓶〕〈道具〉…………… 161
かめ ［亀〕〈魚介類〉………… 179
かゆ ［粥〕〈食〉……………… 138
からす ［烏〕〈鳥〉…………… 195
かわら ［瓦〕〈住〉…………… 152
かん ［肝〕〈人体〉…………… 105

き・きいろ・きいろい ［黄色〕
　〈色彩〉………………………… 235
きくらげ ［木耳〕〈食〉……… 132
きたない ［汚い・穢い〕〈形容詞〉
　………………………………… 252
きのう ［昨日〕〈空間・時間〉
　…………………………………… 67
きのこ ［茸〕〈食〉…………… 131
きび ［黍〕〈食〉……………… 126
きも ［肝〕〈人体〉…………… 105
きもの ［着物〕〈衣〉………… 114
きゅう ［灸〕〈人体〉………… 111
きょう ［今日〕〈空間・時間〉… 66
きょうだい ［兄弟〕〈親族〉… 78
きり ［霧〕〈自然〉……………… 51

きれいだ［綺麗だ］〈形容詞〉
　　……………………… 252

くし［櫛］〈道具〉………… 168
くじら［鯨］〈動物〉……… 190
くち［口］〈人体〉………… 94
くちびる［唇］〈人体〉…… 95
くつ［靴・沓］〈衣〉……… 120
くつした［靴下］〈衣〉…… 117
くび［首］〈人体〉………… 100
くも［蜘蛛］〈虫〉………… 201
くものす［蜘蛛の巣］〈虫〉
　　……………………… 202
くらい［暗い］〈色彩〉…… 232
くろ［黒］〈色彩〉………… 231
くろい［黒い］〈色彩〉…… 231
くわ［桑］〈食〉…………… 132

け［毛］〈人体〉…………… 98
げた［下駄］〈衣〉………… 118
けむり［煙］〈自然〉……… 51

こうじ［麹］〈食〉………… 141
こおり［氷］〈自然〉……… 50
こがらし［木枯らし］〈自然〉… 56
こし［腰］〈人体〉………… 106
こまかい［細かい］〈形容詞〉
　　……………………… 243
こめ［米］〈食〉…………… 124
こわい［怖い］〈形容詞〉… 254

●さ行
さお［竿］〈道具〉………… 171
さかな［魚］〈魚介類〉…… 174

さくら［桜］〈植物〉……… 222
さつまいも［甘藷］〈食〉… 128
さといも［里芋］〈食〉…… 127
さば［鯖］〈魚介類〉……… 177
さむい［寒い］〈形容詞〉… 247
さめ［鮫］〈魚介類〉……… 176
さら［皿］〈道具〉………… 163
さる［猿］〈動物〉………… 186

しお［塩］〈食〉…………… 143
しおからい［塩辛い］〈食〉
　　……………………… 144
しか［鹿］〈動物〉………… 185
しかくい［四角い］〈形容詞〉
　　……………………… 246
しきさいごいのたいけい［色彩語
　彙の体系］〈色彩〉……… 226
じしん［地震］〈自然〉…… 46
した［下］〈空間・時間〉… 64
した［舌］〈人体〉………… 95
じめん［地面］〈自然〉…… 46
じゃがいも［馬鈴薯］〈食〉
　　……………………… 128
しらが［白髪］〈人体〉…… 90
しらみ［虱］〈虫〉………… 211
しる［汁］〈食〉…………… 140
しるし［著し］〈色彩〉…… 233
しろ［白］〈色彩〉………… 232
しろい［白い］〈色彩〉…… 233
しんぞくめいしょう［親族名称］
　としんぞくこしょう［親族呼
　称］〈親族〉……………… 72

すくない［少ない］〈形容詞〉

.... 240
すずしい［涼しい］〈形容詞〉
.... 248
すずめ［雀］〈鳥〉......... 194
すそ［裾］〈衣〉............ 115
せなか［背中］〈人体〉...... 104
せみ［蟬］〈虫〉............ 215

ぞうすい［雑炊］〈食〉...... 139
ぞうり［草履］〈衣〉......... 119
そで［袖］〈衣〉............ 115
そふ［祖父］〈親族〉......... 79
そぼ［祖母］〈親族〉......... 80
そら［空］〈自然〉............ 42
そらまめ［空豆］〈食〉...... 129

●た行
た［田］〈自然〉............. 47
だいず［大豆］・あずき［小豆］
〈食〉..................... 129
だいどころ［台所］〈住〉..... 149
たいよう［太陽］〈自然〉...... 44
たか［鷹］〈鳥〉............. 195
たかい［高い］〈形容詞〉..... 240
たけ［竹］〈植物〉........... 219
たちばな［橘］〈植物〉....... 223
たつまき［竜巻］〈自然〉...... 54
たのしい［楽しい］〈形容詞〉
.... 249
たび［足袋］〈衣〉........... 117
たまご［卵］〈鳥〉........... 197

ちいさい［小さい］〈形容詞〉
.... 239

ちち［父］〈親族〉............ 73
ちち［乳］〈人体〉........... 102
ちゃ［茶］〈食〉............. 136
ちょうし［銚子］〈道具〉..... 160
ちょうちょ［蝶々］〈虫〉..... 202

つき［月］〈自然〉............ 45
つち［土］〈自然〉............ 45
つば［唾］〈人体〉............ 96
つぶ［粒］〈食〉............. 135
つぼ［壺］〈道具〉........... 159
つま［妻］〈親族〉............ 81
つむじ［旋毛］〈人体〉........ 89
つむじかぜ［旋風］〈自然〉... 54
つめたい［冷たい］〈形容詞〉
.... 249
つゆ［梅雨］〈自然〉.......... 53
つらい［辛い］〈形容詞〉..... 251
つらら［氷柱］〈自然〉........ 50

て［手］〈人体〉............. 107
てっぺん［天辺］〈自然〉...... 43
てん・あめ［天］〈自然〉...... 42

とくり［徳利］〈道具〉....... 159
とげ［棘・刺］〈植物〉....... 223
とさか［鶏冠］〈鳥〉......... 193
とり［鳥］〈鳥〉............. 192
とんぼ［蜻蛉］〈虫〉......... 213

●な行
なか［中］〈空間・時間〉...... 64
ながい［長い］〈形容詞〉..... 244
なす［茄子］〈食〉........... 130

なべ［鍋］〈道具〉............ 163
なめくじ［蛞蝓］〈虫〉...... 207

にく［肉］〈食〉............... 142
にじ［虹］〈自然〉............ 59
にわ［庭］〈住〉............... 153
にわとり［鶏］〈鳥〉......... 192

ねこ［猫］〈動物〉............ 189
ねずみ［鼠］〈動物〉......... 187

のど［喉］〈人体〉............ 99
のみ［蚤］〈虫〉............... 210

●は行
は［歯］〈人体〉............... 97
はえ［蠅］〈虫〉............... 203
はおり［羽織］〈衣〉......... 120
はかま［袴］〈衣〉............ 121
はぎ［萩］〈植物〉............ 222
はたけ［畑］〈自然〉......... 47
はち［鉢］〈道具〉............ 162
はち［蜂］〈虫〉............... 203
ばった［飛蝗］〈虫〉......... 214
はと［鳩］〈鳥〉............... 194
はな［鼻］〈人体〉............ 93
はは［母］〈親族〉............ 74
はやい［早い・速い］〈形容詞〉
　............................... 254
はら［腹］〈人体〉............ 103

ひがしかぜ［東風］〈自然〉... 55
ひくい［低い］〈形容詞〉..... 241
ひげ［髭］〈人体〉............ 98

ひざ［膝］〈人体〉............ 110
ひも［紐］〈衣〉............... 116
ひる［昼］〈空間・時間〉...... 69

ふうふ［夫婦］〈親族〉....... 82
ふけ［雲脂］〈人体〉......... 89
ぶた［豚］〈動物〉............ 184
ふで［筆］〈道具〉............ 166
ふとい［太い］〈形容詞〉..... 242

へいじ［瓶子］〈道具〉....... 159
へそ［臍］〈人体〉............ 105
へび［蛇］〈虫〉............... 208

ほうき［箒］〈道具〉......... 170
ほくろ［黒子］〈人体〉....... 110
ほこり［埃］〈住〉............ 155
ほそい［細い］〈形容詞〉..... 243
ほととぎす［時鳥］〈鳥〉..... 196

●ま行
まえ［前］〈空間・時間〉...... 62
まくら［枕］〈道具〉......... 169
まご［孫］〈親族〉............ 85
まつ［松］〈植物〉............ 218
まむし［蝮］〈虫〉............ 209
まゆ［眉］〈人体〉............ 92
まるい［丸い］〈形容詞〉..... 245

み［実］〈食〉.................. 134
みじかい［短い］〈形容詞〉
　............................... 245
みず［水］〈自然〉............ 49
みそ［味噌］〈食〉............ 139

みどり［緑］〈色彩〉⋯⋯⋯⋯ 234
みなと［港・湊］〈自然〉⋯⋯ 49
みなみかぜ［南風］〈自然〉⋯ 55
みみ［耳］〈人体〉⋯⋯⋯⋯⋯ 93
みみず［蚯蚓］〈虫〉⋯⋯⋯⋯ 204

むかで［蜈蚣］〈虫〉⋯⋯⋯⋯ 210
むぎ［麦］〈食〉⋯⋯⋯⋯⋯⋯ 125
むし［虫］〈虫〉⋯⋯⋯⋯⋯⋯ 200
むすこ［息子］・むすめ［娘］
　〈親族〉⋯⋯⋯⋯⋯⋯⋯⋯⋯ 85
むね［胸］〈人体〉⋯⋯⋯⋯⋯ 102
むらさき［紫］〈色彩〉⋯⋯⋯ 235

め［目］〈人体〉⋯⋯⋯⋯⋯⋯ 92
めし［飯］〈食〉⋯⋯⋯⋯⋯⋯ 137

もち［餅］〈食〉⋯⋯⋯⋯⋯⋯ 138
もも［桃］〈植物〉⋯⋯⋯⋯⋯ 221

●や行
やまのいも［山芋］〈食〉⋯⋯ 127

ゆ［湯］〈食〉⋯⋯⋯⋯⋯⋯⋯ 135
ゆうがた［夕］〈空間・時間〉
　⋯⋯⋯⋯⋯⋯⋯⋯⋯⋯⋯⋯⋯ 69
ゆか［床］〈住〉⋯⋯⋯⋯⋯⋯ 151
ゆび［指］〈人体〉⋯⋯⋯⋯⋯ 108

よる［夜］〈空間・時間〉⋯⋯ 70

●わ行
わん［椀］〈道具〉⋯⋯⋯⋯⋯ 158

第Ⅰ部
ことばの歴史を探るための基礎知識

1 ことばの歴史を探る方法

　ことばの歴史を探る方法には、大きく分けて2つあります。1つは、文献資料から過去のことばの実態を探る方法、もう1つは、現代の諸方言から過去の歴史を探る方法です。この2つについて、詳しく見ていきましょう。

1.1　文献資料による日本語の歴史の探究

　文献資料による方法は、ことばの歴史を研究するときの最もオーソドックスな方法です。文献資料に書かれていることばを集めて、それらを時代順に並べていけば、ことばの歴史を描くことができます。それぞれのことばがいつ頃、どのような文脈で使われたかということが確認できるのが文献資料の長所です。

　その一方で、文献資料には、すべてのことばが書かれているわけではない、つまり、文献資料に書かれていないことばは、その時代になかったとは言えない（不在証明はできない）ということをきちんと理解しておく必要があります。また、どの時代でもことばは均一ではなく、使う人の属性—例えば、年齢、性別、社会的地位や立場、職業、所属するコミュニティなど—によって違います。さらに、その文献のジャンル—例えば、歌謡・和歌・俳諧といった韻文、物語・日記・読み本などの散文、軍記物、狂言や歌舞伎・浄瑠璃の台本、漢詩や漢籍・仏典の注釈書など—によって使われることばが違います。語によっては、時代により使う人の層が変わることがあります。例えば、一人称代名詞「おれ」は、中世には貴賤男女の別なく用いられましたが、近世後半以降は女性が使用しなくなりました。文献資料を使ってことばの歴史を研究するためには、これらのことを押さえておく必要があります。とはいえ、豊富な文献資料を使って日本語の歴史を探るのが、

有効な手段であることに間違いはありません。本書でも、基本的にこの方法を用いてそれぞれの項目を執筆しています。

なお、ことばの起源をたどるには、その語がいつ頃から使われているかといった初出例が非常に重要になってきます。その記述が充実しているのが『日本国語大辞典 第二版』(小学館)です。第二版では、最新の研究成果に基づいた「語誌」欄やさまざまな説が一覧できる「語源説」欄が設けられています。本書でも、これを参考にして、用例や語源説を記述しています。ただし、できるだけ、出典の元の文章にあたるようにしています。また、各時代の用例の検索には、国立国語研究所の『日本語歴史コーパスCHJ』および『現代日本語書き言葉均衡コーパスBCCWJ』を使用しました。CHJについては「底本リンク」を活用して、出典の元の文章を確認しています。

1.2 方言資料による日本語の歴史の探究

次に、方言資料がどのように日本語の歴史の研究に役立つかについて考えてみましょう。

「辺境地に古いことばが残る」とよくいわれます。広く知られているのは、柳田国男の「方言周圏論」[1]ですが、このような発想は、古くからありました。例えば、本居宣長(1730-1801年)は『玉勝間』(七)の中で「すべてゐなかには、いにしへの言ののこれること多し」と述べています。また、越谷吾山の『物類称呼』(1775年)には、「辺鄙の人は・・・質素淳朴に応じてまことに古代の遺言をうしなはず」とあります。では、柳田の方言周圏論の独自性がどこにあるかというと、離れた2地点(以上)に同じ語が分布している点に着目し、このような分布の原因が、中央部で生まれた語形が周囲に伝播し、次に、中央部で新しい語形が生まれ、それがまた周囲に伝播し、結果的に古い語形の領域が分断されてしまったことにあると考えた点です[2]。

---

[1] 柳田国男「蝸牛考」『人類学雑誌』42-4～7 (1927年)。改訂版『蝸虫考』(1930年、刀江書院)。

[2] これには、「言語は一定の領域をもつ」というドーザの『言語地理学』の影響があったという(柴田武「解説」『蝸牛考』岩波文庫)。

したがって、方言周圏論のポイントは、①語の分布が分断されていること、②それらが古い中央語の名残であることの２点にあります。

①に関しては、実際に多くの語で確認できます[3]。しかし、それだけで②が成り立つわけではありません。②をいうためには、離れた２地点（以上）で同じ語形が生まれたり、同じ変化が起きたりした結果ではないこと、また、飛び火的に語形が伝播したものではないことを検証する必要があります。例えば、「来る」の使役形「来させた」を東北と九州では「こらせた」と言います[4]。しかし、「こらせた」は古い中央語の名残ではありません。これらは、東北と九州でそれぞれ独自にラ行五段化[5]を起こしたものと考えることができるからです。また、値段を尋ねるときの「いくら」を関東・中部で「いくら」と言い、関西・中国・四国で「なんぼ」と言います。ところが、「いくら」に囲まれて、山梨県に「なんぼ」が島のように分布しています[6]。関西の「なんぼ」が飛び火的に山梨県に伝播した可能性があります。以上のようなことを考慮しつつ、本書では、文献資料の用例を補強するための補助的手段として、現代方言を使用することにします。

---

[3] 国立国語研究所『日本言語地図』でこのような分布を示す地図を見つけることができる。
[4] 国立国語研究所『方言文法全国地図』第３集120図。
[5] 「着る」「寝る」などの一段動詞、カ変動詞「来る」がラ行五段動詞と同じような活用になること。使役形だけでなく、他の活用形でもラ行五段化が見られる。
[6] 国立国語研究所『方言文法全国地図』第１集50図。

2 日本語の音韻の歴史

　言語には大きく分けて、音韻・文法・語彙の3つの側面があります。本書は、語彙を切り口として日本語の歴史をたどることを目的としていますが、そのためには、語を形成している音韻について知っておく必要があります。そこで、本節では、日本語の音韻の歴史について概観します。

　文法（統語）の歴史については、ここでは取り上げません。統語は、語をつないで文を作るための規則であって、語よりも大きな範囲を扱うことになるからです。一方、これまで文法で扱われていた動詞・形容詞の活用は、語が文法的な機能に応じて形を変える現象をさし、形態論というカテゴリーに入ります。単位の大きさでいうと、「音韻─形態─語─統語─文（話し言葉では発話）」の順で大きくなっていきます[7]。ここに示したように、形態は語よりも小さな単位で、語を作る要素となります。したがって、ことばの起源を探るときに、形態変化は、大変重要な要素となります。これについては第Ⅰ部の「3. 形態音韻変化」で取り上げます。

2.1　日本語の音韻体系

　最初に、日本語の音韻体系（音韻の全体像）を押さえておきましょう。日本語には音の数がいくつあり、歴史的に音の数は増えているのでしょうか、減っているのでしょうか。答えを先にいうと、増えたり減ったりしています。

　日本語の音の数や音韻体系を考えるときに便利なのが、五十音図で

---

[7] 「書く」を例にとると、「kaku（音韻）─かく（形態）─書く（語）─字を書く（統語）─太郎は字を書く（文）」のようになる。

す。現存する最古の五十音図は、平安中期書写の『孔雀経音義』ですが、それ以前の音韻体系も、五十音図を参考にするとわかりやすくなるので、これを使うことにします。

　五十音図は、5母音（a、i、u、e、o）と10子音・半母音（ゼロ子音〔ア行の子音〕、k、s、t、n、h、m、y、r、w）からなっています。しかし、奈良時代には、イ段の「キヒミギビ」、エ段の「ケヘメゲベ」、オ段の「コソトノモヨロゴゾド」にそれぞれ2種類の仮名の書き分けがありました。「上代特殊仮名遣い」と呼ばれるものです（2.2参照）。これは、音の区別を反映した書き分けと考えられるので、奈良時代には、現在より20、音の数が多かったことになります。平安時代になると、上代特殊仮名遣いの書き分けはなくなるので、音の数が20減ります。また、現代語のヤ行・ワ行の空きの部分に該当する音が、奈良時代、平安時代前期には存在しましたが、13世紀頃までにア行・ヤ行・ワ行の統合が進んで現代と同じ形になったので、音の数が4つ減りました（2.3参照）。

　一方、増えた音もあります。現代の五十音図では各行の下に「キャ・キュ・キョ、シャ・シュ・ショ…」などの3段が加わっています。これらは拗音と呼ばれ、多くは「客、旧、教、社、集、諸‥」などの漢語にあらわれます。平安時代に中国から漢語を多く取り入れたことが原因で、日本語に定着した漢字音です。また、和語でも、ウ音便（3.5.2参照）やハ行転呼（2.5.2参照）により、「てみず＞ちょうづ（手水）」「かりひと＞かりゅうど（狩人）」「けふ＞きょう（今日）」などの拗音が生まれました。さらに、現代語でも、外来語の影響で、五十音図にない「ティ、トゥ、ファ、フィ、フェ、フォ、ヴァ、ヴィ、ヴ、ヴェ、ヴォ」などの音が増え続けています。

　五十音図の大きな特色は、濁音が音図の中に含まれていないことです。平安時代に成立した仮名文字にも、濁音の仮名がありません。また、仮名の世界では、江戸時代まで濁音に必ず濁点を打つという習慣がなかったので、清濁の書き分けがありませんでした。ただし、奈良時代の万葉仮名には、濁音専用の文字があり、清濁が書き分けられています。万葉仮名をベースとして仮名が生まれたときに、なぜ、濁音専用の仮名が作られなかったのか、よくわかっていませんが[8]、連濁

(3.4参照) などの現象を見ると、当時の人たちは、清音と濁音を強いて書き分ける必要がないと考えたのかもしれません。しかし、清音と濁音の区別は、古代から現代まで一貫して存在しています。したがって、日本語の音の数は、ガ行、ザ行、ダ行、バ行、パ行の5行分、五十音図より多いことになります。

　以上、大まかに日本語の音韻の全体像を見ました。以下では、個別の音変化について見ていきます。

2.2　上代特殊仮名遣い

　上記のように、奈良時代には、「キヒミケヘメコソトノモヨロ」、およびその濁音「ギビゲベゴゾド」をあらわす万葉仮名に、それぞれ2種類の文字があり、使い分けられていました。この2種類は「甲類」「乙類」と呼ばれています[9]。例えば、キ甲類の万葉仮名には「支・吉・岐・来」などの文字が、キ乙類の万葉仮名には「己・紀・記・氣」などの文字が使われ、「君、秋、時、聞く」の「き」はキ甲類の万葉仮名で、「霧、岸、月、木」の「き」はキ乙類の万葉仮名で表記されています（表参照）。これには、ほとんど混乱がないことから、これら2種類の書き分けは、発音の違いに基づいていたと考えられています。では、どのような違いだったのでしょうか。母音の違いという説もありますが、現在のところ、イ段の「キヒミギビ」、エ段の「ケヘメゲベ」に関しては母音の違いではなく、子音が口蓋化（舌が硬口蓋に向かって盛り上がること）しているか、していないかの違い、オ段の「コソトノモヨロゴゾド」に関しては、後舌の［o］と中舌の［ö］の違いとする説が有力です。

上代特殊仮名遣いの例

	万葉仮名	単語
キ甲類	支・吉・岐・来 など	君、秋、時、聞く
キ乙類	己・紀・記・氣 など	霧、岸、月、木

---

[8] 亀井孝「かなはなぜ濁音専用の字体をもたなかったか―をめぐってかたる」
[9] 橋本進吉「上代の文献に存する特殊の仮名遣と当時の語法」

甲類、乙類の違いは、語源を考えるうえで重要です。例えば、「かみ（髪）」は体の上の方にあるので「かみ（上）」と同語源だという説があります。「髪」の「み」と「上」の「み」はどちらもミ甲類なので、同語源の可能性があります（「髪」参照）。一方、「神」の「み」はミ乙類で、「神」と「上」は甲乙が一致しません。したがって、同語源の可能性は低いということになります。なお、本書では煩雑になるのを避けて、説明上、特に甲乙の区別に触れる必要がある場合を除き、甲乙の違いを表記していません。

2.3　ア行音とヤ行音とワ行音

次に、ア・ヤ・ワ、3行の変遷について見てみたいと思います。現代語では、ア行は［a］、［i］、［u］、［e］、［o］の5つ、ヤ行は［ya］、［yu］、［yo］の3つ、ワ行は［wa］の1つです[10]。しかし、奈良時代にはヤ行、ワ行にそれぞれ4つの音が存在しました。ア行と併せて示すと、次のようになります（［　］は推定される発音、平仮名はそれをあらわす仮名文字）。

(1)　ア行：　あ［a］　い［i］　う［u］　え［e］　お［o］
　　　ヤ行：　や［ya］　－　　　ゆ［yu］　江［ye］　よ［yo］
　　　ワ行：　わ［wa］　ゐ［wi］　－　　　ゑ［we］　を［wo］

10世紀中頃、このうちのア行の［e］とヤ行の［ye］が合流するという変化が起きました。それまで、「榎［e］」と「柄［ye］」は異なる万葉仮名で書かれていましたが、10世紀中頃以降の変体仮名では、どちらも同じ仮名文字で書かれるようになります。どちらがどちらの発音に合流したかというと、仮名文字ではわかりませんが、16世紀の

---

[10] ワ行に「を」で表記される［wo］という音があると考える人がいるかもしれないが、仮名の「を」は目的語をあらわす助詞（「本を読む」「窓を開ける」などの「を」）に限って使われ、それ以外の語の表記には使われない。また、発音もア行の［o］と同じである。したがって、［wo］は音として独立しているわけではない（内閣告示・内閣訓令「現代仮名遣い」参照）。

キリシタンのローマ字資料で「yenoqi（榎）」「ye（枝）」と書かれているので、e＞ye の方向で合流が進んだことがわかります。

11世紀には、［o］と［wo］が合流してどちらも［wo］になります。さらに、12～13世紀には［i］と［wi］、［ye］と［we］が合流して、それぞれ［i］、［ye］となります。その結果、13世紀頃にはこの3行が（2）のような状態になりました。この状態は、江戸初期まで続きます。

（2）　ア行：　［a］　　［i］　　［u］　　［ye］　　［wo］
　　　ヤ行：　［ya］　　－　　［yu］　　［ye］　　［yo］
　　　ワ行：　［wa］　　［i］　　－　　［ye］　　［wo］

江戸時代には、さらに ye＞e、wo＞o の変化が起き、（3）のような形になります。これは、現代標準語と同じ形です。

（3）　ア行：　［a］　　［i］　　［u］　　［e］　　［o］
　　　ヤ行：　［ya］　　－　　［yu］　　［e］　　［yo］
　　　ワ行：　［wa］　　［i］　　－　　［e］　　［o］

現代の諸方言を見ると、標準語の「え」「お」に対応する音をそれぞれ［ye］、［wo］と発音する地域が、東京都の伊豆諸島や八丈島、長野県、山梨県、九州にあります[11]。これらは ye＞e、wo＞o の変化が起きなかった（中央語の ye＞e、wo＞o の変化を受け入れなかった）地域です。［ye］の地域と［wo］の地域はだいたい重なりますが、［ye］の方が［wo］に比べて分布がやや広くなっています。このことから、ye＞e の変化よりも wo＞o の変化の方が早く進んだのではないかと思われます。

（1）にあげた「i／wi」「e／ye／we」「o／wo」の区別は、標準語や多くの方言では失われましたが、奄美・沖縄には区別を残している地域があります。例えば、沖縄県の宮古・八重山地域では、奈

---

[11] 上野善道［編］『音韻総覧』

良時代の「い／ゐ」「え／江／ゑ」「お／を」に対応する音が（4）のように発音されています。

（4）　ア行：[ita]（板）　　　[irabun]（選ぶ）　[ututu]（弟）
　　　ヤ行：　　　　　　　　 [yuda]（枝）
　　　ワ行：[bïrun]（居る）　 [bi:run]（酔う）　[butu]（夫）

2.4　オ段の開長音と合長音

　鎌倉時代から江戸初期にかけての一時期、オ段長音に 2 種類の区別が存在した時期がありました。1 つは口の開きの広い「オー」[ɔ:]で、「開長音」と呼ばれ、もう 1 つは口の開きの狭い「オー」[o:]で、「合長音」と呼ばれました[12]。両者の区別を「開合の区別」と言います。歴史的仮名遣いでは、開長音は「あう、かう、さう‥」のようにア段の仮名を使って書かれ、合長音は「おう、こう、そう‥」、あるいは「おお」のようにオ段の仮名を使って書かれました。室町末から江戸初期にかけて作られたキリシタン資料では、開長音を「ǒ」、合長音を「ô」で書き分けています。例えば、「cǒte（買って）／ côte（請うて）」「yǒji（楊枝）／ yôjin（用心）」「qiǒ（京）／ qiô（今日）」のような具合です。

　なぜ、2 種類の長音が生じたかというと、平安中期にハ行転呼（2.5.2 参照）やウ音便（3.5.2 参照）が起きて、「かふ（買う）」が「かう（kau）」、「こふ（請う）」が「こう（kou）」、「けふ（今日）」が「けう（keu）」となり、母音連続が多数生じることとなりました。また、漢語にも au、ou、eu の母音連続が多くあらわれます（例えば、「かう（高）」「こう（工）」「けう（橋）」など）。鎌倉時代には、これらの母音連続を融合させて、1 母音化する変化が起きました。そのとき、広母音 a をもつ母音連続は開長音となり、a をもたない母音連続は合長音となったのです。ただし、このような状態は長くは続かず、

---

[12] 開長音と合長音の違いは、口の開きの「広狭」ではなく、「まるめ」の程度の違いであるという説もある（豊島正之「『開合』に就きて」）。

17世紀には開長音と合長音の区別がなくなり、1つのオ段長音に集約されました。

現代方言には、オ段の開長音と合長音の区別を保っている方言があります。例えば、山陰・出雲では、室町時代の開長音を［aː］、合長音を［oː］で発音し（「かかー（書こう）／こー（来よう）」）、九州では、開長音を［oː］、合長音を［uː］で発音します（かこー（書こう）／くー（来よう））[13]。

2.5　ハ行音の変遷

次に、ハ行音の変遷について見てみましょう。ハ行音は、日本語の中では最も変化の激しい音の一つです。語頭と語中・語尾で変化のしかたが異なるので、それぞれについて見ていきます。

2.5.1　語頭のハ行子音の変遷

ハ行子音は、古くは＊pでした（＊は想定形であることをあらわす）。語頭のハ行子音は、＊p＞＊ɸ＞hのような変化をたどり、現在に至っています（ɸは両唇をまるめて息を出す両唇摩擦音）。古く＊pだったと推定する理由は、(1) 日本語の清音と濁音は、パラレルな関係にある。だとすれば、バ行子音に対応するハ行子音は＊pのはずだ。(2) 梵語・漢語のp音は、日本語ではハ行で写され、梵語・漢語のh音はカ行で写されている。(3) 古くアイヌ語に入ったと思われる日本語の単語のhが、アイヌ語ではpになっている。(4) 奄美・沖縄などにp、ɸ音が存在している、という点です[14]。

(1) は、連濁（3.4参照）を考えるとよくわかります。例えば、「かみ（紙）」「さら（皿）」「たま（玉）」は複合語の後部要素になると、連濁して「おりがみ（折り紙）」「こざら（小皿）」「くすだま（薬玉）」となります。連濁で交替する「か (ka)：が (ga)」「さ (sa)：ざ (za)」「た (ta)：だ (da)」の音は、調音位置が同じで清濁が違って

---

[13] 国立国語研究所『方言文法全国地図』第3集109図、110図。
[14] 上田万年「P音考」

いるだけです。ところが、ハ行の連濁では、「はこ（箱）：くすりばこ（薬箱）」のように、現代語では調音位置が一致しません（「は」は声門音、「ば」は両唇音）。しかし、連濁の現象が生まれた古い時代には、「は」と「ば」は調音位置が一致していたはずです。そうすると、「は」の子音には、両唇音の清音pが想定されるわけです。

（２）の例として、中国語のpが「波、比、保」のように日本語ではハ行で写される例、および中国語のhが「花、好、香」のように日本語ではカ行で写される例をあげることができます。これは、日本語のハ行音が古くはpであってhではなかったことをあらわしています。（３）の例には、アイヌ語のpachi（針）、pekere（光）、pakari（量）、pera（箆）、pashui（箸）などがあります。（４）の例には、奄美大島佐仁・喜界・与論・沖縄本島中部・宮古・八重山のp（「花」「昼」を［pana］［piru］）、青森県や長野県秋山・喜界・沖縄本島北部などのφ（「花」「昼」を［φana］［φiru］）があります。

では、＊p＞＊φ＞hの変化の時代はいつでしょうか。＊p＞＊φの時期については、奈良時代以前[15]、奈良時代に変化が進行中[16]、『在唐記』[17]（858年）の頃には変化が終了していた[18]、858年の頃はまだpだった[19]など諸説があります。＊φ＞hの時期は、京都では寛文年間（1661〜1672）頃と言われています[20]。室町時代に作られたなぞなぞ集に『後奈良院御撰何曾』というのがあります。その中に「母には二たびあひたれども、父には一度もあはず　くちびる」という謎が出てきます。室町時代、「はは（母）」という語は［＊φaφa］あるいは［＊φawa］という発音だったので、発音するときに唇が２度合いますが、「ちち（父）」という語を発音するときには唇が１度も合いません。したがって答えは「くちびる」です。江戸後期の本居内遠（1792〜

---

[15] 上田万年「P音考」
[16] 安藤正次『古代国語の研究』
[17] 円仁が著したといわれる書物。梵字の発音を解説した部分に、本郷（日本）波字（ハの字）を使って梵字を説明した箇所がある。
[18] 橋本進吉『国語音韻の研究』
[19] 木田章義「P音続考」
[20] 有坂秀世「江戸時代中頃に於けるハ行の頭音について」

1855年)の『後奈良院御撰何曾之解』では、この謎が「母は歯々の意、父は乳の意にて、上唇と下歯、下唇と上歯とあふは二度なり。我乳は、わが唇のとゞかぬ物なれば、一度もあはぬ意にて唇と解たるなり。是は変じたる體の何曾にていとおもしろし」というように、妙な解釈になっています。本居内遠の時代には、*φ＞hの変化が完了し、「は」は現代と同じ［ha］の発音になっていたので、謎の意図がわからなくなっていたのです。

　ハ行子音にこのような変化が起きた理由は、何でしょうか。それは、発音の労力を軽減するために、唇の閉じを緩くする方向に変化が起きた結果だ（唇音退化）と言われます。ただし、「ふ」に関しては、母音［u］が両唇を使う発音で、両唇摩擦音のφと相性がよかったために、現在も［φu］のままです。また、「ぱらぱら」「ぽろぽろ」などの擬声語・擬態語にあらわれるpは、この変化を被らず、古代から一貫して［p］の発音が保たれました。

2.5.2　語中のハ行音―ハ行転呼

　一方、語中のハ行子音は、wに変化しました。例えば、「川」は現在、［kawa］という発音で「かわ」と書きますが、古くは［*kapa］という発音で「かは」と書きました。この「は」が*pa＞*φa＞waと変化したのです[21]。その結果、ハ行音とワ行音が語中では完全に合流し、区別がなくなってしまいました。このような現象を「ハ行転呼」と呼んでいます。

　ハ行とワ行の合流の早い例として、『万葉集』の「閨八川（うるはがわ）〜潤和川（うるわがわ）」（川の名前）の表記のゆれがあげられます。ただし、このような表記の揺れが多く出てくるようになるのは、西暦1000年を過ぎてからで、ハ行転呼の時期もこの頃だと考えられます。

　これにより、語中・語尾にハ行音をもつ多くの語に変化が起き、「は／わ」「ひ／ゐ」「ふ／う」「へ／ゑ」「ほ／を」の書き分けが困難

---

[21] もともと母音の後のハ行音は［β］（βは有声の両唇摩擦音）で、これが［w］になったとする考えもある（早田輝洋「日本語の音韻とリズム」）

となりました。さらに、13世紀には「ア行／ヤ行／ワ行」の合流（2.3参照）が重なり、結果的に「ア行／ハ行／ヤ行／ワ行」の4行の書き分けが混乱する事態となりました。例えば、「うへ（上）」を「うえ〜うへ〜うゑ」、「すゑ（末）」を「すえ〜すへ〜すゑ」と書くといった状況が生じたのです。そこで、藤原定家（1162〜1241）は『下官集』を著し、「を／お」「い／ひ／ゐ」「え／ゑ／へ」の書き分けの基準を示しました。いわゆる「定家仮名遣い」です。「い／ひ／ゐ」「え／ゑ／へ」の書き分けは、平安時代の古典の表記を規範としています（したがって、10世紀中頃に失われたア行の「え」とヤ行の「江」の書き分けは行われていません）。「を／お」の書き分けは、アクセントの原理によって行われています[22]。定家仮名遣いは、江戸時代に契沖（1640-1701）による「歴史的仮名遣い」が提唱されるまで、規範的な表記法として使用されました。

2.6　サ行音、ザ行音の変遷

ハ行音に次いで変化が大きかったのがサ行音です。サ行音は、古くは *ツァ [tsa]、*ツィ [tsi]、*ツ [tsu]、*ツェ [tse]、*ツォ [tso] のような発音だったと推定されています[23]。このことは、雀の鳴き声（現代語では「チュンチュン」）が中世まで「しうしう」と表現されていたことからも推測できます[24]（「雀」参照）。『万葉集』には、笹の葉が擦れ合う情景が多く詠まれています。例えば、4331番に「ささが葉のさやぐ霜夜に七重着る衣に増せる児ろが肌はも（笹の葉がさやぐ霜夜に七重重ねて着る衣にも増す暖かさだ。妻の柔肌は）」という歌がありますが、この「ささが葉」「さやぐ」の「さ」も [tsa] と発音されていたと思われます（「竹」参照）。

---

[22] 大野晋「仮名遣の起原について」
[23] シャ [sya]、シ [syi]、シュ [syu]、シェ [sye]、ショ [syo] だったという説もある（馬淵和夫『日本韻学史の研究Ⅱ』）。なお、タ行音は16世紀頃まで [ta、ti、tu、te、to] だったので、サ行音が [tsa、tsi、tsu、tse、tso] だったとしても、両者が混同することはなかった。
[24] 亀井孝「すずめしうしう」、山口仲美『ちんちん千鳥の鳴く声は』

その後、サ行音は シャ［sya］、シ［syi］、シュ［syu］、シェ［sye］、ショ［syo］に変化し、さらに、サ［sa］、シ［syi］、ス［su］、セ［se］、ソ［so］に変化しました。16世紀のキリシタン資料では、サ行音がローマ字で「sa、xi、su、xe、so」と表記されています。「し」と「せ」が「xi」「xe」となっていますが、これは、シ［syi］、シェ［sye］のような発音だったと思われます。同じキリシタン資料の『ロドリゲス大文典』には、関東では「せ」が［se］のように発音されるという記述があり[25]、この時代、関東では sye > se の変化が進んでいたようです。シェ［sye］の発音は、現在、東北や関西、九州で使われています。

ザ行音はサ行音と並行して、古くは ＊zya、＊zyi、＊zyu、＊zye、＊zyo のような発音だったと思われます。キリシタン資料のローマ字では、ザ行音が「za、ji、zu、je、zo」と書かれているので、16世紀には、ジャ［za］、ジ［zyi］、ズ［zu］、ジェ［zye］、ゾ［zo］に変化していたようです。その後、サ行と同じように、ジェ［zye］が ゼ［ze］に変化し、現代語と同じ形になりました。現代方言では、シェ［sye］が使われる地域では「ぜ」もジェ［zye］の発音になっています。

2.7 タ行音、ダ行音の変遷

現代共通語のタ行音は、た［ta］、ち［tɕi］、つ［tsu］、て［te］、と［to］のように、母音［a］［e］［o］の前では［t］ですが、母音［i］［u］の前では破擦音（閉鎖と摩擦が続いて起きる発音）の［tɕ］［ts］です。しかし、古くは全ての母音の前で＊t だった（＊ta、＊ti、＊tu、＊te、＊to）と推定されています。ダ行音も並行的に、古くは全ての母音の前で＊d だった（＊da、＊di、＊du、＊de、＊do）と推定されています。

ところが、16世紀頃に「ち」「つ」「ぢ」「づ」に破擦音化が起きます[26]。例えば、キリシタン資料では、タ行音がローマ字で［ta、chi、

---

[25] ロドリゲス『日本大文典』（1604〜1608年）土井忠生［訳註］三省堂（1955年）による。
[26] 大友信一『室町時代の国語音声の研究』、橋本進吉『国語音韻史』

tçu、te、to]、ダ行音が「da、de、do」と表記されていて、現代語と同じ状態になっています。ダ行が da、de、do の 3 音しかないのは、次に述べるように、ダ行のヂ、ヅがザ行のジ、ズと合流していたためです。

2.8　ジ・ヂ・ズ・ヅ（四つ仮名）

「じ」「ぢ」「ず」「づ」の仮名であらわされる音を「四つ仮名」といいます。これらは、もとは発音が異なっていました。しかし、上記のように16世紀頃「ぢ」「づ」が破擦音化して［*dzi］［*dzu］となると、ザ行の［zyi］［zu］と発音が大変、近くなります。キリシタン資料では、ザ行とダ行が「za、ji、zu、je、zo」「da、de、do」と表記されているので、1600年頃には「じ・ぢ」「ず・づ」の合流が完了していたことがわかります。

ただし、仮名遣いとしては、「じぢずづ」の 4 つの仮名が現代でも使われ続けています。基本的には、四つ仮名は「じ」「ず」の文字で書かれますが、「はなぢ（鼻血）」「みかづき（三日月）」のように連濁によって生じた「じ」「ず」は、連濁する前の仮名に濁点をつけて表記する決まりになっています。また、「しじみ（蜆）」「ちぢみ（縮み）」「すずみ（涼み）」「つづみ（鼓）」のように、直前に「しちすつ」の文字があるときは、それを繰り返して濁点を付すという決まりになっています。

京都では1600年頃には「じ」と「ぢ」、「ず」と「づ」の区別が失われましたが、方言では20世紀後半まで、四つ仮名の発音を区別する地域がありました。例えば、高知県や鹿児島県では「じ／ぢ／ず／づ」の 4 つの音を、大分県では「じぢ／ず／づ」の 3 つの音を区別しました。しかし、これらの地域も現在は、標準語と同じ「じ／ず」の 2 つを区別する 2 つ仮名体系に変化しています。

2.9　マ行とバ行の交替

その他の変化として、マ行とバ行が交替する現象があります。規則

的な交替ではなく、特定の語に限られた現象です。例えば、次のような語に交替が見られます[27]。

（１）　ま～ば：あまねし～あばねし（周し）、つまびらか～つばびらか（詳らか）
（２）　み～び：かまみすし～かまびすし（喧し）、さみし～さびし（寂し）
（３）　む～ぶ：いなむ～いなぶ（辞む）、うそむく～うそぶく（嘯く）、うつむく～うつぶく（俯く）、おもむく～おもぶく（赴く）、かたむく～かたぶく（傾く）、かむり～かぶり（被り）、けむり～けぶり（煙）、こうむる～こうぶる（被る）、さむい～さぶい（寒い）、そねむ～そねぶ（嫉む）、とむらふ～とぶらふ（弔う）、ねむる～ねぶる（眠る）、ねむる～ねぶる（舐る）、むち～ぶち（鞭）
（４）　め～べ：うねめ～うねべ（采女）
（５）　も～ぼ：まもる～まぼる（目守る）

　マ行子音のｍとバ行子音のｂは、ともに両唇閉鎖音です。また、語中ではバ行子音が鼻音性をもっていたので（3.5.1（４）参照）、鼻音という点でも共通しています。そのため、音の交替が起こりやすかったのだと思われます。マ行とバ行のどちらが古い形か、詳しくはわかっていません。また、語によっても違います。

---

[27] 上野和昭「国語におけるマ行音バ行音交替現象について」

3 形態音韻変化

　ある形態素[28]が、ある機能を果たしていることを示すために、発音が変化することがあります。このような現象を「形態音韻変化」といいます。よくあるのは、形態素が複合語の前部要素や後部要素になったとき、形態素の一部の発音が変化する現象です。例えば、「あめ（雨）―あまよ（雨夜）」のような母音交替、「わがいも―わぎも（我妹）」のような母音脱落、「あめ（雨）―こさめ（小雨）」のような子音挿入、「つはき（唾吐）―つばき（唾）」のような連濁の現象があります。これについて見ていきましょう。

3.1 母音交替

　母音交替とは、単語の中のある母音が文法的な機能などによって、規則的に別の母音に変化する現象をいいます。例えば、「あめ（雨）」は、複合語の前部要素になると「あまぐも（雨雲）」「あまごい（雨乞）」「あまよ（雨夜）」のように、「あま」となります。「き（木）」は、「こもれび（木漏れ日）」「こだち（木立）」「こだま（木霊）」のように、「こ」となります。母音交替には、交替する母音の種類によっていくつかのパターンがあります。

3.1.1 e―aの交替

　まず、eとaが交替するパターンについて。このパターンは例が多く、以下のような語があります。なお、2.2で述べたように、エ段の

---

[28] 意味をもつ最小の単位を「形態素」という。形態素は単語より小さい単位である（2参照）。例えば、複合語「あまぐも（雨雲）」における「あま」「ぐも」は意味をもつ最小の単位なので形態素だが、「あま」「ぐも」は独立して使われることがないので、単語ではない。単語として認められるのは、「あまぐも」である。

「ケヘメゲベ」には甲乙の２種類があります。ａと交替する「ケヘメゲベ」は、乙類です。従って、以下の例では、（乙）と記入しています（甲乙の区別がないものに関しては、甲乙を表記していません）。

あめ（乙）（雨）―あまぐも（雨雲）、あまごい（雨乞）、あまよ（雨夜）
あめ（乙）（天）―あまがける（天がける）、あまくだる（天降る）
うへ（乙）（上）―うはぎ（上着）、うはあご（上顎）
かげ（乙）（影）―かがみ（鏡）
かぜ（風）―かざかみ（風上）、かざしも（風下）
さけ（乙）（酒）―さかづき（杯）、さかな（肴）
すげ（乙）（菅）―すがたたみ（菅畳）
たけ（乙）（竹）―たかたま（竹玉）、たかむな（筍）
て（手）―たもと（袂）、たづな（手綱）、たなごころ（掌）
かね（金）―かなまり（金碗）、かなへ（鼎）、かなづち（金槌）
ふね（舟）―ふなぢ（船路）、ふなたび（船旅）
むね（胸）―むないた（胸板）、むなげ（胸毛）
め（乙）（目）―まつげ（睫）、まなこ（眼）、まぶた（瞼）

　言語には複合語の中に古い形が保存されるという「複合保存」の原則[29]があります。これに従えば、複合語形の「〜ａ」の方が古い形ということになります。つまり、「雨」「上」「影」「風」などは、古くは「あま」「うは」「かが」「かざ」と言っていましたが、あるときこれに接辞の＊ｉがついて、「あめ（乙）」「うへ（乙）」「かげ（乙）」「かぜ」になりました。この変化は、奈良時代、すでに完了していたようで、「あま」「うは」「かが」「かざ」が単独で使われた例は、奈良時代の文献資料には出てきません。

---

[29] 諺の中に古い形が保存されることがある。「急がば回れ」の「急がば」は、「未然形＋ば」で仮定条件をあらわす用法、「転ばぬ先の杖」の「ぬ」は打ち消しの助動詞「ぬ」で、いずれも現代語では使わなくなったが、諺の中には保存されている。

3.1.2　i—oの交替

　次に、iとoが交替するパターンについて。イ段の「キヒミギビ」、オ段の「コソトノモヨロ」にも甲乙の2種類がありますが、iとoが交替するパターンでは、「キヒミギビ」「コソトノモヨロ」ともに乙類です。以下に交替例をあげます。

　　き（乙）（木）―こ（乙）だち（木立）、こ（乙）のま（木間）、
　　　　　　　　　こ（乙）のは（木葉）
　　ひ（乙）（火）―ほのほ（火穂）、ほなか（火中）、ほむら（火群）
　　をち（遠）―をとつひ（一昨日）、をととし（一昨年）

　ここでも複合語形が古い形だと考えられるので、これらの語は、「こ（乙）＞き（乙）（木）」、「ほ＞ひ（乙）（火）」、「をつ＞をと（遠）」と変化したことになります。

3.1.3　i—uの交替

　i（乙）はuと交替することもあります。これには次のような例があります。

　　さち（猟・幸）―さつを（猟男・猟師）、さつゆみ（猟弓・幸弓）
　　つき（乙）（月）―つくよ（月夜）、つくよみ（月読み）
　　つき（乙）（槻・けやき）―つくゆみ（槻弓・けやきで作った弓）
　　かみ（乙）（神）―かむかぜ（神風）、かむながら（神のまま）

　同じく、これらの語は、「さつ＞さち（猟）」、「つく＞つき（乙）（月）」、「つく＞つき（乙）（槻）」「かむ＞かみ（乙）（神）」と変化したことになります。

3.2　母音脱落

　母音が連続したときに、2つの母音のうち一方の母音が脱落する現象を「母音脱落」といいます。母音連続はさまざまな原因で生じます

が、原因の一つに、母音で始まる語が複合語の後部要素になった場合に、前部要素と後部要素の接合部分に母音連続が生じるという現象があります。現代語では「にわかあめ（俄雨）」「さざれいし（細石）」のように母音連続が問題なく許されますが、奈良時代には母音連続が許されなかったため、母音脱落により母音連続を回避するという変化が起きました。例えば、以下のような例があります。

あら＋いそ＞ありそ（荒磯）：＊ara+iso＞＊ar+iso＞ariso
わが＋いも＞わぎも（吾妹）：＊waga+imo＞＊wag+imo＞wagimo
くに＋うち＞くぬち（国内）：＊kuni+uti＞＊kun+uti＞kunuti

上の例では、前部要素の最後の母音が脱落することにより、母音連続が避けられています。その他に、後部要素の母音が脱落することもあります。例えば、次のような例です。

はなれ＋いそ＞はなれそ（離磯）：＊panare+iso＞＊panare+so＞panareso
した＋おもひ＞したもひ（下思）：＊sita+omopi＞＊sita+mopi＞sitamopi
わが＋いへ＞わがへ（我家）　：＊waga+ipe＞＊waga+pe＞wagape（ただし「わぎへ」の例もあり）

前部要素の末尾母音と後部要素の最初の母音が同じ場合は、どちらが脱落したのかわかりませんが、次の例のように、やはり母音が1つになっています。

ひき＋いれ＞ひきれ（引入）：＊piki+ire＞pikire
わか＋あゆ＞わかゆ（若鮎）：＊waka+ayu＞wakayu
あさな＋あさな＞あさなさな（朝な朝な）：＊asana+asana＞asanasana

平安時代になると、動詞のイ音便や形容詞のイ音便（3.5.1参照）、漢語（ダイ〔大〕、サイ〔最〕、ルイ〔類〕、エイ〔栄〕など）の増加などにより、「〜 ai」という母音連続が頻繁に現れるようになり、これに伴って母音連続が普通となり、母音脱落も起きなくなりました。

3.3　子音挿入

「母音脱落」と逆に、子音を挿入することで母音連続を避けることがあります。例えば、「あめ（雨）」という語は、複合語の後部要素になると「こさめ（小雨）」「ひさめ（氷雨）」「むらさめ（叢雨）」「はやさめ（早雨）」「はるさめ（春雨）」「あきさめ（秋雨）」のように「さめ」になります（「雨」参照）。挿入されるのがなぜ s なのかは不明です。一方、複合保存の原則にしたがって、「さめ」が「雨」の古い形だと考える説もあります。

ほかに、「いね（稲）」という語も、平安時代には「あらしね（荒稲）」「にきしね（和稲）」（以上『延喜式』）、「のこりしね（秎）」（『二十巻本和名類聚抄』）、「とつかしね（十握稲）」（『日本書紀』12世紀頃写本）、「うましね（味稲）」（人名）のように、複合語で「しね」となる例があります。これらも s が挿入された例と考えられます。

3.4　連濁

複合語において、後部要素の最初の音節の清音が濁音に変化することを「連濁」といいます[30]。「おりがみ（折り紙）」「こざら（小皿）」「くすだま（薬玉）」「くすりばこ（薬箱）」などがその例です。連濁は、2つの語が結合して1つの語になったことを示す役割をもっています。例えば、「やま（山）」と「かわ（川）」の2語を連続させた「やまかわ」は、「山と川」の意味ですが、「やまがわ」のように連濁すると、「山中の川」の意味をあらわします。複合語では、アクセントも変化

---

[30] 連濁に関しては、ティモシー・J・バンス、金子恵美子、渡邊靖史［編］『連濁の研究 国立国語研究所プロジェクト論文選集』に詳しい。

します。東京アクセントでは「山と川」は「やまかわ」、「山中の川」は「やまがわ」(上線部分を高く発音する)と発音されます。連濁とアクセントはともに、複合語であることを示す役割を有しているわけです。

連濁は、すべての複合語に起きるわけではありません。もちろん、対応する濁音をもたない語(例えば、「なみ(波)」「むら(村)」など)には、連濁は起きませんが、それだけでなく、連濁する可能性があっても連濁しない場合があります。例えば、「あかひげ(赤髭)」「こくび(小首)」「ちからこぶ(力瘤)」「岩つつじ」などは、「×あかびげ」「×こぐび」「×ちからごぶ」「×岩づつじ」にはなりません(×は存在しない形であることをあらわす)。これらの後部要素「ひげ」「くび」「こぶ」「つつじ」は、第2音節以下に濁音をもっています。このように連濁には、後部要素の第2音節以下に濁音がある場合は連濁しないという決まりがあります。これを「ライマンの法則」といいます[31]。また、「えかき(絵描き)」「いすとり(椅子取り)」「かたたたき(肩たたき)」のように、後部要素が動詞の連用形で、前部要素がその目的語になっている場合(「絵描き」は「絵を描く人」という構造をもつ)は連濁しません。一方、「てがき(手書き)」「てどり(手取り)」「ふくろだたき(袋だたき)」のように、前部要素が動詞の目的語でない場合(例えば、「手書き」は「手で書くこと」)は連濁します。後部要素が漢語の場合も、基本的には連濁しません(×カンダン[簡単]、×キンガン[金柑])。しかし、「えんじゃ(縁者)」「ばんざい(万歳)」のような例もあります[32]。さらに、カタカナの外来語も連濁しません(×とんかつゾース、×鉄筋ゴンクリート)[33]。

中には、語源がわからなくなり、連濁による濁音であることが意識

---

[31] 小倉進平「「ライマン」氏の連濁論」。正確には「ライマンの第一法則」。「しょうざぶろう(庄三郎)」「れんざぶろう(連三郎)」「踏んじばる」など少数の例外が指摘されている。

[32] 漢語に関する連濁の法則は、「ライマンの第二法則」に取り上げられている。

[33] 「あまがっぱ(雨合羽)」の例がある。「かっぱ(合羽)」は、17世紀にポルトガル語のcapa(毛織物)を取り入れたもので、他の外来語に比べて和語化が進んでいる。

されなくなった語もあります。例えば、「なべ（鍋）」「かまど（竈）」は「なへ（肴瓮）」「かまと（釜処）」が語源ですが、これらの語の「べ」「ど」が連濁によるものという意識は、現代ではなくなっています（「鍋」「竈」参照）。

3.5 音便

　発音上の便宜にしたがって音が変化することを「音便」といいます。多くの場合、2語が接合するときに前の語の末尾に音便が生じます。変化後の音の種類により、イ音便、ウ音便、撥音便、促音便の4種にわけられます。

3.5.1 イ音便

　イ音便化するのは「き」「ぎ」の音ですが、（5）や（7）のように「し」「り」「み」がイ音便化することもあります。以下にイ音便の例をあげておきます。

（1）き：かい（櫂）
（2）き：すいがい（透垣）、ついぢ（築地）
（3）カ行四段動詞連用形：書いて、聞いて、咲いて、敷いて、付いて、焼いて・・・
（4）ガ行四段動詞連用形：漕いで、削いで、泳いで、騒いで、すすいで、嫁いで・・・
（5）サ行四段動詞連用形：差いて、出いて、降ろいて、落といて・・・
（6）形容詞連体形：赤い、青い、白い、黒い、悲しい、寂しい、苦しい・・・
（7）り、み：ございます、なさいます、くださいます、おっしゃいます、いらっしゃいます、すいません

　（1）の「かい（櫂）」は『万葉集』に「加伊」「賀伊」という表記例があり、奈良時代における母音連続の唯一の例となっています（3.2

参照)。語源は動詞「搔く」の連用形「かき(搔)」という説がありますが、奈良時代には他にイ音便の例がなく、単独語の末尾でなぜイ音便が起きたのかという疑問もあります。(2)の「透垣」「築地」は、「すきがき」「つきぢ」の「き」がイ音便を起こしたもので、平安前期から用例が見られます。

　(3)はカ行四段動詞に「て」や「たり」「たまふ」などの語が続いたときに、動詞連用形語尾「き」がイ音便になる現象で、やはり平安前期から用例が見えます。現代語では、カ行五段動詞のうち「行く」だけはイ音便ではなく促音便「行って」になりますが、古くは「ゆいて」のようにイ音便でした。『宇治拾遺物語』(二)「検非違使ども川原に行いて」、『平家物語』(法皇被流)「入道相国の西八条の亭にゆいて」などの例があります。促音便「いって」は室町時代に見られ、江戸時代になると「いって」が主流になります。

　(4)はガ行四段動詞連用形の語尾「ぎ」がイ音便となったものです。(4)では後接する「て」が濁音の「で」になっています。これは、当時の濁子音に鼻音性が備わっていたからです。すなわち「漕ぎて」の「ぎ」は当時、[~gi]（~は入りわたりの鼻音をあらわす）のような発音でした。この「ぎ」がイ音便を起こしたときに「ぎ」に備わっていた鼻音が後続の「て」に拡張され、その結果、「て」が＊te＞＊~te＞~deと変化したものです。古くは、鼻音と濁音の間に深いつながりがあり、「鼻音＝濁音」という図式があったものと思われます。

　(5)のサ行四段動詞のイ音便は平安中期ごろに始まり、「降ろいたまひける」「もてないたれば」「おはしまいたる」「おはしまいしほど」などの例が見られます。その後、中央語ではサ行四段動詞のイ音便は衰退し、非音便形の「降ろして」「もてなして」「差して」「出して」になっていきますが、西日本の方言では、「降ろいて」「差いて」「出いて」やその変化形が使われています。

　(6)は形容詞連体形語尾「き」のイ音便(赤き＞赤い)で、鎌倉時代以降、一般化しました。

　(7)は「ござる」「なさる」「くださる」「おっしゃる」「いらっしゃる」などの尊敬動詞に助動詞「ます」が続くとき、および「すむ」に助動詞「ます」が続くときに、動詞連用形語尾の「り」「み」がイ

音便になる現象です。ラ行動詞やマ行動詞が規則的にイ音便になるわけではなく（˟かさないます〔重なります〕、˟くいます〔汲みます〕）、これらの動詞に限った現象です。

3.5.2　ウ音便

　ウ音便化するのは「び」「み」「む」「ぐ」「ひ」「く」の音です。次のような例があります。

（１）　び：なこうど（仲人）、くろうど（蔵人）、あきうど（商人）・・・
（２）　む・み：ひゅうが（日向）、ちょうづ（手水）・・・
（３）　ぐ：こうばし（香美し）
（４）　ハ行四段動詞連用形：会うて、買うて、食うて、使うて、貰うて・・・
（５）　マ行・バ行四段動詞連用形：読うで、挟うで、飛うで、遊うで・・・
（６）　動詞意志形：書こう、差そう、押そう、立とう、待とう、読もう・・・
（７）　形容詞連用形：赤こう、青おう、白ろう、悲しゅう・・・
（８）　慣用句：おはようございます、よろしゅうございます

　（１）は「なかびと」「くらびと」「あきびと」の「び」がウ音便を起こしたもの（なかびと＞なかうど＞なこうど）、（２）は「ひむか」「てみづ」の「む」「み」がウ音便を起こしたもの（ひむか＞ひうが＞ひゅうが、てみづ＞てうづ＞ちょうづ）、（３）は「かぐはし」の「ぐ」がウ音便を起こしたもの（かぐはし＞かうばし＞こうばし）です。これらの例では、ウ音便化と同時に直後の音が濁音に変化しています。それは、ウ音便化する前の音「び」「む」「み」「ぐ」に鼻音性が備わっていたからです（3.5.1（４）参照）。ウ音便の古い例は平安前期から見え、平安時代の物語には「なかうど」（落窪物語）、「てうづ」（蜻蛉日記、落窪物語、枕草子、源氏物語）、「かうばしく」（大和物語、源氏物語）など、多くのウ音便の例が見えます。

（４）はハ行四段動詞に「て」「たり」「たまふ」「つ」「けり」が続いたときに、動詞語尾「ひ」がウ音便になる現象で、平安前期から用例が見えます。平安時代には「給うて」「のたまうて」「思う給ふ」など限られたハ行動詞にウ音便化が起きる程度でしたが、鎌倉時代になると、ハ行動詞全般にウ音便形が起きています。ハ行動詞がウ音便化する理由は、当時、ハ行動詞の語尾「ひ」が*φiあるいは*βi[34]という発音だったためです（2.5.1参照）。11世紀以降、ハ行子音は語中でハ行転呼を起こし、ワ行音に合流しますが（2.5.2参照）、ここで取り上げたハ行動詞のウ音便は、これとは変化の時代が異なります。また、ハ行転呼が品詞を問わず、すべての語に起きた変化であるのに対し、ハ行動詞のウ音便は、ハ行四段動詞に「て」「たり」「たまふ」「つ」「けり」が続いたときに限って起きるという点でも異なっています。

　ところで、現代語標準語では、ハ行四段動詞（現代語ではワ行五段動詞）が「買って」「思って」のように促音便となります。ウ音便から促音便に変わったことになりますが、じつは、関西では一貫してハ行四段動詞はウ音便です。では、ハ行四段動詞の促音便は、どのようにして現代標準語に入ってきたのでしょうか。ハ行四段動詞の促音便は、文献資料では鎌倉時代から用例が見られます。ただし、軍記物に用例が偏っています。軍記物ではウ音便形も使われ、促音便とウ音便が併用されるという状況でした。一方、鎌倉時代の日記や説話では、ウ音便のみが使用されています。このように、鎌倉時代は、ハ行四段動詞がウ音便となるのが基本で、軍記物のような漢文的な文体の中で促音便となることがあるという状況でした。江戸時代になると、京都・大坂の資料ではウ音便、江戸の資料では促音便といった地域差が見られるようになります。現代標準語の促音便は、この江戸語の流れを汲んでいるのです。

　（５）はマ行・バ行四段動詞連用形のウ音便です。マ行・バ行四段動詞は、平安時代から現代まで、撥音便の「読んで、飛んで」となるのが普通です。しかし、鎌倉時代から江戸前期にかけての一時期、ウ音便で表記された例が多数見られます。例えば、軍記物、キリシタン

---

[34] βは有声の両唇摩擦音

資料、狂言には「掴うで、揉うで、読うで、飲うで、悲しゅうで」（以上マ行）、「及うで、並うで、呼うで、喜うで」（以上バ行）などのウ音便の例が見られます。同時に撥音便「掴んで、揉んで、読んで、飲んで、悲しんで」、「及んで、並んで、呼んで、喜んで」の例も見られます。ウ音便形と撥音便形がどう違うのか定かではありませんが[35]、「踏む、沈む、汲む、組む、結ぶ」のように、語幹末母音がuの動詞は、ウ音便になりにくいといった傾向があります。おそらく、ウ音便になるとuの母音が連続するという音声的な理由からだと思われます。また、「叫ぶ、貴ぶ、飛ぶ」などウ音便になりにくい動詞がいくつかありますが、その理由はわかりません。マ行・バ行四段動詞のウ音便は、その後、関西では衰退しましたが、富山、三重、岡山、山口、九州、北琉球の方言には現在も残っています。

（6）は動詞意志形で、推量の助動詞「む」が「書かむ＞書かう＞書こう」のように変化したもの、（7）は形容詞連用形「く」のウ音便で、「あかく＞あかう＞あこう」のように変化したもの、（8）は形容詞連用形のウ音便形が挨拶言葉や慣用句として定着したものです。

3.5.3 撥音便

撥音便化するのは「び」「み」「む」「な」「に」「の」「ら」「り」「れ」「ひ」の音です。次のような例があります。

（1）　び：くらんど（蔵人）、あきんど（商人）
（2）　み・む：ふで（筆）、のど（喉）、ひがし（東）
（3）　な・の：あんた、山んなか、わたしんち・・・
（4）　ナ行変格動詞連用形：死んで
（5）　マ行四段動詞連用形：読んで、飛んで、遊んで、挟んで、畳んで・・・
（6）　り・れ：よんどころ、くだんの、おくんなさい・・・
（7）　ら：わかんない、知んない・・・

---

[35] 例えば、『虎明本狂言』では、どちらもト書き、注釈、太郎冠者や大名・出家・妻・亭主などの会話に使われている。

（8）　ひ：思んみる、思んぱかる、追んだす・・・

　（1）～（5）は、元の音が鼻音性をもっていたために撥音便になったものです。（1）はウ音便になることもあります（3.5.2参照。ただし「なこうど（仲人）」は「なかんど」とならない）。（2）は「*ふみて（文手）＞*ふみで＞*ふんで＞ふで（筆）」「*のみと（呑み門）＞*のみど＞*のんど＞のど（喉）」「*ひむかし（日向かし）＞*ひんかし＞*ひんがし＞ひがし（東）」と変化したものですが、現在では、このような語源がわからなくなっています。（5）については、上記のウ音便を参照してください。
　（6）～（8）は、直後の音（よりどころ、くだりの、おくれなさい、わからない、思ひみる、追ひだす）が鼻音性をもつ音だったため、これに同化されて「り」「れ」「ら」「ひ」が撥音便になったものです。（8）の「思んぱかる」は「おもんばかる」とも言うので、「*おもひはかる＞*おもひばかる＞おもんばかる＞おもんぱかる」と変化したものと思われます。

3.5.4　促音便

　促音便化するのは「ひ」「ち」「つ」「り」「ひ」の音です。次のような例があります。

（1）　ひ：おっと（夫）、にった（新田）
（2）　ち・つ：はす（蓮）、はせ（長谷）
（3）　り：ほっする（欲する）、のっとる（則る）、くすし（薬師）、とさか（鶏冠）、かて（糧）
（4）　タ行四段動詞連用形：打って、勝って、立って、待って、持って・・・
（5）　ラ行四段動詞連用形：売って、刈って、切って、蹴って、取って・・・
（6）　ハ行四段動詞連用形：会って、買って、食って、使って、貰って・・・

（1）は「をひと」「にひた」の「ひ」が促音便を起こしたものです。「ひ」が促音便になっていることから、ハ行転呼が起きる前に、次のような変化を起こしたものと考えられます。

夫　：＊wopito＞＊woputo＞＊wopto＞＊wotto＞otto
新田：＊nipita＞＊nipta＞nitta

「夫」に関しては、平安末の『観智院本類聚名義抄』に「ヲウト」の例があるので、＊wopito＞＊woputo＞＊woφuto＞wouto（をうと）のように、「ひ」がφuを経てuとなることもあったようです。「新田」に関連して、宮崎県に「新田原（にゅうたばる）」という地名があります[36]。これは＊nipita+paru＞＊nipita+baru＞＊niφita+baru＞＊niuta+baru＞nyu:ta+baru のように、「ひ」がφiを経てuとなったものと思われます。

（2）は「＊はちす（蜂巣）＞＊はっす＞はす（蓮）」「＊はつせ（初瀬）＞＊はっせ＞はせ（長谷）」のような変化をたどった語です。3.5.3の「筆」「喉」「東」と同じように、現在ではこのような語源がわからなくなっています。

（3）は「ほりする」「のりとる」「くすりし」「とりさか」「かりて」の「り」が、後接する音s、tのために無声化し、次いで促音便になったものです。「ほりする」は、『万葉集』に「見まく欲りする（見たい）」という表現があり、これが元になっています。「のりとる」は「のり（法）執る」の意、「くすりし」は「薬の師」の意で、奈良時代の『仏足石歌』に「久須理師（くすりし）」の語が見えます。「とりさか」は「鶏のさか（冠）」、「かりて」は旅行などの際に持って行く「仮のて（食糧）」の意でした。

（4）、（5）はタ行四段動詞連用形、ラ行四段動詞連用形の後ろに

---

[36]「新田」は新しく開墾した農地のことで、「新田（しんでん）」という地名が全国に分布している。九州や沖縄では「原」を「はる」といい、「新田」に「原」を複合させた「新田原（しんでんばる）」という地名が福岡県行橋市に存在する。長崎県諫早市では「新田原」を「しんたばる」、宮崎県児湯郡新富町では「にゅうたばる」と呼んでいる。

「て」「たり」が続いたときに、活用語尾の「ち」「り」が無声化し、さらに促音便になったものです。
（6）については、3.5.2のウ音便（4）に詳しく書きましたので、それを参照してください。

　以上、起源をたどるための基礎知識として、日本語の音韻の歴史をざっと見ました。他にも、和語ではラ行音、濁音は語頭に来ないなどの特徴がありますが、詳細は割愛します。
　なお、本書では以下の資料を利用して、用例を引用しています。

4 資料

4.1 古辞書

『観智院本類聚名義抄』、天理図書館善本叢書、八木書店刊（1976年）．

『新撰字鏡』、昌住［著］、国立国会図書館デジタルコレクション（天治元年本 六合館〔大正5年〕刊）、https://dl.ndl.go.jp/ja/pid/3438195/1/1

『雑字類書（文明本　節用集）』（文明6年〔1474〕）国立国会図書館デジタルコレクション、https://dl.ndl.go.jp/pid/1286982/1/7

『易林本 節用集』、易林［著］（慶長2年〔1597〕）、平井勝左衛門刊、ROIS-DS人文学オープンデータ共同利用センター 日本古典籍データセット、http://codh.rois.ac.jp/iiif/iiif-curation-viewer/index.html?pages=200003097&pos=2&lang=ja

『邦訳 日葡辞書』、土井忠生、森田武、長南実［編訳］、岩波書店（1980年）．

『本草和名』上下、深江輔仁［撰］、和泉屋庄次郎（寛政8年刊）、ROIS-DS人文学オープンデータ共同利用センター 日本古典籍データセット、http://codh.rois.ac.jp/iiif/iiif-curation-viewer/index.html?pages=200017225&lang=ja

『和漢音釈書言字考節用集』巻1–10、槙島昭武［輯］、村上勘兵衛（平楽寺）等刊（享保2〔1717〕）、京都大学貴重資料デジタルアーカイブ、https://rmda.kulib.kyoto-u.ac.jp/item/rb00011084#?c=0&m=0&s=0&cv=1&r=0&xywh=-4514%2C-1%2C14643%2C3744

『和名類聚抄』（十巻本）、源順［編］、国立国会図書館デジタルコレクション（狩谷望之写（文政4年〔1821〕）、https://dl.ndl.go.jp/pid/2605646

『和名類聚抄』（二十巻本・テキスト）、源順［編］、国立国語研究所

日本語史研究用データ集（1617［元和3］年刊）、https://www2.ninjal.ac.jp/textdb_dataset/kwrs/
国立国会図書館デジタルコレクション　https://dl.ndl.go.jp/ja/
人文学オープンデータ共同利用センター　http://codh.rois.ac.jp/pmjt/book/
デジタル延喜式　https://khirin-t.rekihaku.ac.jp/engishiki/

4.2　古典文学

『新日本古典文学大系』全100巻・別巻5巻、岩波書店（1989〜2005年）．
『新編 日本古典文学全集』全88巻、小学館（1994〜2002年）．
『日本古典文学大系』全100巻、岩波書店（1957〜1967年）．

4.3　現代の辞書

『岩波古語辞典 補訂版』大野晋・佐竹昭広・前田金五郎［編］、岩波書店（1990年）．
『時代別国語大辞典 上代篇』上代語辞典編修委員会［編］、三省堂（1967年）．
『大言海』大槻文彦［著］、冨山房（1932〜1937年）．
『日本国語大辞典 第二版』全13巻・別巻、日本国語大辞第二版編集委員会、小学館国語辞典編集部［編］、小学館（2000〜2002年）．
『日本大百科事典』小学館（1994年）．
『JapanKnowledge』ネットアドバンス　https://japanknowledge.com/

4.4　コーパス

『日本語歴史コーパス（CHJ）』国立国語研究所、https://clrd.ninjal.ac.jp/chj/index.html
『日本語諸方言コーパス（COJADS）』国立国語研究所、https://www2.ninjal.ac.jp/cojads/index.html
『現代日本語書き言葉均衡コーパス（BCCWJ）』国立国語研究所、

https://clrd.ninjal.ac.jp/bccwj/index.html

4.5　方言

『沖縄語辞典』国立国語研究所［編］、大蔵省印刷局（1963年）．

『現代日本語方言大辞典』全 8 巻・補巻 1 、平山輝男他［編］明治書院（1992〜1994年）．

『どぅなんむぬい辞典』与那国方言辞典編集委員会［編］、与那国町役場（2019年）．

『鳩間方言辞典』加治工真市［著］、中川奈津子［編］、国立国語研究所言語変異研究領域（2020年）．

『南琉球宮古語 池間方言辞典』仲間博之・田窪行則・岩崎勝一・五十嵐陽介・中川奈津子［著・編］国立国語研究所 言語変異研究領域（2022年）．

『南琉球宮古語 多良間方言辞典』渡久山春英・セリック ケナン［著］、国立国語研究所言語変異研究領域（2020年）

『八重山語彙』宮良當壯［著］、東洋文庫（1930年）．

5 引用参照文献

有坂秀世「江戸時代中頃に於けるハの頭音について」『国語と国文学』15-10（1938年）（『国語音韻史の研究 増補新版』岩波書店、1957年に再録）.
安藤正次『古代国語の研究』内外書房（1938年）（『安藤正次著作集 2 国語学論考Ⅱ』雄山閣、1974年に再録）.
上田万年「P音考」『国語のため 第二』富山房（1903年）.
上野和昭「国語におけるマ行音バ行音交替現象について」『国文学研究』66（1978年）.
上野善道［編］『音韻総覧』徳川宗賢［監修］『日本方言大辞典』小学館（1989年）.
大友信一『室町時代の国語音声の研究』至文堂（1963年）.
大野晋「仮名遣の起原について」『国語と国文学』昭和25年12月号（1950）.
小倉進平「「ライマン」氏の連濁論」『国学院雑誌』16-7・16-8（1910年）.
沖森卓也・半澤幹一［編］『日本語表現法』三省堂（2007年）.
亀井孝「すずめしうしう」『成蹊国文』3（1970年）.
亀井孝「かなはなぜ濁音専用の字体をもたなかったか―をめぐってかたる」『一橋大学研究年報（人文科学研究）』12（1970年）
木田章義「P音続考」奥村三雄教授退官記念論文集刊行会［編］『奥村三雄教授退官記念国語学論叢』桜楓社（1989年）.
阪倉篤義『日本語の語源』講談社現代新書518（1978年）.
佐竹昭広「古代日本語に於ける色名の性格」『国語国文』24-6, pp.331-346（1955年）.
佐藤亮一［監修］『お国ことばを知る方言の地図帳』小学館（2002年）.
澤村美幸『日本語方言形成論の視点』岩波書店（2011年）.

柴田武［解説］柳田国男［著］『蝸牛考』岩波文庫（1980年）．
鈴木孝夫『ことばと文化』岩波新書（1973年）．
豊島正之「「開合」に就て」『国語学』136（1984年）．
橋本進吉「上代の文献に存する特殊の仮名遣と当時の語法」『國語と國文學』8‐9（1931年）（『橋本進吉博士著作集3』岩波書店、1949年に再録）
橋本進吉『国語音韻の研究』岩波書店（1950年）．
橋本進吉『国語音韻史』岩波書店（1966年）．
早田輝洋「日本語の音韻とリズム」『伝統と現代』45（1977年）．
ティモシー・J・バンス、金子恵美子、渡邊靖史［編］『連濁の研究 国立国語研究所プロジェクト論文選集』開拓社（2017年）．
平山輝男［編著］『琉球宮古諸島方言基礎語彙の総合的研究』桜風社（1983年）．
馬淵和夫『日本韻学史の研究Ⅱ』日本学術振興会（1965年）．
柳田國男『風位考資料 増補版』明世堂（1942年）（『柳田國男全集20』ちくま文庫（1990年に再録）．
柳田國男「蝸牛考」『人類學雜誌』42‐4〜7（1927年）．改訂版：『蝸牛考』言語誌叢刊刀江書院版（1930年）、『蝸牛考』岩波文庫版（1980年）、再録：『柳田國男全集19』ちくま文庫（1990年）
柳田國男「野鳥雑記」『柳田國男全集24』ちくま文庫（1990年）
ジョアン・ロドリゲス『日本大文典』（1604〜1608年）（土井忠生［訳註］『日本大文典』三省堂（1955年））．
山口仲美『ちんちん千鳥のなく声は：日本人が聴いた鳥の声』大修館書店（1989年）．
山口仲美『犬は「びよ」と鳴いていた：日本語は擬音語・擬態語が面白い』光文社新書（2002年）．

第Ⅱ部
身近な日本語の起源

1. 自然

そら [空] ……………………… 42
てん・あめ [天] …………… 42
てっぺん [天辺] …………… 43
たいよう [太陽] …………… 44
つき [月] ……………………… 45
つち [土] ……………………… 45
じめん [地面] ……………… 46
じしん [地震] ……………… 46
た [田] ………………………… 47
はたけ [畑] ………………… 47
あぜ [畔] ……………………… 48
みなと [港・湊] …………… 49
みず [水] ……………………… 49
こおり [氷] ………………… 50
つらら [氷柱] ……………… 50

けむり [煙] ………………… 51
きり [霧] ……………………… 51
かすみ [霞] ………………… 52
あめ [雨] ……………………… 52
つゆ [梅雨] ………………… 53
かぜ [風] ……………………… 54
つむじかぜ [旋風]、たつまき [竜巻] ………………………… 54
ひがしかぜ [東風] ………… 55
みなみかぜ [南風] ………… 55
こがらし [木枯らし] ……… 56
かみなり [雷] ……………… 57
いなびかり [稲光] ………… 58
にじ [虹] ……………………… 59

そら [空]

● 用法

①上の方に高く広がる空間。「てん（天）」とも言う。「空を見上げる」②空のようす。天候。「晴れた空」③本拠地から遠く離れた場所、境遇。「旅の空」④心の状態。心地。「うわの空」⑤すっかり覚えていること。「空で歌う」

● 語の由来

①の「そら」は『万葉集』3510番「み蘇良（そら）行く雲にもがもな今日行きて妹に言問ひ明日帰り来む（空を行く雲になれたらなあ。今日行って恋人と語り合い、明日帰って来れるのに）」のように古代から例があります。②と③は①の派生で、『枕草子』（二月つごもり頃に）「空さむみ花にまがへて散る雪に（空が寒いので花に間違えるほど散る雪のために）」、『竹取物語』「旅の空に助け給ふべき人もなき所に（旅の道中で助けてくださる人もない所に）」などの例があります。④は①の意味が空ろな精神状態をあらわす意に変化したもので、『万葉集』2541番「たもとほり行箕の里に妹を置きて心空なり土は踏めども（行箕の里にあの子を置いて来たので心はうわの空です。足は土を踏んでいても）」のように古くから例があります。『枕草子』（すきずきしくて）「六の巻そらに読む（法華経六の巻をそらで読む）」は⑤の例です。　　　　　　　　　　　　　　（木部）

てん・あめ [天]

● 用法

①地上高く広がる無限の空間。「あめ」とも言う。「天高く馬肥ゆる秋」②天地・万物の支配者。造物主。「天の恵み」③仏語で六道（ろくどう）のうち、人間界より上の世界。④キリスト教で神のいる所。天国。

● 語の由来

「てん」は平安時代、漢文体の文章で使われました。『今昔物語』（巻一一）の「開眼供養ノ日、紫雲空ニ満テ、妙ナル音楽、天ニ聞ユ（仏の開眼供養の日、紫の雲が空に満ちて、妙なる音楽が天から聞こえた）」などの例があります。一方、和文体の文章では「あめ」が使われました。「あめ」は「雨」と同源で、『万葉集』822番の「我が園に梅の花散るひさかたの阿米（あめ）より雪の流れ来るかも（我が園に梅の花が散る。天から雪が流れてくるのだろうか）」などの例があります。平安時代には「天の下」で「世の中」の意味に用いられました。『大和物語』（四四）「のがるともたれか着ざらむぬれごろもあめのしたにし住まむかぎりは（濡れ衣は逃れようと思っても誰もが着ない訳にはいかない。この世に生きているかぎりは）」のような例があります。「天」には②～④のような意味があり、「そら」に比べて神秘的、宗教的なニュアンスがあります。　　（木部）

てっぺん［天辺］

● 用法

いちばん上のところ。山のいただきや頭のうえの部分。「山のてっぺん」

● 語の由来

　「てっぺん」は「てへん（天辺）」の変化した語です。「てへん」は、もとは兜や鉢の中央上部のことで、『平家物語』（四）に「常に錏を傾けよ、いたう傾けて手へん射さすな」とあります。「錏」は兜の鉢の左右や後方につけて垂らし、首から襟元を防御するものです。これが転じて「いちばん上の部分」を指すようになりました。江戸前期の俳諧『一幅半』に「山のてヘンに落ちかかる月」のような例があります。これが変化したのが「てっぺん」で、江戸中期の雑俳『花見車集』に「初の夢見に 富士の頭上」の例があります。

　ホトトギスの啼き声を「てっぺんかけたか」と表現することがあります。江戸中期の咄本『御伽話』（ほととぎす）に「てっぺんかけたか」が出ています。木のてっぺんに蛙などの餌を掛けたかとホトトギスがモズに催促する声だと言われますが、「ほんぞんかけたか」や「とってかけたか」という啼き声もあり（柳田国男『野鳥雑記』）、「てっぺんかけたか」はその変化形だと思われます。　（木部）

たいよう［太陽］

● 用法

太陽系の中心に位置する恒星。地球上の万物を育てる光と熱の源。「ひ（日）」とも言う。「太陽がのぼった」「日がのぼった」

● 語の由来

「太陽」をあらわす語に「ひ（日）」「たいよう（太陽）」「てんどう・てんとう（天道）」「にちりん（日輪）」があります。

「ひ」は和語で、『古事記』（上・歌謡）の、奴奈川姫が大国主命に送った歌「青山に比（ひ）が隠らば ぬばたまの夜は出でなむ（青々とした山に太陽が隠れて夜になったら、私はあなたを出迎えましょう）」を初めとして、『万葉集』207番の「渡る日の暮れぬるがごと 照る月の雲隠るごと（空を渡る日が暮れていくように、照る月が雲に隠れるように〔妻は逝ってしまった〕）」など、奈良時代から例があります。「ひ」はまた、「昼間」の意味や「一日」の意味でも使われています。『古事記』（中・歌謡）の「日日並べて 夜には九夜比（ひ）には十日を（日々を重ね、夜は九晩、昼は十日を）」は「昼間」、『万葉集』3974番「山吹は日に日に咲きぬ（山吹は日ごとに咲いています）」は「一日」の意味です。

「たいよう（太陽）」は漢語で、古くは「大陽」と書かれていました。例えば、平安時代の漢詩文集『凌雲集』や『本朝文粋』には「大陽」の文字で出てきます。「太陽」という表記は、幕末の『英和対訳袖珍辞書』に「Sun 太陽」とあるのが古い例です。明治以降、「太陽」が主流になりますが、「大陽」も1990年ごろまで使われています。

「てんどう・てんとう」も漢語で、「天道」が語源です。もとの意味は「天地自然の道理」で、江戸初期の『日葡辞書』に「Tentŏ（テンタウ）Tenno michi（天の道）〈訳〉天の道、すなわち、天の秩序と摂理と」とあります。『日葡辞書』には「Tendŏ（テンダウ）」もあり、こちらは「天空の上、または空」となっています。「天道」が「太陽」の意味で使われた例は、江戸初期の『波形本狂言』（川上）の「拗久しぶりで天道をもおがみ、草木の色をも見る事ぢゃ」が古いものになります。江戸時代には「天道」に「様」がついた「てんとうさま」が多く使われました。例えば、雑俳『柳多留』（一五）の「てんとうさまがゆるさぬとおやぢ言ひ」、人情本『明烏後の正夢』の「てんとふさまお月さま。はやふ夜をあけて」など。現在、沖縄・奄美で「太陽」を「てぃだ」と言いますが、これは「でんどう（天道）」が語源だと言われています。

「にちりん」は、藤原道長の日記『御堂関白記』や平安中期の『栄花物語』、鎌倉時代の『吾妻鏡』など、記録体の文章で使われています。　　　　　（木部）

第Ⅱ部　身近な日本語の起源　45

つき [月]

● 用法

①地球の衛星。約29.53日で地球を一周し、その間、新月・上弦・満月・下弦の順に満ち欠けする。「月が出た」「月の光」②１か月。「月の初め」

● 語の由来

　奈良時代、「月」の複合語「月夜」は「つくよ」でした。『万葉集』4134番「雪の上に照れる都久欲（つくよ）に（雪の上に月が照っている夜に）」のような例があります。記紀神話に出てくる「月の神」（月齢を数える神）は、『古事記』では「月読命」、『日本書紀』では「月夜見尊」と表記されていますが、古くから「つくよみのみこと」と読まれてきました。複合語に使われる「つく」が古い形です（第１部参照）。単独形の「つく」は『万葉集』巻一四の東歌に出てきます。例えば、3395番「小筑波の嶺ろに都久立し間夜は（筑波の峰に月が出てから逢っていない夜は）」、3565番「うら野の山に都久（つく）かたよるも（浦野の山に月が傾くけれども）」など。東歌以外では「追奇（つき）」「都奇（つき）」のように「奇（き）」の万葉仮名が使われているので、中央部ではすでに「つき」に変化し、古い「つく」が東国方言に残ったものと思われます。　　　　　　　　　　（木部）

つち [土]

● 用法

①岩石が分解して粗い粉末になったもの。「土を入れ替える」②地球の陸地の表面。地面。「土を耕す」

● 語の由来

　古くは「はに」が「土」をあらわしました。ねばりけのある黄赤色の土で、これで作った素焼の土製品が「はにわ（埴輪）」です。『古事記』（上）に「櫛八玉神鵜と化りて、海の底に入り、底の波邇（はに）を咋ひ出でて、天八十毘良迦を作りて（櫛八玉の神は鵜に変わり、海底に入って底の土を食って吐き出し、多数の平瓮（食器）を作って）」とあります。平安中期の『和名類聚抄』（十巻本）（一）には「埴」の字に「和名波爾（はに）」と書かれています。

　「つち」は同じ『和名類聚抄』に「土塊（中略）和名豆知久礼（つちくれ）」「堊（中略）和名之良豆知（しらつち）]「壚（中略）和名久路豆知（くろつち）」のように出ています。②の意味では、『万葉集』4439番の「松が枝の都知（つち）に着くまで降る雪を（松の枝が地面に着くほどに降る雪を）」などの例があります。　　　　　　　　　　　　　　　　　　　　　　　　　　　　（木部）

じめん [地面]

● 用法

土地の表面。地表。「地面を掘る」

● 語の由来

　古くは「地面」を「ぢ、ち」と言い、「地面」の他に、「ある広さをもった土地」の意味で使われていました。平安中期の『宇津保物語』(吹上下)に「雲の上より響き、地の下よりとよみ（〔琴の音は〕雲の上から鳴り響き、地面の下から鳴りとよみ）」の例があり、この「地」は「地面」の意味です。江戸初期の『日葡辞書』には「Gi（ヂ）、またはchi（チ）Tçuchi（ツチ）〈訳〉土地」とあり、例として「Giuo vtçu（ヂヲ　ウツ）〈訳〉土地を測量する」と「Giuo narasu（ヂヲ　ナラス）〈訳〉土地を平らにする」があがっています。前者は「土地」、後者は「地面」の意味です。現代語の「ち」は「天と地」「思い出の地」のように「土地」の意味で使われています。

　「じめん（地面）」は漢文体の文章に出てきます。やはり「地面」と「土地」の意味がありました。平安中期の漢詩集『本朝麗藻』の「山川一色天涯雪、郷国幾程地面氷（雪で山川は白一色、故郷の地面の氷はどれ程か）」は「地面」、江戸中期の洒落本『無論里問答』の「深草の辺りに少ゝの地面を求め」は「土地」の意味で使われています。
　　　　　　　　　　　　　　　　　　　　　　　　　　　　　　（木部）

じしん [地震]

● 用法

地球内部の急激な変動により大地が震動すること。「地震が起きた」

● 語の由来

　「地震」をあらわす語には、古くは「なゐ」と「ぢしん」がありました。「なゐ」は和語で、もとは「地面」をあらわし、「よる」「ふる」を伴って「地震が起こる」意をあらわしました。『日本書紀』(武烈即位前・歌謡)には「臣の子の八符の柴垣下とよみ那爲（なゐ）が揺り来ば破れむ柴垣（大臣の子の八重の柴垣、地面が鳴り響いて地震が起きれば壊れてしまうような柴垣）」とあります。この「なゐがよる・ふる」が変化して、「なゐ」だけで「地震」をあらわすようになります。『日本書紀』の平安後期の写本、岩崎本の訓には「則ち四方に令ちて地震の神を祭ら俾む（すなわち、あちこちに命令して地震の神を祭らせた）」とあります。「なゐ」は、「ない」や「ねー」の形で現在、九州方言や沖縄方言に残っています。

　「ぢしん」は漢字の音読みです。漢字表記の「地震」は奈良時代から見えますが、「ぢしん」という読みは、平安後期の『色葉字類抄』の「地震　陰陽部災異部　ヂシン」が早い例です。現在では全国で「じしん」が使われています。　（木部）

た［田］

● 用法

稲などを栽培する土地。湿田と乾田がある。「たんぼ」とも言う。「たを耕す」「たんぼに水を引く」

● 語の由来

　古くから「た」です。『古事記』（中・歌謡）に「なづきの多（た）の稲幹に稲幹に匐ひ廻ろふ野老蔓（御陵の周囲の田の稲の茎に這い巡っている蔓芋の蔓のように）」、『万葉集』88番「秋の田（た）の穂の上に霧らふ朝霞いつ辺の方に我が恋ひ止まむ（秋の田の稲穂の上にかかる朝霧のようにどちらの方向に私の恋はやむのでしょうか）」のように歌に詠まれています。また、平安中期の『和名類聚抄』（十巻本）（一）には「田（中略）和名太（た）」とあります。江戸初期の『日葡辞書』には「Tauo suqu（タヲ　スク）、または、suqicayesu（スキカエス）」「Tauo tçucuru（タヲ　ツクル）」「Tauo vtçu（タヲ　ウツ）、または、vchicayesu（ウチカエス）」のような例があげられています。

　「たんぼ」は江戸時代中期から例が見え、例えば、『俚言集覧』に「畈畝　俗にタンボと訓り（俗にタンボと読む）」とあります。

（木部）

はたけ［畑］

● 用法

野菜や穀物類の耕作地。特に、水田に対して、水を引き入れない耕地のこと。

● 語の由来

　『万葉集』4122番の歌謡に「植ゑし田も　蒔きし波多気（ハタケ）も」とあるように、奈良時代にすでに「はたけ」が見られます。「はた」という言葉も「やきはた」のような複合語で平安時代に見られるので、「はたけ」は「はた」と「け」からなる語と分析するのが穏当でしょう。「け」は「ありか」など場所を表す「か」の転じたものかもしれません。あるいは、方言に見られる「はたける（開く）」という動詞の名詞形で、「開いた（開墾した）ところ」に由来するのかもしれません。「はたけ」にはさらに「専門分野」や「同類のもの」、「出自」などの意味がありますが、これらは耕作地の意味の「はたけ」から派生したものです。

　沖縄には耕作地を表す語として「はたけ」以外に「はる」という語があります。「はる」は動詞「墾る」が転じたもので、「開墾したところ」という意味と言われます。ところで、沖縄や九州では「はる」が地名としても使われていて、「原」の字が当てられます。「原」は日本語では「はら」で、耕作していない平地を指します。沖縄の「はる」と日本の「はら」との関係はよくわかりません。

（中澤）

あぜ［畔］

● 用法

田と田との間に土を盛り上げてつくった堤。水をためる役割を果たし、境界、通路ともなる。

● 語の由来

奈良時代から平安時代ころまで、「あぜ」は「あ」と呼ばれていました。『古事記』には「天照大御神の營田の阿（あ）を離ち、其の溝を埋め（天照大御神の作られる畔を壊し、その溝を埋め）」とあります。したがって、「あぜ」の語源は「あ」と「せ（ぜ）」に分かれることがわかります。「あ」は田の境の意とされますが、「せ」は、踏み渡る意で「瀬」とする説、「せ（背）」の意で「畔背」からとする説などがあり、定かではありません。

「あ」の次に文献に現れる古い呼び名は、「あぜ」ではなく「くろ」です。平安時代初期の写経『岩淵本願経四分律平安初期点』に「畦・畔の斉整を見なはして」とあり、「くろ」と「あ」が並び用いられています。やや遅れて、平安中期の辞書『和名類聚抄』に「畔 陸詞曰畔音半田界也 和名久呂 一云阿世」（「畔」陸詞には「畔」の音読みに「はん（半）」とあり、田の境のことである。和名は「くろ（久呂）」と言い、「あせ（ぜ）（阿世）」と言う）」とあります。このように文献上では、「あ」「くろ」「あぜ」の順番で変遷していったことが分かります。

方言の分布には、この変遷の歴史が読み取れます。「くろ」という呼び名は、関東地方以北のほか、九州北部の一部などに見られ、西日本中心の「あぜ」を取り囲むように分布しています。文献上の変遷とも合わせて考えると、古い語形（「くろ」）が、新しい語形（「あぜ」）より周辺部に分布するという周圏分布をなしていることになります。一方、「くろ」よりさらに古い「あ」は、そのままの形では方言には現れません。沖縄県全域には「あぶし」という呼び名が広がりますが、これは「あ」＋「ふし（節）」に由来すると考えられます。したがって、最も古い「あ」が、複合語の一部として「くろ」のさらに周辺部に分布していると見ることができます。北海道の南部には「あぐろ」という呼び方もありますが、これも「あ」＋「くろ」からできたものとして同様の解釈ができます。

なお、関東や新潟、九州地方北部などでは「あぜ」と「くろ」を両方使う地域もありますが、「あぜ」は田の境、「くろ」は田畑の境をも意味するところが多く、意味の広がりが見られます。

また、「きし（岸）」、「どて（土手）」、「つつみ（堤）」、「うね（畝）」などの呼び名も方言には見られます。これは、標準語で「あぜ」に近い意味を持つ語で「あぜ」を呼んだものです。

（中西）

みなと [港・湊]

● 用法

①川・海などの水の出入り口。河口。②船舶が安全に停泊できるようにした所。「船が港に着く」

● 語の由来

「み（水）・な・と（門）」が語源です。「水」のことを古くは「み」と言いました（「水」参照）。「な」は連体助詞の「な」（「まなかひ（目交）」の「な」）、「と」は「戸」と同源の「門」です。したがって、もとは「水の出入り口」の意でした。その発展で「船が出入りする所」、また「船が停泊する所」の意味になりました。①の「みなと」は、『日本書紀』（斉明・歌謡）「瀰儺度（みなと）の潮の下り海下り後も暗に（水門の潮が下るところ、海の下り、後ろも暗く）」、『万葉集』4006番「あゆの風いたくし吹けば美奈刀（みなと）には白波高み（あゆの風がひどく吹くので河口には白波が高く立って）」など、古い例が多くあります。②の「みなと」も『万葉集』220番「中の水門（みなと）ゆ船浮けて我が漕ぎ来れば（讃岐の国の中の湊から船を浮かべて我々が漕いで来ると）」のように古くから使われています。 　　　　　　　　　　　　　　　　　　　　　　　　　　　　　（木部）

みず [水]

● 用法

①水素と酸素との化合物。自然界では海、湖、河川、地下などを循環している。「水が流れている」「水を飲む」②洪水。大水。「水が出る」③液状のもの。「ひざに水がたまる」④勝負が長引いたとき、一時中止すること。「水が入る」

● 語の由来

　古くは「み」が「水」をあらわしました。単独の「み」の例はありませんが、複合語として「みなそこ（水底）」「みなと（水門）」「いづみ（泉）」「たるみ（垂水）」などに「み」が使われています。「みづ」はこの「み」に「づ」がついたもので、「づ」は「いづ（出）」または「みつ（満）」の変化形と思われます。「みづ」の例は、『古事記』（中・歌謡）に「美豆（みづ）溜る依網の池の堰杙打ちが（水が溜まっている依網の池の堰の杙が打ってあるのが）」、『万葉集』3625番「行く美都（みづ）の反らぬごとく（流れる水が元に戻らないように）」のように見えています。

　②は①から派生した意味で、俳諧『続虚栗』に「起あがる菊ほのか也水のあと〈芭蕉〉」という句があります。③も①から派生したもの、④は相撲の取り組みが長引いたときに途中で力水をつけることから生まれた意味です。 　　　　　　（木部）

こおり [氷]

● 用法

水が固体状態になったもの。1気圧ではセ氏0度以下で固体化する。「氷が張る」

● 語の由来

　古くは「氷」を「ひ」と言いました。『万葉集』3281番に「吾が衣手に置く霜も氷（ひ）に冴え渡り（私の衣の袖に置く霜も氷のように冴え渡り）」と見えています。現在では「ひむろ（氷室）」という語や「ひかわ（氷川）」などの地名・人名に「ひ」が残っています。平安時代には「こほり」も使われています。平安中期の辞書『和名類聚抄』（十巻本）（一）には「氷（中略）和名比（ひ）一云古保利（ほこり）」のように、「ひ」と「こほり」の両形が出ています。「こほり」はその後、ハ行転呼（第1部参照）により「こをり」となり、さらに「こおり」となって現代語に続いています。平安時代には「つらら」も「氷」をあらわしました。『源氏物語』（椎本）の「つららとぢ駒ふみしだく山川を（氷が張って馬が踏み砕いて通る山川を）」の「つらら」は、凍った山川の水のことです。「つらら」は後に意味が変化して「氷柱」を指すようになります（「氷柱」参照）。

(木部)

つらら [氷柱]

● 用法

軒下や山の岩などに水の滴が垂れて、棒状に凍ったもの。「つららが下がっている」

● 語の由来

　古くは「氷」を「ひ」と言い、「たるひ（垂る氷）」で「氷柱」をあらわしました。「つらら」という語もありましたが、これは「氷」を意味していました。後に「つらら」が「氷柱」の意味に変化し、現代に至っています（図）。『源氏物語』

氷 ｛ こほり → こおり
　　ひ ┈┈▶ （ひむろ）
　　つらら ↘
氷柱　たるひ → つらら

（末摘花）に「朝日さす軒のたるひは解けながらなどかつららのむすぼほるらむ（朝日が射して軒の氷柱はとけたのに、なぜ池の氷〔あなたの心〕は凍ったままなのでしょう）」という歌があります。この歌の「たるひ」は「氷柱」の意、「つらら」は「氷」の意です。江戸初期の『日葡辞書』には「Tçurara（ツララ）〈訳〉軒端に垂れ下がっている垂氷」とあるので、この時代には「つらら」が「氷柱」の意味に変化していたようです。現代方言では、岩手県や宮城県、石川県・福井県で「たるひ」系の語が「氷柱」の意味で使われています。

(木部)

けむり［煙］

● 用法

①物が燃えるときに立ちのぼる気体。「煙がたちこめる」②水蒸気、霞など、空中にたちこめるもの。「ゆけむり（湯煙）」

● 語の由来

　古くは「けぶり」と言いました。平安前期の『新撰字鏡』では「煙」の字に「介夫利（けぶり）」の和訓が、『和名類聚抄』（十巻本）（四）では「烟」の字に「介不利（けぶり）」の和名が付されています。「けぶり」が変化したのが「けむり」です。「ぶ」と「む」は発音が似ているので、交替することがあります（第１部参照）。鎌倉時代の『名語記』（五）には「けぶりとも、けむりとも両様にかきあひたり」とあるので、この時代には両方が使われていたようです。江戸初期の『日葡辞書』には「Qemuri（ケムリ）」で立項されているので、この頃には「けむり」が普通になっていたようです。現代方言では、「けぶり」「けむり」が西日本に、「り」の落ちた「けぶ」「けむ」が東日本で使われています。「けぶ」「けむ」は江戸時代まで用例がなく、江戸時代以降の語形だと思われます。　　　（木部）

きり［霧］

● 用法

①空気中の水蒸気が凝結し、細かい水滴となって地表や海面近くに浮遊している現象。「霧がかかって視界が悪い」②液体を細かい水滴にして空中に飛ばしたもの。「布に霧を吹きかける」

● 語の由来

　「きり」は、動詞「きる（霧る）」の連用形が名詞化した語です。「霧る」は『万葉集』1832番「うちなびく春さり来ればしかすがに天雲霧らひ雪は降りつつ（春が来たというのに一面に雲がかかって雪が降っている）」のように使われています。動詞「霧る」は現在では使われませんが、平安時代まで使われていました。例えば、『更級日記』（四）には「空もひとつに霧りわたれる（空も海も一様に霧がかかって）」とあります。名詞の「きり」は『万葉集』4310番「秋されば奇里（きり）立ちわたる天の河（秋になると霧が立ち渡る天の川に）」などの例があり、現在に至っています。

　②は人工的に作った「霧」のことで、江戸後期の人情本『閑情末摘花』に「口にて霧をふきかけつつ皺を伸して」のように使われています。　　　（木部）

かすみ［霞］

● 用法

空気中に浮かんでいる細かな水滴やちりのために、遠くがはっきり見えない現象。また、霧や煙が薄い帯のように見える現象。「霞がたなびく」

● 語の由来

「かすみ」は、動詞「かすむ（霞む）」の連用形が名詞化した語です。「霞む」は『万葉集』1740番「春の日の霞める時に（春の日の霞んでいる時に）」のように古代から用例があり、名詞の「かすみ」も『万葉集』1528番「霞立つ天の川原に（霞が立つ天の川原に）」などの例があります。

「霞」と「霧」は、現代では「霧」が水蒸気が地表に漂う現象なのに対して「霞」は水蒸気に限らないという違いがあります。しかし、奈良時代には両者の区別が明確ではありませんでした。例えば、『万葉集』88番「秋の田の穂の上に霧らふ朝霞（秋の田の稲穂の上にかかる朝霞）」では、「朝霞」に「霧らふ」という動詞が使われ、秋の景色として詠まれています。「春の霞」「秋の霧」が常套句として和歌に詠まれるようになるのは、平安時代になってからのことです。 （木部）

あめ［雨］

● 用法

大気中の水蒸気が冷えて水滴となり、地上に落ちてくるもの。また、それが降る天候。「あめが降る」

● 語の由来

「あめ」は「あめ（天）」と同源と言われます。複合語では「あまぐも（雨雲）」「あまごい（雨乞）」「あまよ（雨夜）」のように「あま」になります。複合語に使われる「あま」が古い形です（第1部参照）。ただし、奈良時代にはすでに「あめ」の形になっています。『日本書紀』（允恭）の歌謡には「阿梅（あめ）」、平安中期の『和名類聚抄』（十巻本）（一）には「雨（中略）和名阿女（あめ）」と書かれています。

一方で「雨」は、複合語の後部要素になると「さめ」になります。『和名類聚抄』（十巻本）（一）には「霢霂（中略）和名古左女（こさめ）」「霈（中略）和名比左女（ひさめ）」「暴雨（中略）和名無良左女（むらさめ）」の語が出ています。それぞれ「小雨」「氷雨」「叢雨」の意味です。「こあめ」「ひあめ」「むらあめ」のように母音が連続するのを避けるためにsが挿入されたと言われますが、なぜsなのかは不明です。複合語に使われる「さめ」が古い形だという説もあります（第1部参照）。 （木部）

つゆ ［梅雨］

● 用法

6月ごろの、長雨の時期。また、その時期に降る長雨。「さみだれ（五月雨）」「ばいう」とも言う。

● 語の由来

　長く降り続く雨を「ながあめ」と言い、「梅雨」の時期の雨も「ながあめ」と言いました。平安前期の『新撰字鏡』（一）に「霖　雨无止（雨止むことなし）奈加阿女（ながあめ）也」とあります。「ながあめ」は音変化を起こして「ながめ」となり、「眺め」に掛けて和歌に多く詠まれています。例えば、『蜻蛉日記』（上）に「いづこにもながめのそそく ころなれば 世にふる人はのどけからじを（どこでも長雨の注ぐ忙しい時期ですから、世の中一般の人は宮さまのようにのんびり物思いにふけってはおられませんでしょう）」の歌があります。これは陰暦五月から六月にかけて降る長雨を詠んだものです。

　「さみだれ（五月雨）」は陰暦五月に降り続く雨のことで、「さ」は「さつき（五月）」の「さ」、「みだれ」は「水垂」と言われます。『古今和歌集』（夏歌）の「さみだれに物思ひをれば郭公夜ふかくなきていづちゆくらむ（五月雨の降るなか物思いをしていると、夜更けにほととぎすが鳴いて飛び去った。どちらの方角へゆくのだろう）」のような例があります。

　「つゆ」は「つゆ（露）」を語源とするという説があります。室町時代の『文明本節用集』に「零　ツユ　又作　墜栗（つゆ）」とあるのが古い例です。「墜栗」という漢字は、この雨が降ると栗の花が散るからだと言われます。『多聞院日記』天正十一年五月十八日に「今日雷鳴る、つゆあがると見たり」のように「つゆがあがる」という表現が見え、江戸初期の『日葡辞書』には「Tçuyu　ツユ（梅雨）〈訳〉夏のある時期に、引き続いて降る大雨。Ximo（シモ）では Nagaxi（ナガシ）と言う」のように、「つゆ」に加えてシモ（九州）の方言も書かれています。

　「ばいう」は、梅の実の熟する時期に当たるので「梅雨」であるとも、物に黴（かび）が生じやすいので「黴雨」であるとも言われます。室町後期の『天正本節用集』に「梅雨　バイウ　四五月之雨ヲ云」、江戸前期の『岬山集』（二四）に「荒村黴雨暗天涯（荒村に黴雨が降り空一面を暗くする）」の例があります。

　現代方言では、奄美、沖縄で「ながあめ」が、四国、九州で「ながし」が、関西、中国で「つゆ」が、東日本で「にゅうばい」が使われています。「ながし」は『日葡辞書』に Ximo（九州）の言葉として書かれているものです。「にゅうばい」は「入梅」ですが、「梅雨に入ること」ではなく「梅雨」を指します。「入梅が降る」「入梅があがる」のような言い方もあります。

（木部）

かぜ［風］

● 用法

①空気の流れ。「風がつよい」②そぶり、様子。「役人風（やくにんかぜ）をふかせる」。③風邪。鼻、のど、気管などの炎症。「風邪は万病のもと」

● 語の由来

「風」は、複合語では「かざかみ（風上）」「かざぐるま（風車）」「かざあな（風穴）」のように「かざ」になります。複合語に使われる「かざ」が古い形だと思われますが（第1部参照）、奈良時代にはすでに「かぜ」の形で出てきます。例えば、『古事記』（中・歌謡）の「畝傍山木の葉さやぎぬ加是（かぜ）吹かむとす（畝傍山では木の葉がざわめいて、今にも大風が吹こうとしている）」、『万葉集』3673番の「可是（かぜ）吹けば沖つ白波恐みと（風が吹くので沖に白波が立って恐ろしい）」などの例があります。

③の意味は平安時代から見られます。例えば、『蜻蛉日記』に「かぜおこりて臥しなやみつるほどに（風邪をひいて寝込んで苦しんでいるうちに）」、『落窪物語』（四）に「かぜにこそ侍らめ。医師いるべき心地しはべらず（単なる風邪でございましょう。医師が必要な気はいたしません）」のように出ています。

(木部)

つむじかぜ［旋風］、たつまき［竜巻］

● 用法

「つむじかぜ（旋風）」は、渦を巻いて吹き上がる風のことで、「つじかぜ（辻風）」とも言う。「旋風」よりも規模の大きな巻き風を「たつまき」と言う。

● 語の由来

頭の「つむじ（旋毛）」と同源です（「旋毛」参照）。「つぶ（粒）」「つぶら（円）」など、丸いものをあらわす「つぶ」と関係があり、「丸く渦を巻く風」の意で「つむじかぜ」と言ったものです。平安前期の『日本霊異記』に「猛風川牟之加世（つむじかぜ）」とあるのが古い例で、平安中期の『和名類聚抄』（二十巻本）（一）には「颶（中略）和名豆無之加世（つむじかぜ）」とあります。平安時代に「つむじかぜ＞つんじかぜ＞つじかぜ」と変化しました。辻（交差点）で生じることが多いので、「つじかぜ」は「辻風」とも書かれました。『大鏡』（六）に「俄に辻風のふきまつひて（〔神前のお供え物を〕にわかに辻風が吹いて巻き上げてしまい）」のような例があります。

「たつまき（竜巻）」は、形や動きが龍に似ているところからこのように言われました。用例は江戸初期の俳諧『其袋』（夏）の「やさしさや龍巻のこす花あやめ」あたりから見られます。

(木部)

ひがしかぜ [東風]

● 用法

東の方から吹いて来る風。

● 語の由来

　春に吹く東風を「こち」「こちかぜ」と言います。『拾遺和歌集』(雑春) 所収の菅原道真の歌「こち吹かばにほひおこせよ梅の花あるじなしとて春を忘るな」はよく知られた歌ですが、他にも「こち」は和歌に多く詠まれています。平安時代には、「こち」は必ずしも春の風に限りませんでした。『蜻蛉日記』(上) の「散りきてもとひぞしてまし言の葉をこちはさばかり吹きしたよりに（〔本当にそのお気持ちがあれば〕風に散らされてでも私のもとにお尋ねの言葉が来たでしょうに。こちらでは東風が強く吹きましたが、その便りとして）」は秋に詠まれています。

　東風を「あゆ」とも言いました。『万葉集』4093番、大伴家持の歌に「立ち重き寄せ来安由（あゆ）をいたみかも（盛んに寄せてくるあゆのかぜの早いこと）」とあります。家持は越中に赴任したことがあり、この地の季節風「あゆ」を詠んだものです。現在、「あゆ」は北海道から島根にかけての日本海沿岸地域で使われています。柳田国男「風位考」によると「あえる（落ちる）」が語源で、海が種々の珍しい海産物をうち打ち寄せる（あえる）のを約束する風だと言います。

(木部)

みなみかぜ [南風]

● 用法

南の方から吹いて来る風。

● 語の由来

　「南風」を「はえ」と言い、これを構成要素とする「あらはえ」「くろはえ」「しらはえ」「おきはえ」が文献資料に出ています。例えば、江戸中期の『物類称呼』(一) に「畿内及び中国の船人のことばに（中略）五月の南風をあらはへといふ」、「伊勢の国鳥羽、或は伊豆国の船詞に、（中略）五月梅雨に入て吹南風をくろはへといふ。梅雨半（なかば）に吹風をあらはへと云。梅雨晴る頃より吹南風を、しらはへと云」とあり、畿内、中国、伊勢、伊豆の船人の言葉として使われていました。「おきばえ」は『日葡辞書』に「Voqibaye（ヲキバエ）〈訳〉南西の風」とあります。現在の方言では、九州、沖縄で「はえ」が使われています。

　「南風」は「ようず」とも言いました。江戸初期のロドリゲス日本大文典に「Yôzu（ヨウズ）」とあります。浮世草子『新色五巻書』(二) に「南風（ようず）に当てられ、身はなまくらものと人にいはれ」とあり、なまぬるい風で、物を腐らせたり頭痛を起こさせたりする風と考えられていました。

(木部)

こがらし [木枯らし]

● 用法
秋の末から冬の初めにかけて吹く、冷たくて強い風。

● 語の由来

　「こがらし」は「木を吹き枯らすもの」の意味です。「木」は、複合語では「こもれ陽」「こだち（木立）」「こだま（木霊）」のように「こ」となります。複合語に使われる「こ」が「木」の古い形です（第1部参照）。

　「こがらし」という語は古くから使われています。例えば、平安中期の『源氏物語』（手習）に「木枯らしの吹きにし山のふもとには、たち隠るべきかげだにぞなき（木枯らしが紅葉を吹き散らしてしまった山の麓には、身を隠すような木陰さえもありません）」、『後拾遺和歌集』（哀傷）に「いかはかりさひしかるらんこからしの吹にしやとの秋のゆふくれ（どれほど寂しいだろう、木枯らしが吹いたあとの屋戸の夕暮れは）」のように、和歌に多く詠まれています。

　「こがらし」は漢字で「凩」と書きます。これは日本で作られた国字で、風の意味をあらわす「几」と「木」を組み合わせたものです。「凩」の字は、文献では江戸中期の『書言字考節用集』あたりから使われています。ちなみに「凪（なぎ）」も国字で、「几」と「止」を組み合わせて「風が止む」という意味をあらわしています。

　「こがらし」は冬の訪れを告げる風ですが、初秋、雁が渡って来る頃に吹く北風を「かりわたし（雁渡し）」と言います。雁はロシアで繁殖し、越冬のため日本へ渡ってきます。「北方からこの地まで雁を渡す風」という意味でこのように呼ばれたものです。江戸中期の『物類称呼』に「伊勢の国鳥羽或は伊豆国の船詞に・・・八月の風を、あをぎたと云・・・又雁わたしとも云」とあり、伊勢の船詞として出ています。八月は旧暦八月のことなので、初秋にあたります。現在でも伊勢の方言で「かりわたし」が使われています。一方、『物類称呼』に出てくる「あをぎた（青北）」は「北風」の意味で、西日本各地に分布しています。なぜ「青」かというと、この風が吹くと夏が終わり、海や空の青さが増すという意味だと言われています。

（木部）

かみなり ［雷］

● 用法

①電気を帯びた雲と雲との間、雲と地表との間に起こる放電現象。「かみなりが鳴る」「かみなりが落ちる」②雷神。かみなりさま。「かみなりにへそを取られる」③頭ごなしにどなりつけること。「頑固親父がかみなりを落とす」

● 語の由来

　「雷」を古くは「いかづち」と言いました。「いか」は「厳粛」の意の「いか」、「づ」は連体助詞の「つ」（「まつげ（睫）」「沖つ白波」の「つ」）、「ち」は「霊」の意の「ち」（「みづち（水霊）」「おろち（大蛇）」の「ち」）です。したがって、もとの意味は「厳粛な神」です。「雷」の意の「いかづち」は、『万葉集』235番に「大君は神にしませば天雲の雷の上にいほりせるかも　右或本云（中略）伊加土（いかづち）山に宮しきいます（わが大君は神でいらっしゃるので、いかづち山に仮宮を建てていらっしゃる）」とあり、『枕草子』（名おそろしきもの）には「いかづちは名のみにもあらず、いみじうおそろし」とあります。

　また、「雷」を「なるかみ」とも言いました。「鳴る神」の意で、『万葉集』4235番の「天雲をほろに踏みあだし鳴神も（天雲をばらばらに蹴散らして鳴る雷も）」、『源氏物語』（夕顔）の「ごほごほと鳴神よりもおどろおどろしく、踏みとどろかす唐臼の音も（ごろごろと雷よりも恐ろしく、踏み鳴らしている唐臼の音も）」のような例があります。平安中期の『和名類聚抄』（十巻本）（一）には「雷公」の項に「和名奈流加美（なるかみ）一云以加豆知（いかづち）」と２つの和名が書かれています。

　「なるかみ」から生まれたのが「かみなり」です。平安中期の『狭衣物語』（三）に「げに、にはかに風あらあらしく吹きて、空の気色もいかなるぞと見えわたるに、神なりの二度ばかり、いと高くなりて」とあります。中世の狂言に「雷」という曲目があります。足を踏みはずして地上に落ちた雷を藪医者が治療するという話ですが、ここでは②の意味の「かみなり殿」が使われています。

　「雷」の音読みの「らい」という語もありました。鎌倉時代の『名語記』（四）に「らいのなるといへる、らい、如何（語源は何か）。答、らいは雷也。いかづちとよめり」のように書かれています。現代方言では、東北・関東の太平洋側で「らい、らいさま」が使われています。

（木部）

いなびかり [稲光]

● **用法**

空中の電気の放電によって生じる電光。「いなずま」とも言う。「稲光がした」「稲妻が走った」

● **語の由来**

　古くは「いなびかり」「いなづま」「いなつるび」の3語が使われていました。平安中期の『和名類聚抄』(十巻本)(一)には、「雷」の和名としてまず「以奈比加利(いなびかり)」が上げられ、次に「一云以奈豆流比(いなつるび)又云以奈豆末(いなづま)」と書かれています。この3語はいずれも「いな(稲)」を前部要素にもっています。古代には、電光が走って稲と交わり、稲を実らせるという言い伝えがありました。そこから「稲の夫(つま)」(古くは夫も妻も「つま」と言った。「妻」参照)の意で「いなづま」が生まれ、「男女が交わる」という意味の動詞「つるぶ」の名詞形「つるび」が「稲」に続いて「いなつるび」が生まれ、「稲の光」の意で「いなびかり」が生まれました。

　「いなづま」は平安時代、和歌に多く詠まれています。例えば、『古今和歌集』(恋歌一)「あきのたのほのうへをてらすいなづまの光のまにも我やわするる(秋の田の稲穂の上を照らす稲妻の光のほんの一瞬でも私はあなたのことを忘れません)」、『蜻蛉日記』(中)「いなづまの光だに来ぬ屋がくれは軒端の苗ももの思ふらし(稲妻の光さえ届かぬ家の陰では、軒端の苗も物思いに沈んでいるようだ〔夫の訪れがない私のように〕)」、『後拾遺和歌集』(雑三)「世中を何にたとへん秋の田をほのかにてらすよひのいなづま(男女の仲を何に喩えようか、秋の田をほのかに照らす宵の稲妻だろうか)」などの例があります。いずれも上記の言い伝えを下敷きとして、夫の訪れを待つ恋心を歌ったものです。

　一方、「いなびかり」は『堤中納言』の「なほ、世こそ、電光よりもほどなく、風の前の火より消えやすきものなれ(この世は稲光よりも短く、風の前の火よりも消えやすいものだ)」のように、一瞬のはかないものの喩えとして使われています。これは仏典で多く使われる比喩です。「いなづま」も一瞬のもの、はかないものの喩えとして使われました。上に引用した『古今和歌集』の歌や、『平家物語』(祇王)の「かげろふいなづまよりなほはかなし(この世は陽炎、稲妻よりなおはかない)」などがその例です。

　「いなつるび」はあまり用例がなく、現代語でも使いません。動詞「つるぶ」は、平安後期の『色葉字類抄』に「戻 ツルム 嫁也 交尾」、平安後期の『観智院本類聚名義抄』に「婚 ツルブ」のように出ています。　　　　　　　　(木部)

にじ［虹］

● 用法

大気中の水滴に太陽の光が屈折・反射して、太陽の反対側の空中にできる半円形の光の帯。日本では七色とされている。「虹が出る」

● 語の由来

　古くは「にじ」「のじ」「ぬじ」の３語がありました。「にじ」は平安中期の『金光明最勝王経音義』に「虹 爾自（にじ）」、『和名類聚抄』（十巻本）（一）に「和名爾之（にじ）」と書かれています。しかし、和歌や散文に使われた例がほとんどありません。江戸初期の『日葡辞書』には「Niji（ニジ）〈訳〉虹 Nijigatatçu（ニジガ　タツ）」とあるので、話し言葉としてはずっと使われていたと思われます。「のじ」は古くから東国方言という位置づけでした。『万葉集』東歌3414番に「伊香保ろのやさかの堰に立つ努自（のじ）の（伊香保のやさかの土手に立つ虹のように）」とあり、江戸時代の『物類称呼』（一）に「虹 にじ 東国の小児、のじと云」と書かれています。「ぬじ」は『日本書紀』の写本（北野本）に「殿の内に大虹有り」（天武十一年）のように「大虹」の読みとして出ています。

　現代方言では、全国的に「にじ」が使われますが、「のじ」が東北と鹿児島県奄美地方で、「ぬじ」が東北や沖縄で使われています。このような分布によると、「のじ」「ぬじ」が「にじ」よりも古い形と考えられます。また、方言には「のーじ」（岩手、奄美）、「にゅーじ」（四国、大分）、「みょーじ」（北陸、山陰）のように最初の音を長く伸ばして発音する地域があります。上に引用した『金光明最勝王経音義』では、「爾自（にじ）」の「爾」に下降調のアクセント符号がつけられているので、最初の音は古くから長音で発音されていた可能性があります。

　一方、漢文の世界では、漢語の「虹霓（こうげい）」が使われました。例えば、平安前期の『菅家文草』や室町時代の『草霖集』などの漢詩集には「虹霓」の語が出てきます。また、公家の日記『実隆公記』では、文明十七年（1485）五月十六日の記事に「天快晴、及晩雨濺、虹霓現（空は快晴、晩に雨が降り、虹が現れる）」とあります（「晩」は夕方のこと）。『日葡辞書』にも「Côguei（コウゲイ）ニジノ　イミャウ〈訳〉虹」とあります。

　ところで、「虹」には世界各地に類似の言い伝えがあります。「虹は巨大な蛇であり、決して指さしてはならない」という言い伝えです。中国にも同じ伝承があり、漢字の「虹」は虫偏で出来ています。また、蛇は水神の使いとみなされ、竜神信仰、水神信仰の象徴となっています。「虹」が和歌や散文に使われないのは、このような言い伝えや信仰のためかもしれません。

（木部）

2. 空間・時間

まえ［前］ ………………………… 62
うしろ［後］ ……………………… 62
あと［跡］ ………………………… 63
うえ［上］ ………………………… 63
した［下］ ………………………… 64
なか［中］ ………………………… 64
おく［奥］ ………………………… 65
あな［穴］ ………………………… 66

きょう［今日］ …………………… 66
きのう［昨日］ …………………… 67
おととい［一昨日］ ……………… 67
あした［明日］ …………………… 68
あさ［朝］ ………………………… 68
ひる［昼］ ………………………… 69
ゆうがた［夕］ …………………… 69
よる［夜］ ………………………… 70

まえ［前］

● 用法

①空間的に前方あるいは前部のこと。普通の状態で顔が向いている方向やその方向にある部分や場所。ものの正面にあたる部分や場所。「車の前に人が立っている」②時間的に前方あるいは遡った時のこと。過去。以前。順番として早い方。「この事件は前にあった事件によく似ている」

● 語の由来

　空間的な意味で使われた例は、奈良時代から見られます。『万葉集』には「針袋取り上げ麻敝（まへ）に置き反さへば（針袋を取り上げて前に置き、裏返してみると）」（4129番歌）という歌があります。古代においては、このような空間的な意味で使われるものの他に、神仏や貴人そのもの神仏や貴人につかえることを表す用法がありました。平安時代の『紫式部日記』に「御前にも近うさぶらふ人々はかなき物語するをきこしめしつつ（中宮様も近くにお仕えする人たちがとりとめもない話をするのをお聞きになりながら）」といった例が見えます。過去のことを表すような用法は平安時代ごろになって出てきたようです。語源としては「ま（目）」＋「へ（辺）」という説があります。この「ま」は「まぶた（瞼／目蓋）」や「まつげ（睫毛）」の「ま」に通ずると考えられます。

（平子）

うしろ［後］

● 用法

①空間的に後方や後方にある部分のこと。普通の状態で顔が向いている方向の反対側。後方。「車の後に人が立っている」②正面からは見えない部分。背後、ものの向こう側。「あの扉の後に誰かが立っている」

● 語の由来

　「うしろ」という語は奈良時代にもわずかに見られ、『日本書紀』（斉明）に「于之廬（うしろ）も暗に（後のことが気がかりで暗い気持ちのまま）」という歌があります。ただ、平安時代前半の用例を見ると、「うしろ」という語は②の「ものかげ」「背後」をあらわすことが多かったようです。空間的な「前方」をあらわす「前（まへ）」と対になる「後方」をあらわす場合には「しりへ」という語がもっぱら使われます。平安中期になると「うしろより寄り来る心地す（後方からよって来る気配がする）」（『源氏物語』〔夕顔〕）のように、「うしろ」が「後方」もあらわすようになり、「しりへ」は次第に使われなくなります。結果として、「うしろ」は「まえ（＜まへ）」の対義語となって、現代に至ります。

　似た意味の語の「あと」がありますが、「Xのあと」と言えるのはXが移動しうる（進行方向を持つ）ものである一方、「Xのうしろ」と言った場合のXは静止したものであることが普通です。

（平子）

あと [跡]

● 用法

①以前に何か物事が行われ、存在したことの残っているしるし。「泥棒が入ったあとがある」②足跡。行方。「あとをくらます」

● 語の由来

　奈良時代には「足」「足もと」を意味する語として使われた例が見えますが、元々は「あ」という足をあらわす語（「足」参照）と「と」という「跡」をあらわす語とが結合してできた語だと考えられています（沖森・半澤〔編集〕2007など）。この「あ」は「あぶみ（鐙）」などのような語の中に主に現れるものですが、『万葉集』3387番の歌には「安（あ）の音せず（足音がしないで）」のような表現も見られます。また、「と」は「とだえる（途絶／跡絶）」などの「と」と関係がありそうです。『万葉集』545番の歌には「わがせこがあと踏みもとめ（私の夫が通った足跡をたどり求めて）」という表現が見られ、「あと」が古くから「足跡」という意味で使われていたことが分かります。「足跡」から転じて、足跡に限らない「跡」という意味が生じたと考えられます。そうした意味で使われた例も既に奈良時代にあり、「漕ぎいにし舟の跡なきごとし（漕ぎ去った船の、波の跡が残らないようなものだ）」という表現が『万葉集』351番の歌に見られます。

(平子)

うえ [上]

● 用法

①高い場所、位置。「この建物の上の方に私の部屋がある」②あるところを基準として、それより高い所。上方。「富士山が雲の上に頭を出している」③身分や年齢が高い。「あの人の方が階級が上だ」

● 語の由来

　古くから、高い場所や上方、また、身分が高いことや高い身分にある人を表す例はありましたが、同時に物体の外面・表面あるいは表面的な態度や行動、うわべを表すこともありました。例えば、『枕草子』（鳥は）にある「羽のうへの霜はらふらん程など（羽の表面についた霜をはらっているところなど）」のような例があります。つまり、この時代の「うへ（＞うえ）」は「うら（裏）」と対義語の関係にあり、実際「直衣（なほし）のうらうへ」という言い方が『源氏物語』（末摘花）に見られます。中世に入ると、物体の外面や表面をあらわすことがなくなり、もっぱら高い場所や位置、高い身分をあらわすようになります。平安時代には、「おもとは、今宵はうへにやさぶらひ給ひつる（おまえ様は、今夜は主人の御前に詰めておられたのか）」（『源氏物語』空蝉）のように、身分の高い人やその人がいる場所を指す用例が多く見られます。「上様」などという言い方もここから派生したものと考えられます。

(平子)

した [下]

● 用法

①低い場所や位置。「あの山の下の方にはいろいろな昆虫がいる」②あるところを基準として、それより低い所。下方。「机の下に隠れる」③身分や年齢、あるいは力量などの程度が低い。「彼の順位はかなり下の方だ」

● 語の由来

奈良時代から、低い場所、下方を表す例がありました。例えば、『万葉集』800番の歌に「日月の斯多(した)」という言い方が見られます。そこから転じて、有力者の庇護を受けるような地位のことをあらわすような場合がありました。『源氏物語』(須磨)に「ありかたき御かへりみの下なりつるを(世にもまれな御恩顧の下にあるのだから)」という例が見られます。

年齢や身分が低いことをあらわすような例は、中世から近世になって頻出するようになります。『浮世草子』(江戸中期)に「未だ廿より下の三兄弟、親の御意をうけて亭に上がり」とあるのは、そのような例の一つです。また、古くには何かに包まれている部分や心の奥などを表す例もあります。

(平子)

なか [中・仲]

● 用法

①空間的に区切られたものの内側。あるいは、限られた範囲。「彼は部屋の中にいる」「予算の中でやりくりする」②真ん中。中央。「中の方におつめください」③物事が進行している最中。「国会が開かれる中で、首相は外遊に出かけた」④人と人の関係性・間柄。「あの二人は仲が良い」

● 語の由来

もともとは空間的な意味で用いられていたようで、『竹取物語』の有名な一節「あやしがりて寄りて見るに、筒の中(なか)光りたり(不思議に思って寄って見ると、筒の中が光っている)」に見える「なか(中)」の使い方はまさに空間的な意味で使われたものです。また、『万葉集』4283番歌の「梅の花咲けるが中(なか)に(梅の花の咲いているものの中に)」の「なか」は、一定の範囲内にある同質のものがあるうちの個々のものを指すものです。平安時代には、心中などより抽象的な意味で使われるようになり、その後、平安時代後期には時間的な意味でも用いられるようになるようです。

人と人の間柄を表すような例も平安時代からあったようです。例えば『古今和歌集』の仮名序に「男、女のなか」という表現が見られます。

(平子)

おく [奥]

● 用法

①中の方へ深く入ったところ。「洞窟の奥に湖があった」「本棚の奥にものが隠れていた」②家の中の入り口から内へ深く入ったところ。家族が寝起きするところ。奥座敷。「主人は奥におります」「お客様を奥へお通しする」③表面に現れない深いところ。内部。心の底。「心の奥に秘めたる思い」④容易には知りえない深い意味。「この研究は奥が深い」

● 語の由来

　古くから「奥まったところ」といった空間的な意味で使われる語でしたが、時間的な現在から遠い先のこと、つまり、未来・将来のことを意味して使われることもありました。『万葉集』3410番の歌に「於久(おく)をな兼ねそ(将来を気になさいますな)」という表現があるのは、その例です。

　現在、「妻」のことを「奥様」と言いますが、これは、江戸時代に家屋の奥の方は夫人や奥女中などがいるところであったことによります。家屋の奥の方を「おく」と言い、そこから転じて、そこにいる夫人・妻のことを「おく」と呼ぶようになりました。このような、もともと場所を表していた名詞がそこにいる人を指して言うのに使われるようになることは、日本語の歴史の中でもよくあることで、例えば目上の人を「うへ(上)」と呼ぶのも、そうした例の一つです(「上」参照)。

(平子)

あな [穴]

●用法

①反対側まで突き抜けている空間。「針の穴」②深くえぐりとられた所。くぼんだ所。「鼻の穴」③欠けたためにできた空白。欠損。「人員の穴」④不完全な部分。欠点。「法律の穴をつく」⑤人に知られていない所や物事。「穴をねらう」

●語の由来

語源は「あくなか（開中）」の意とする説や、「あな（空）」の転とする説がありますが、定かではありません。①〜⑤の意味は「対象物を削り取った後に残る空間」という本質的意味からの派生で、空間が対象物を突き抜けると①、突き抜けていないと②、欠けている部分に焦点を当て、それを「良くない」ものと捉えると③④の意味が生じ、「よく知られている」ものを前提として、その欠けた部分と見れば⑤の意味が生じます。⑤の意味では「穴場」など、知られていないことで「良い」などの評価のニュアンスを伴うことがあります。

平安時代の『竹取物語』の「闇の夜にいでても、穴をくじり、垣間見、惑ひあへり（闇夜にさえ出かけてきて、垣根に穴をあけたりして、中をのぞき、うろうろしている）」は①、『宇津保物語』「この家の乾の隅の方に、深く一丈掘れる穴あり」は②と取れます。江戸時代の『東海道中膝栗毛』で北八が「遣ひ込だ穴を、埋ておかねばなりませぬ」と言うのは資金の欠損の意で③と取れます。④、⑤は近代以降に見られるようになります。

(中西)

きょう [今日]

●用法

①話し手が今身を置いている、その日。「本日」。「今日は私の誕生日だ」②①の「今日」とは別の年・月で、同じ日付の日。「来月の今日が誕生日だ」

●語の由来

古くからある語ですが、もとは「けふ」という発音であったことが分かっています。『万葉集』では「家布（けふ）」などと記され、平安時代の仮名書き資料でも「けふ」と綴られています。現在のように「きょー」と発音されるようになったのは、室町時代よりも後のことと考えられ、江戸初期の『日葡辞書』では、qiô（キョー）あるいはqeô（キョー）と綴られています。同じような発音の変化を起こしたものに「ちょうちょ（元は「てふてふ」）」があります（「蝶」参照）。

語源説には諸説ありますが、「けふ」の「け」は「今朝（けさ）」の「け」と関係があると言われています。すなわち、「けさ（今朝）」が、「此」を意味する「き」という語と「あさ」という語とが複合し、縮約されてできた語と考えられているのと同じように、「けふ」も「き」に「あふ」のような形の語が複合してできた語と言われています。

(平子)

きのう [昨日]

● 用法

今日より一日前の日。さくじつ。「昨日は、私の誕生日だった」

● 語の由来

「きょう(今日)」と同じく古くからある語で、もとは「きのふ」という発音であったことが分かっています。『万葉集』では「伎能敷(きのふ)」などと記され、平安時代の仮名書き資料でも「きのふ」と綴られていました。現在のように「きのー」と発音されるようになったのは、平安時代以降のことと考えられ、江戸初期の『日葡辞書』では、qinô(キノー)と綴られています。

古代には「きのうの夜」を意味する「きそ」という語があり、「きのふ」の「き」は「きそ」の「き」と関係があると考えられています。また、「きのふ」の「ふ」は、「きょう」の古い形である「けふ」の「ふ」と関係があるとされています。

平安時代頃、特に和歌の中では、きわめて近くに思われる過去、あるいは、印象が鮮やかに残っている過去をあらわすことがありました。例えば、『新古今和歌集』の「いつのまに紅葉しぬらん山桜きのふか花の散るををしみて」という歌は、ついこの前花が散ったように思われる山桜が紅葉していることを歌ったもので、実際に紅葉した前の日に花が散ったわけではありません。 (平子)

おととい [一昨日]

● 用法

きのうより前の日。いっさくじつ。「一昨日は、私の誕生日だった」

● 語の由来

「をとつひ」という語形が『万葉集』に確認されています。「をと」は「遠く隔たっている」を意味する「をち」と同じ起源のもの、「つ」は「の」と同じく名詞と名詞をつなぐ助詞、「ひ」は「日」と考えられます。平安時代に入ると「をととひ」という形式にとってかわられますが、近世に入ると再び「おとつい」(<おとつひ)という形式が現れます。その後は「おととい」(<おととひ)と「おとつい」とが併存する時期が続きますが、19世紀以降、上方では「おとつい」、江戸を含む東日本では「おととい」という形式が主に用いられるようになりました。そして、明治の頃には「おととい」が規範的・標準的な語形として定着します。

「おととい」から「おとつい」に変化したことの背景には、「兄弟・姉妹」を意味する「おととい」という語が鎌倉時代から室町時代ごろに用いられるようになったことがあると考えられます。「兄弟・姉妹」を意味する「おととい」との同じ語形であることを避けるために、再び「おとつい」という形式が使われるようになったと言われています(「兄弟」参照)。 (平子)

あした [明日]

● 用法

現在を基点として、次の日。あす。「明日は、私の誕生日だ」

● 語の由来

　古くから「あした」と「あす」、2つの語形が用いられてきましたが、「今日の次の日」をあらわすのは主に「あす」の方で、「あした」は朝、特に、夜が明けて明るくなった頃を意味していました。そこから転じて、何か特別なことがあった日の夜が明けた頃、つまり、翌朝を意味する例も古くから見られます。例えば『古今和歌集』873番歌の詞書に「五節のあしたに」とあります。「五節」とは大嘗会や新嘗会といった祝祭日に行なわれた儀礼の行事のことですが、「五節のあした」とはその行事があった日の明くる朝という意味です。そして、「翌朝」の意味からさらに転じて、「翌日」「明日」を意味するようになったと考えられています。これに対して、古くから「明日」を意味していた「あす」は、現在ではより改まった言い方として残っています。また、「あした」の他に「あさ」も古くから「朝」のことをあらわしていましたが、「あした」が「暗い時間帯の終わり」をあらわしていたのに対して、「あさ」は「明るい時間帯の始まり」をあらわしていたとされています。「あした」も「あす」も「あさ」も as という音を共通に持っていることが注目されます。

（平子）

あさ [朝]

● 用法

①夜が明けてからしばらくの間。「朝顔は、朝になると花が開く」②夜が明けてから正午までの午前中。「朝は空いています」

● 語の由来

　古くから「ゆふ（夕）」の対となる概念を表すものとして使われていて、奈良時代からその用例を確認できます。例えば、『竹取物語』には「我朝ごと夕ごとに見る竹の中におはするにて知りぬ（私が毎朝毎晩見る竹の中にいらっしゃったご縁で〔あなたのことを〕知りました）」とあります。ただし、同じく朝を意味した「あした」とは異なり、「あさぎり（朝霧）」など複合語の一部として用いられることがほとんどでした。中世よりも後になって、単独の名詞として使われる例が多くなっていきます。諸方言では「あさま」という形が使われています。15世紀の朝鮮語に「achom」という形式が見られ、「あさ」はそれと何らかの関係があるという説もあります（『岩波古語辞典 補訂版』）。

　また、古くは早朝や翌早朝を意味する「つとめて」という説がありました。この語に由来する形式が朝を意味するものとして琉球諸語や八丈語で使われています（首里方言「すとぅみてぃ」など）。

（平子）

ひる [昼]

● 用法

①太陽が出てから没するまでの間。「昼は、日が出ているので明るい」②太陽が高く出ている時間。正午。「昼になったら、ご飯食べましょう」③昼食。「もう昼は食べました」

● 語の由来

古くから「よる（夜）」の対となる概念をあらわすものとして使われていて、奈良時代からその用例を確認できます。例えば、『万葉集』155番歌に「夜はも夜のことごと、昼はも日のことごと（夜は夜通し、昼は一日中）」という句があります。『伊勢物語』（六七段）の「あしたより曇りてひる晴れたり（朝から曇っていて、昼になって晴れた）」のように「朝」と区別された②の意味での「ひる」は、平安時代から用例が見られます。さらに、昼食の意味で使われるのが一般的になるのは江戸時代以降のことです。それまでは通常朝夕２回しか食事をとらなかったのが、江戸中期頃になって一日３食とるように生活のあり方が変化したことと関係しています。

「よる」が「よ（夜）」＋「る」と考えられるように、「ひる」も「ひ（日）」＋「る」だと考えられますが、「る」が何をあらわすのかは分かっていません。（平子）

ゆうがた [夕方]

● 用法

日が暮れかかっているとき。ゆうべ。「朝顔は、夕方になると花を閉じる」

● 語の由来

奈良時代には「夕方」を意味する語として、「ゆふ（夕）」あるいは「ゆふへ（後に「ゆうべ」と変化）」という形式がありました。「ゆふ」は「あさ」と同様に「ゆふぎり（夕霧）」など複合語の一部として使われるのが一般的である一方、「ゆふべ」は「あした」と同様に専ら単独で用いられました。

また、奈良時代は、日が出て明るい昼の時間帯を「あさ」「ひる」「ゆふ」と分けていて、「ゆふ」は日が出ている時間の最後の部分をあらわしていたとされます。それに対して、日が沈み暗い夜の時間帯は「ゆふへ」「よひ」「よなか」「あかとき」「あした」と５つに分けられ、「ゆふへ」はその最初の部分をあらわしていました。「ゆうべ」は今では「昨夜」という意味でも用いられますが、これは朝になって夜の時間帯の始まりを振り返っていうところから転じて生じた意味だと考えられています。

なお、「ゆふがた・ゆふかた」という形式が現れるのは平安時代に入ってからですが、古くは「ゆふつかた」という形式が多く用いられていたようです。

（平子）

よる［夜］

● 用法

太陽が沈んでから太陽が出るまでの間。「夜になると、月が見える」

● 語の由来

　古くからある語で、「ひる（夜）」の対となる概念を表します。例えば、『万葉集』807番歌に「ぬばたまの用流（よる）の夢にを継ぎて見えこそ（夜見る夢に絶えず出てきてください）」という句があります。同じく「夜」を意味する「よ」が「よぎり（夜霧）」などの複合語を作ることが多かった一方で、「よる」は専ら単独で用いられました。なお、現在一般に「夜」と言われる時間帯は、奈良時代には「よひ」「よなか」「あかとき」の3つに分けられていました。

　平安時代の仮名文学の中によく現れる「よさり」という言い方は、「夜＋去り（夜が近づく）」に由来するものと考えられますが、現代においても各地の方言で「夜」を意味する形式として用いられています。

　「ばんごはん（晩御飯）」などの形で使われる「ばん（晩）」は漢語で、江戸時代の中頃になって普通に使われるようになったと考えられています。　　　（平子）

3. 親族

親族名称と親族呼称 …………… 72
ちち［父］ ……………………… 73
はは［母］ ……………………… 74
あに［兄］ ……………………… 75
あね［姉］ ……………………… 75
おとうと［弟］ ………………… 76
いもうと［妹］ ………………… 77
きょうだい［兄弟］ …………… 78
そふ［祖父］ …………………… 79
そぼ［祖母］ …………………… 80
おっと［夫］ …………………… 81
つま［妻］ ……………………… 81
ふうふ［夫婦］ ………………… 82
おじ［伯父・叔父］、おば［伯母・
　叔母］ ………………………… 82
おとこ［男］ …………………… 83
おんな［女］ …………………… 84
むすこ［息子］・むすめ［娘］ …… 85
まご［孫］ ……………………… 85

親族名称と親族呼称

● 親族名称と親族呼称

　親族をあらわす言葉には、親族名称と親族呼称があります。親族名称とは親族同士の関係をあらわす言葉で、「一児の父となる」「太郎のおとうさん」のように一方に対して他方がどのような関係にあるかを示す言葉です。それに対し、親族呼称は呼びかけに使う言葉です。例えば、「ちち」と「おとうさん」はいずれも親族名称ですが、「ちち」は呼びかけに使えないので親族呼称ではありません。一方、「おとうさん」は呼びかけに使うので、同時に親族呼称でもあります。「はは」と「おかあさん」、「あに」と「おにいさん」、「あね」と「おねえさん」も同じです。

● 親族呼称の原則

　親族名称のうち「おとうと」「いもうと」「むすこ」「むすめ」など自分より年下の親族をあらわす言葉は、呼称に使えません。「いもうとよ」という呼びかけは、日常を離れた、ちょっと、きどった言い方です。このように、親族呼称には自分より上の親族は親族名称で呼ぶが、下の親族は親族名称で呼ばないという原則があります。では、下の親族はどのように呼ぶのでしょうか。「花子」「太郎」のように名前です。この原則は親族だけでなく、学校や会社、会合などにも適用されます。例えば、若い教師は校長を「校長先生」と呼びますが、生徒のことは「田中さん」と名前で呼び、「生徒」とは呼びません（鈴木1973参照）。

● 古典語の親族呼称

　古典語では、親族をどのように呼んだのでしょうか。江戸初期の『日葡辞書』の「Toto（トト）」には、「子どもの用いる言葉」と書かれています。「とと」は子供が父親を呼ぶときの言葉だったと思われます。同じ時代の虎明本狂言『乞聟』には「なふととさま（ねえおとうさん）」のように「ととさま」が呼びかけに使われています。それに対し「ちち」にはこのような例がありません。江戸時代も現代と同じだったようです。

　それ以前には、平安時代後期の『今昔物語』（巻二四）に陰陽師、賀茂忠行の子が忠行に「父こそ」（「こそ」は「さん」にあたる接尾語）、「其れは何ぞ、父よ」と呼びかける場面があります。「ちち」が呼びかけに使われたのはこの２例だけですが、この子は後にすぐれた陰陽師に成長します。「父こそ」「父よ」は、このような人物像を作り上げるための脚色かもしれません。このように見ていくと、平安時代も「ちち」を呼びかけに使うことは希だったと思われます。『枕草子』（虫は）に蓑虫が「ちちよちちよとはかなげに鳴く」という文章がありますが、「乳よ乳よ」「父よ父よ」などの説があり、解釈が定まっていません。　（木部）

ちち［父］

● 用法

両親のうちの男の方。呼称は「おとうさん、とうちゃん、パパ」など。「父の遺志を継ぐ」

● 語の由来

　もとは「ち」で「父」をあらわしていました。『日本書紀』（応神）の歌に「麻呂が父（わが父）」という言葉が出ています。「ち」を繰り返したのが「ちち」で、『万葉集』4408番の歌に「ははそ葉の波々（はは）の命はみ裳の裾摘み上げ（中略）ちちの実の知々（ちち）の命は栲綱の白髭の上ゆ涙垂り（母上は着物の裾をつまみ上げ、父上はコウゾで作った白い綱のような白髭の上に涙を流し）」などの例があります。他に「父」をあらわす語として、「てて」「とと」「たあ」がありました。いずれもタ行音をもっています。『宇津保物語』（俊蔭）「この手、母にも勝り、母はてての手にも勝りて（この子の琴の技法は母にも勝り、母の技法は父にも勝って）」、『日葡辞書』「Toto（トト）〈訳〉父。子どもの用いる言葉」、仮名草子『東海道名所記』（六）の「父も母も京へ来たにゃあ」などの例があります。現代語の「おとうさん、とうちゃん」は「ととさま」がもとになっています。

（木部）

はは [母]

● 用法

①親のうちの女の方。呼称は「おかあさん、かあちゃん、ママ」など。②物事を生み出す根源。「必要は発明のはは」

● 語の由来

「ちち（父）」が「ち」を繰り返したものだとすると（「父」参照）、「母」も「は」を繰り返したものである可能性があります。ただし、文献資料には「は」で「母」をあらわした例が出て来ません。「はは」は『万葉集』886番に「うちひさす宮へのぼるとたらちしや波ゝ（はは）が手離れ（朝廷へ上がるために母の手元を離れ）」などの例があります。平安中期の『和名類聚抄』（二十巻本）（二）には「父 和名知々（ちち）母 波々（はは）」とあり、「母」は古くから現代に至るまでずっと「はは」でした。ただし、その発音には紆余曲折がありました。

ハ行子音は古くはpでしたが、平安時代にp＞φ（φは両唇摩擦音）という変化が起きました。したがって、「母」は古くは［papa］（パパ）でしたが、平安時代に［φaφa］（ファファ）となりました。また、語中ではハ行転呼が起き、［φawa］（ファワ）となりました（第Ⅰ部参照）。その一方で、ハ行転呼以前の［φaφa］（ファファ）も残っていたようで、例えば、江戸初期のキリシタン資料『日葡辞書』に「Fafa（ファファ）、または、faua（ファワ）」と出ています。江戸中期になると、ハ行子音はφからhに変化します。これにともない［φawa］は［hawa］（ハワ）に変化しました。普通はこの形が現代まで続くのですが、「母」の場合、2番目の音が再びハ行音にもどり、［haha］（ハハ）という発音になります。その原因は、「母」のペアである「父」が「ちち」のように同じ音の繰り返しになっていることに合わせたからだと言われますが、［φaφa］という発音が残っていて、φ＞hの変化が起きたときに［haha］への変化を後押ししたという側面もあると思います。

江戸時代には、現代語の「おかあさん」の元になった「かか」も使われています。『日葡辞書』には「Caca（カカ）〈訳〉Fawa に同じ。母。これは子供のことばである」と出ています。

このほか、「母」をあらわす語に「あも」「おも」がありました。『万葉集』の東歌に例が見え、平安時代中期の『宇津保物語』（春日詣）に「おもとじ」（とじ〔刀自〕は女性を敬う語）という言葉が見えています。江戸前期の『かた言』（三）には「豊後国には、とと・かかといふべきをうも・うどなどと云り」とあります。「うも・うど」は「あも」と関係があると思われます。おそらく「あも」「おも」は古い語で、それが東国や九州の方言、あるいは複合語に残ったものと思われます。

（木部）

あに ［兄］

● 用法

きょうだいのうち年上の男。呼称は「にいさん」など。「私にはあにが二人いる」

● 語の由来

　古くは、年上を意味する「え」が「兄・姉」を、年下を意味する「おと」が「弟・妹」をあらわしました。『日本書紀』(神武) に菟田県(うだのあがた)(現在の奈良県宇陀市)を治めている「兄猾」「弟猾」の話が出てきますが、これらは「えうかし」「おとうかし」と読まれています。また、「干支（えと）」は「え（兄）」と「おと（弟）」がもとになった語です。「このかみ」という語も「兄・姉」の意味で使われました。『観智院本類聚名義抄』では「兄」「姉」の字に「コノカミ」の訓がついています。古くは「せ」も「兄」の意味で使われました。本来は、女性の側から見て夫、恋人、兄弟などの親しい男性をあらわす言葉でしたが、「いも」と対で使われる場合には、「いも」が女の兄弟をあらわすのに対し、「せ」は男の兄弟をあらわしました。『万葉集』3962番に「妹も兄も若き子どもは（姉妹も兄弟も幼い子供たちは）」などの例があります。平安時代になると、「年上の男のきょうだい」をあらわす「あに」が使われるようになり、現代語に続いています（「妹」参照）。

（木部）

あね ［姉］

● 用法

きょうだいのうち年上の女。呼称は「ねえさん」など。「あねは結婚して北海道に住んでいる」

● 語の由来

　「兄」に同じく、古くは、年上を意味する「え」が「姉」をあらわしました。『古事記』(中) に「かつがつもいやさき立てる延（え）をし枕かむ（ともかくも先頭に立っている年長の女性と枕しましょう）」という歌があります。神武天皇が妻を探していたときに、大久米命(おほくめのみこと)(神武東征に従った豪族)が七人の乙女のうち先頭の年長の女性を推薦する歌です。「このかみ」も「姉」をあらわしました（「兄」参照）。『源氏物語』(東屋)「ただ、中のこのかみにて（〔浮舟は〕ただ、姉妹の中で最年長で）」などの例があります。

　「あね」は『古今和歌集』790番の歌の作者名に「こまちがあね」とあるのが古い例です。平安時代以降「あね」は「あに」と対になって、「年上の女のきょうだいを」あらわす語として使われ、現代に至っています（「妹」参照）。　（木部）

おとうと [弟]

● **用法**

きょうだいのうち年下の男。「おとうとは中学生だ」

● **語の由来**

　古くは、年下を意味する「おと」が「弟・妹」をあらわしていました。「おと」は「劣る」の「おと」と同源で、これに「ひと（人）」がついた「おとひと（弟人）」が変化したのが「おとうと・おとと」です。「おとうと・おとと」も「おと」と同じく、もとは男女にかかわらず、年下のきょうだい（弟・妹）を指しました。平安時代中期の『宇津保物語』（楼上上）の「その御おとうと四位の少将、大宮の御方に琵琶聞こえ給て（太后様のために琵琶を演奏してさし上げて）」の「おとうと」は「四位の少将」なので男（つまり弟）、『日本紀竟宴和歌』の「おのがおとうと。名はおとひめ」の「おとうと」は「おとひめ」という名なので女（つまり妹）です。平安時代中期の『和名類聚抄』（二十巻本）（二）には「弟（中略）和名於止宇止（おとうと）」「妹（中略）和名伊毛宇止（いもうと）」とあり、「弟」と「妹」が区別されています。おそらく漢字の訓として「おとうと」「いもうと」が当てられたもので、実際には上の例のように、「弟」も「妹」も「おとうと」と表現されていたと思われます。「おとうと」が現代のように「弟」の意味に限定されるようになったのは、「いもうと」が「妹」の意味に変化した中世以後です（「妹」参照）。現代方言では、奄美・沖縄で「弟・妹」をいずれも「うとぅとぅ」（「おとうと」に対応する形）と言い、古い意味を残しています。

　現代方言では、東北から北陸にかけての日本海側の地域、および隠岐の島で「弟」を「おじ」と言います。この地域には代々、長男が家を継ぐ習慣があります。跡継ぎである現当主の息子から見ると、現当主の弟は「おじ（叔父）」に当たります。この「おじ」が「弟」をあらわす名称となったのが、この地域の「おじ」です。日本語には、「親族名称の虚構的用法」（鈴木 1973参照）という現象があり、家族のうちの最年少者を基準点にとり、この人が使う用語で家族全員が家族を呼び合うという習慣があります。例えば、一家に孫が生まれると、その子の祖母に当たる人を家族全員が「おばあちゃん」と呼ぶような現象です。上の地域の「おじ」もこの原理にしたがったものだと思われます。

　一方、東北の太平洋側から関東にかけての地域では、「弟」を「しゃてい」と言います。漢語の「舎弟」で、江戸時代までは武家における「弟」をあらわしていました。武家の年功序列の制度と東北、関東の、長男が家を相続する習慣とがマッチして、この地域で「しゃてい」が好まれて使われたのだと思われます（澤村 2011参照）。

(木部)

いもうと ［妹］

● **用法**

きょうだいのうち年下の女。「あねよりも、いもうとの方が背が高い」

● **語の由来**

　「いもうと」は「いもひと（妹人）」が変化した語です。「いも」は男性の側から同腹の姉妹、または恋人、妻をあらわす語です（「兄」参照）。姉妹をあらわす場合は、年齢の上下に関係なく、姉も妹も「いも」と言いました。「いもうと」は平安時代から使われていますが、「いも」に同じく、年齢の上下に関係なく「姉・妹」をあらわしました。例えば、『源氏物語』（箒木）では、頭中将が光源氏に対して、自分の妹であり源氏の妻である「葵の上」のことを「わがいもうとの姫君」と言い、また、同じ「帚木」で、ふすまの向こうから聞こえてくる女性（空蟬）の声を源氏が「いもうとと聞きたまひつ（〔小君の〕姉の声だと思ってお聞きになった）」とあります。空蟬は小君の姉なので、この「いもうと」は「姉」の意味です。

　「いもうと」が現在のように「年下の女のきょうだい」の意味で使われるようになるのは、中世以降です。江戸初期の『日葡辞書』には、「Imoto（イモト）〈訳〉より若い姉妹」とポルトガル語で書かれています。このような「いもうと」の意味変化に合わせて、それまで「年下のきょうだい（弟・妹）」をあらわしていた「おとうと」は、「年下の女のきょうだい」の位置を「いもうと」に譲り、「年下の男のきょうだい」の意味に限定されるようになりました。これにより、現在と同じ体系が出来上がります。図示すると次のようになります。

奈良時代				平安時代				江戸時代	
	男	女			男	女		男	女
年上	せ	え、このかみ	いも	→	せ	あに	あね	いもうと	→	あに	あね
年下		おと				おとうと			おとうと	いもうと

　現代の方言では、千葉県、新潟県、富山県に「妹」を「おば」「おわ」と言う地域があります。「弟」を「おじ」と言うのと同じで、跡継ぎである現当主の息子から見た名称ですが、「おじ（弟）」よりも使われる地域が狭くなっています（「弟」参照）。

（木部）

きょうだい [兄弟]

● 用法

①親を同じくする男の子供たち。「兄と弟の二人兄弟」 ②男女の別なく、親を同じくする子供たち。また、養子縁組みなどにより親を同じくする間柄になった者。「兄と姉と自分の三人兄弟」

● 語の由来

　古くは「はらがら」が「兄弟姉妹」をあらわしました。語源は「はら（腹）」に「やから（族）」の「から」がついたもので、本来は母が同じである兄弟姉妹を指しましたが、のちに一般的に兄弟姉妹を指すようになりました。平安前期の『続日本紀』には「波良何良（はらがら）」と表記されており、第3拍目は濁音の万葉仮名「何」で書かれています。「女はらから」という語も『伊勢物語』（一段）に「その里に、いとなまめいたる女はらから住みけり（その里に、たいそう優美な女の兄弟が住んでいた）」と見えています。

　平安時代には「あに」と「おとと」を合わせた「あにおとと」という語もありました。『伊勢物語』（六六段）に「あにおとと、友たちひきゐて、難波の方に行きけり」という例があり、「兄と弟」の意味で使われています。室町時代には「おととい」も使われました。「おととえ（弟と兄）」の変化形と思われます。『日葡辞書』に「Vototoi（ヲトトイ）〈訳〉二人の兄弟または姉妹」とあります。

　「きょうだい」がいつ頃から使われていたかは、はっきりとはわかりませんが、「兄弟」という漢字表記は古くから見えています。例えば、『続日本紀』には「兄弟姉妹」という表記が多く見え、平安中期の『後拾遺和歌集』（雑一・詞書）には「ははにをくれて侍けるころ（母が亡くなったころ）、兄弟のかたがたにとぶらひの人人まで来けれど」のような例があります。これらが、「あにおとと」と読まれたのか、「きょうだい」と読まれたのかは不明です。「きょうだい」とはっきりわかる例は、室町末のキリシタン資料『天草版平家物語』の「qiŏdai（キャウダイ）」です。同じキリシタン資料の『日葡辞書』には上記のVototoi（ヲトトイ）の他に、「Faracara（ファラカラ）詩歌語。qiŏdai（キャウダイ）に同じ」「Qiŏdai（キャウダイ）兄弟」「Qeitei（ケイテイ）男兄弟。文書語」「Qiŏtei（キャウテイ）兄と弟と。文書語」があがっています。この記述からすると、当時、最も一般的だったのは「キャウダイ」で、「ファラカラ」は詩歌語、「ケイテイ」と「キャウテイ」は男の兄弟を指す文書語だったようです。

　なお、「はらから」や「兄弟」が男女を問わず、親を同じくする子供たちを指すのは、「え」と「おと」が男女を問わず「兄・姉」「弟・妹」をあらわすのと同じ現象です。男女を区別せず、年上か年下かだけを示すのが古い日本語の親族名称の特徴の一つでした（「兄」「姉」「弟」「妹」参照）。　　　　　　（木部）

そふ ［祖父］

● 用法

父母の父親。かしこまった文体では「そふ」、それ以外では「おじいさん、じいちゃん、じいじ」などという。「おじいさん、じいちゃん、じいじ」は呼称としても使われる。

● 語の由来

　古くは「祖父」を「おほぢ」と言いました。古代の法典「養老令」の注釈書『令集解（りょうのしゅうげ）』に「祖父母（中略）俗云於保知（おほぢ）於保波（おほば）也」とあり、平安初期の『新撰字鏡』（二）に「阿父於保知（おほぢ）」「外祖父 波波加太乃於保知（ははかたのおほぢ）」と出ています。語源は「おほ（大）」に「ち（父）」が続いた「おほち」で、「おほぢ」はその連濁形です。『大鏡』（六十四代円融院守平）の「御母方の祖父（おほぢ）は出雲守従五位下」など、平安時代には多くの例が見られます。

　平安時代以降、「おほぢ」は発音が大きく変化しました。まず、平安前期に起きたハ行転呼（第Ⅰ部参照）により、「おほぢ」が「おをぢ」となります。次に、平安後期に起きた「お」と「を」の合流により「ををぢ」となり、さらに2拍目の「を」がウ音便を起こして「をうぢ」となります。室町末のキリシタン資料『天草版平家物語』では、「vôgi（ヲーヂ）」のようにvoの合長音（第Ⅰ部参照）で書かれています。そうなると、もともとワ行の「を」で始まっていた「をぢ（伯父）」と発音が非常に似てきます。両者は母音の長短によって区別されていたと思われます。ちなみに、現代語でも「おじーさん（祖父）」と「おじさん（伯父・叔父）」は、母音の長短とアクセントで区別されています。

　江戸時代になると、「をうぢ」から生まれた「ぢぢ、ぢい」が「祖父」の意味で使われるようになりました。「ぢぢ」の例は、江戸中期の『書言字考節用集』（四）に「祖父 ヂヂ」とあります。「ぢぢ」はその後、「おぢいさん」となり、現代に至っています。

　「祖父」の音読みの「そふ」は、漢文的な文脈で使われ、江戸前期までは「そぶ」のように2拍目が濁音でした。例えば、室町時代の『運歩色葉集』には「祖父 ソブ」の訓があり、『日葡辞書』には「Sobu（ソブ）祖父」と書かれています。鎌倉時代の『平家物語』には「祖父」という漢字表記が多く出てきますが、『平家物語』の譜本の一つである「秦野流平家物語」では、「外祖父」に「グワイソブ」の訓がつけられています。幕末に編集された『和英語林集成』には、「Sofu（ソフ）祖父」と書かれているので、江戸時代の中期から後期の間に第2拍目が清音の「ふ」に変化したものと思われます。　　　　　　　　　　　　　（木部）

そぼ［祖母］

● 用法

父母の母親。かしこまった文体では「そぼ」、それ以外では「おばあさん、ばあちゃん、ばば、ばあば」などという。「おばあさん、ばあちゃん、ばば、ばあば」は呼称としても使われる。

● 語の由来

　古くは「祖母」を「おほば」と言いました。古代の法典「養老令」の注釈書『令集解』に「於保波（おほば）」が出てきます（「祖父」参照）。「おほば」は「おおは（大母）」が語源と言われますが、「母」は古くは「は」だったと思われるので（「母」参照）、「おほば」も「おほ（大）」に「は（母）」が続いた「おおは」の連濁形である可能性があります。

　「おほば」は平安前期に、ハ行転呼（第Ⅰ部参照）により「をおば」となり、さらに「おば」となります。平安初期の『新撰字鏡』（二）では、「阿婆」に「於波（おば）」という訓がつけられています。対となる「祖父」の意の「阿父」にはもともとの形の「於保知（おほぢ）」という訓がつけられているので、「祖母」は「祖父」に比べて早く変化したようです。

　ところで、「祖母」が「おば」になると「伯母・叔母」との区別ができなくなるのではないかという心配が出てきますが、平安時代初期には「伯母・叔母」は「をば」だったので、「おば（祖母）」とは最初の音で区別ができました。ところが、平安後期に「お」と「を」が合流し、「祖母」と「伯母・叔母」がどちらも「をば」[woba]となってしまいました。仮名ではどちらも「おば」と書かれます。そのため、室町時代の『易林本節用集』では、「祖母」に「非伯母也（伯母にあらざるなり）」という註がわざわざつけられています。

　江戸時代になると、「をば」がもととなって「ばば」が生まれ、これが「祖母」をあらわすようになります。松尾芭蕉の俳諧集『貝おほひ』（一六）に「精霊のおばばを祭る盆の折から」のような例や咄本『軽口御前男』（三）に「けふは祖母の命日と、夕めし過て墓参りせしに」のような例が見えています。「ばば」はその後、「おばばさま」を経て「おばあさん」となり、現代に至っています。

　「祖母」の音読みの「そぼ」は、室町時代の『運歩色葉集』に「祖母ソボ」、『日葡辞書』に「Sŏbo（サウボ）Vbaに同じ」「Guaisobo（グヮイソボ）〈訳〉母方の祖母」と出ています。『平家物語』の語りの譜本である『平家正節』では「外祖母」に「グワイソモ」と訓がつけられているので、「そも」と読まれることもあったようです。

(木部)

おっと ［夫］

● 用法

結婚している男女のうち、男性をいう語。配偶者としての男性。「だんな」「亭主」とも言う。「山田さんの夫は市役所に勤めている」

● 語の由来

　「おっと」の語源は「をひと（男人）」です。平安前期の『新撰字鏡』に「䙡乎不止（をふと）」、平安中期の『和名類聚抄』（十巻本）に「夫（中略）乎布度（をふと）」とあり、「をふと」の形で出ています。平安時代以降、これが「をふと＞をうと＞をっと＞おっと」のように変化します。「をうと」は平安後期の『観智院本類聚名義抄』に「嫁ヲウトアハス（夫をあわせる）」の例があり、「おっと」は室町時代の『虎明本狂言』に「おっとがあればこそ、此子をもってござれ（夫があればこそ、この子をもったのでございます）」（鬼の継子）などの例があります。この他に「せ（背）」という言葉があり、恋人、夫、兄弟など親しい男性をあらわしました。特に夫または恋人をあらわすときには、「わがせ（吾が背）」が使われました。「妻」の「わぎもこ（吾妹子）」とペアで、『万葉集』に多く使われています。

（木部）

つま ［妻］

● 用法

結婚している男女のうち、女性をいう語。配偶者としての女性。「奥さん」とも言う。「山田さんの妻は静岡出身だ」

● 語の由来

　「つま」は、「端」をあらわす「つま」と同語源で、本体から見て「はし、へり」の部分をあらわしていました。例えば、「刺身のつま」は刺身の横に添えられる野菜など、「着物のつま」は着物の裾のことです。人間の場合、相手に添う存在、すなわち配偶者が「つま」です。現代語の「つま」は夫婦のうち女性の方を指しますが、古くは男女ともに「つま」でした。『古事記』（上）の「八千矛の神の命は八島国都麻（つま）枕きかねて（八千矛の神（大国主命）は八島国中探したが妻を得ることができず）」の「つま」は「妻」ですが、その妻である須勢理比売の歌「汝を除て男は無し、汝を除て都麻は無し（あなた以外に男は居ません。あなた以外に夫は居ません）」の「つま」は「夫」です。

　このほか、奈良時代には「いも」が恋人、妻、姉妹をあらわしました。「わがいも（吾が妹）」が変化した「わぎも」、それに「こ」がついた「わぎもこ」が「わがせ（夫）」とペアになって多く使われています。

（木部）

ふうふ [夫婦]

● 用法

婚姻関係にある男女。夫と妻。「めおと」とも言う。「似た者夫婦」

● 語の由来

　古くは「いも」と「せ」が複合した「いもせ（妹背）」が恋人や夫婦をあらわしました。奈良・平安時代には「妹背の山」が歌に多く詠まれています。川を挟んで聳える一対の山をいいますが、歌枕としては、和歌山県北部の、紀ノ川（吉野川）の両岸に聳える山をさします。例えば、『古今集』828番「ながれては妹背の山のなかにおつるよしのゝ川のよしや世中（流れ流れて妹背の山の中に落ちる吉野川のように、それでよしとしよう男女の仲は）」などの歌があります。

　鎌倉時代になると「めをと」が使われます。「め（女）」と「をうと（夫）」が複合した「めをうと」が語源で、『名語記』に「人のめをと如何。答、妻夫也。女男也（めをとの語源は何か。答、妻夫、女男である）」とあります。江戸初期の『日葡辞書』には「Meuoto（メヲト）」「Meôto（ミョート）」の語形が出ています。

　漢語の「ふうふ」は江戸初期から例が見え、『日葡辞書』に「Fŭfu（フーフ）」、『虎明本狂言集』（栗焼）に「老人と老女と、ふう婦来り給ひて」とあります。

（木部）

おじ [伯父・叔父]、おば [伯母・叔母]

● 用法

父母の兄弟を「おじ」、姉妹を「おば」という。その配偶者も「おじ」「おば」。父母の年上の兄弟姉妹には「伯父、伯母」、年下の兄弟姉妹には「叔父、叔母」の字を使う。

● 語の由来

　古くは「をぢ」「をば」で、最初の音はワ行の「を」でした。平安前期の『新撰字鏡』（二）には「伯父 乎地（をぢ）」、「姨母 乎波（をば）」とあります。また、「江乎知（えをぢ）」、「乙乎知（おとをぢ）」のように「え」と「おと」をつけて「伯父」と「叔父」を区別していました。一時期「祖父、祖母」をあらわす語と発音が近くなりますが（表）、「をぢ」「をば」には大きな変化はなく、江戸時代に語頭音が「お」となり現代に至っています。

	奈良	平安	鎌倉	江戸
祖父	おほぢ	おをぢ	をうぢ	じじ
伯叔父	をぢ	をぢ	をぢ	おぢ
祖母	おほば	おば	をば	ばば
伯叔母	をば	をば	をば	おば

（木部）

おとこ [男]

● 用法

①人間の性別で、子を産ませる能力と器官をもつほう。②男子としての体面。「おとこをあげる」③一対のもののうち、大きいほう。険しいほう。「おとこ坂」

● 語の由来

「おとこ」は歴史的仮名遣いで「をとこ」と書きます。『古事記』の国生み神話に、伊邪那美命（いざなみのみこと）がまず「あなにやし愛哀登古を（本当に立派な青年ですね）」と言い、次に伊邪那岐命（いざなぎのみこと）が「あなにやし愛哀登売を（本当に美しい乙女ですね）」と言って子を成す話があります。「をとこ」と「をとめ」は「をと」という要素を共通にもっており、この例のように古くはペアとして使われていました。「をと」の語源は「若返る」という意味の動詞「をつ（復）」に男を意味する「彦（ひこ）」の「こ」がついたものと言われています。ちなみに、「をと」に女を意味する「姫（ひめ）」の「め」がついたのが「をとめ」です。「をつ（復）」は『万葉集』874番に「わが盛りいたく降ちぬ雲に飛ぶ薬はむともまた遠知（をち）めやも（私の盛りは過ぎてしまった。雲の上を飛ぶことができる薬を飲んだとしても、また若返ることはできないだろう）」と詠まれています。このような語源を反映して、「をとこ」「をとめ」は若くて美しい男性、女性をさしました。

　若い男性をあらわす語に「をぐな」という語もありました。日本武尊（やまとたけるのみこと）は、またの名を「日本童男（やまとをぐな）」と言います。『日本書紀』（景行）では「童男」の漢字に「烏具奈（をぐな）」という註がつけられています。「をぐな」に対して若い女性は「をみな」と言いました。

　一方、年配の男性、女性は「おきな」「おむな」です。こちらは最初がア行の「お」で始まっています。平安時代中期の『和名類聚抄』に「叟（中略）和名於岐奈（おきな）」、「嫗（中略）和名於無奈（おむな）」と「於（お）」で書かれています。古くは「お」が年配を、「を」が年少をあらわしていたようです。このほか、男女の違いを「を（お）」と「め」であらわす方法（「おしべ／めしべ」「おす／めす」など）があり、これを使った「をのこ」「めのこ」という語もありました。「をのこ」は『和名類聚抄』に「男子 乎能古（をのこ）」の例があり、子供に限らず大人も指しました。

　以上をまとめると、表のようになります。男と女を比較すると、「おきな／おむな」「をとこ／をとめ」「をぐな／をみな」「ひこ／ひめ」のように、男をあらわす語には「k（g）」が、女をあらわす語には「m」が使われています。

	男	女
年配	おきな	おむな
若者	をとこ	をとめ
	をぐな	をみな
	をのこ	めのこ
一般	ひこ	ひめ

（木部）

おんな [女]

● 用法

①人間の性別で、子を産む能力と器官をもつほう。②一対のもののうち、小さいほう。柔らかなほう。「おんな坂」

● 語の由来

古くは年配の女性を「おむな」、若い女性を「をとめ」「をみな」「めのこ」と言いました。これらは年配の男性をあらわす「おきな」、若い男性をあらわす「をとこ」「をぐな」「をのこ」とそれぞれペアを作っています（「男」参照）。

このような男女の対応関係には、奈良時代、すでに変化が起きています。例えば、『万葉集』4317番「秋野には今こそ行かめ、もののふの乎等古（をとこ）乎美奈（をみな）の花にほひ見に（秋の野には今こそ出かけよう。男女の官人たちの装いが花の色に染まるのを見に）」では「をとこ／をみな」がペアになっています。また、平安中期の『土左日記』の冒頭では「をとこもすなる日記といふものを、をむなもしてみんとてするなり」のように「をとこ／をむな」がペアに、同じく『土左日記』の承平五年一月九日の記事では「をのこもならはぬはいとも心細し。ましてをむなは舟底にかしらをつきあててねをのみぞ泣く（男でも夜の船旅に慣れない者はとても心細い。まして女は船底に頭を押し当てて、声をあげて泣くばかりだ）」のように「をのこ／をむな」がペアになっています。

このような変化がさらに進み、現代では「おとこ／おんな」がすべての世代の「男／女」をあらわすようになりました（表）。古代のさまざまな表現のうち、「おんな」以外に「おとめ」が現代でも使われています。

古代

年齢	男	女
年配	おきな	おむな
若者	をとこ	をとめ
	をぐな	をみな
	をのこ	めのこ

→

平安時代

年齢	男	女
全体	をとこ	をむな
		をみな
若年	をのこ	をとめ
		めのこ

→

現代標準語

年齢	男	女
全体	おとこ	おんな
若年		おとめ

現代方言では、東北地方と近畿以西の地域に「女」を「おなご」と言う地域があります。「おなご」は「おんなご（女子）」の変化した語で、鎌倉時代から例が見られます。最初は「女の子」の意味でしたが、その後、成人女性にも使われるようになり、現代方言に残っています。

（木部）

第Ⅱ部　身近な日本語の起源　85

むすこ［息子］・むすめ［娘］

● 用法

①子のうち男性の方を「むすこ」、女性の方を「むすめ」と言う。「跡取りむすこ」「箱入りむすめ」②未婚の若い女性。「看板むすめ」

● 語の由来

「むすこ」は「生（む）す子」、「むすめ」は「生す女（め）」が語源だと言われますが、「むすこ／むすめ」がペアになっていることを考えると、「生す」に男をあらわす「こ」が付いたのが「むすこ」、女をあらわす「め」がついたのが「むすめ」だと思われます（「男」参照）。「むすこ」「むすめ」は、平安時代から現代まで、一貫してこの形で使われています。例えば、次のような例が文献に見えています。平安中期の『大和物語』（五八）「閑院の三のみこの御むすこにありける人（閑院〔清和天皇皇子貞元親王〕の第三子の御息子であった人）」、『古今和歌集』（356番・詞書）「よしみねのつねなりがよそちのがに、むすめにかはりてよみ侍ける（良岑経也の四十の賀に、娘に代わって詠みました）」、江戸中期の近松浄瑠璃『薩摩歌』「たとへ王の息子でも今、草履取るからは」、同じく『曾根崎心中』に「この上はもう娘はやらぬ」などの例があります。　　　　　　　　（木部）

まご［孫］

● 用法

①子の子。また、子孫のこと。「まごが生まれた」「まごこの代まで」②もとのものから間を一つ隔てること。「まご弟子」「まご引き」

● 語の由来

　古くは「うまご」「むまご」という形でした。平安中期の『和名類聚抄』（十巻本）（一）に「孫（中略）和名无麻古（むまご）」とあり、『徒然草』（一）に「その子うまごまでは、はふれにたれどなほなまめかし（その子供や孫までは、落ちぶれてしまってもやはり優雅である）」とあります。「まご」は「うまご、むまご」が変化した語形で、『枕草子』（関白殿、二月廿一日に）に「宰相の君は、富の小路の右の大臣の御まご」、鎌倉時代の『平家物語』（小督）「安元二年の七月には（後白河法皇の）御孫六条院かくれさせ給ひぬ（亡くなられた）」と出てきます。

　「孫」は「ひこ」とも言いました。『和名類聚抄』（二十巻本）（二）では「孫」の字に「無万古（むまご）」と並んで「一云比古（ひこ）」とあります。また、平安後期の『観智院本類聚名義抄』（法下）では「孫」に「マゴ」と「ヒコ」の訓がついています。「ひこ」は現在、東日本で「ひ孫」の意味で使われています。

　　　　　　　　　　　　　　　　　　　　　　　　　　　　　　　　（木部）

4．人体

あたま [頭] ················ 88
かみのけ [髪] ············· 88
つむじ [旋毛] ············· 89
ふけ [雲脂] ················ 89
しらが [白髪] ············· 90
かお [顔] ···················· 91
め [目] ······················· 92
まゆ [眉] ···················· 92
はな [鼻] ···················· 93
みみ [耳] ···················· 93
くち [口] ···················· 94
くちびる [唇] ············· 95
した [舌] ···················· 95
つば [唾] ···················· 96
は [歯] ······················· 97
あご [顎] ···················· 97
ひげ [髭] ···················· 98
け [毛] ······················· 98
のど [喉] ···················· 99

くび [首] ···················· 100
あくび [欠伸] ············· 101
かた [肩] ···················· 101
むね [胸] ···················· 102
ちち [乳] ···················· 102
はら [腹] ···················· 103
せなか [背中] ············· 104
きも・かん [肝] ·········· 105
へそ [臍] ···················· 105
こし [腰] ···················· 106
うで [腕] ···················· 106
て [手] ······················· 107
ゆび [指] ···················· 108
あし [足] ···················· 109
ひざ [膝] ···················· 110
ほくろ [黒子] ············· 110
あざ [痣] ···················· 111
きゅう [灸] ················ 111

88　4．人体

あたま [頭]

● 用法

①動物のからだのいちばん上の部分。「頭が痛い」②脳の機能。「頭がいい」③組織やもののいちばん上の部分。「頭をすげかえる」「頭金」

● 語の由来

　平安中期の辞書『和名類聚抄』（十巻本）では「顖（ひよめき）」の漢字に「阿太万（あたま）」という和語が当てられています。「ひよめき」は、新生児の前頭骨と頭頂骨の間のやわらかい部分をさします。したがって、「あたま」は、もとは頭頂部をさす言葉でした。では、頭全体は何と言ったかというと、古くは「かしら」でした。『万葉集』4346番（防人歌）に「父母が頭かきなで幸くあれて（父母が私の頭をなでて「無事でいるように」と言った）」とあります。「あたま」が「かしら」に代わって頭全体の意味で使われるようになったのは、室町時代になってからですが、方言では今でも、福島、群馬、鳥取、島根、長崎五島、大分、沖縄多良間島などで「かしら」が使われています。

　奄美・沖縄では「あたま」のことを「ちぶる」と言います。幼児語の「おつむ」と同じで、「丸いもの」をあらわす「つぶり、つむり、つぶら」と関係があります。　　　　　　　　　　　　　　　　　　　　　　　　　　　　　　（木部）

かみ [髪]

● 用法

頭部に生える毛。「かみのけ」とも言う。「髪が長い」「髪の毛が長い」

● 語の由来

　体の上部にあるところから、「かみ（上）」と同語源という説があります。「み」の仮名は、上代には2種類の書き分けがあり、ミ甲類・ミ乙類と呼ばれていました。発音も違っていたのではないかと言われています。「髪」と「上」はどちらもミ甲類で一致しているので、同語源の可能性は高いと思います（第Ⅰ部参照）。

　「かみ」の用例は古くからあり、『万葉集』804番の歌に「か黒き可美（かみ）に何時の間か霜のふりけむ（黒い髪がいつの間にか白髪になってしまった）」、『源氏物語』（若紫）に「まみのほど、かみのうつくしげにそがれたる末も（目もとのあたりやきれいに切りそろえられた髪の端も）」のように出ています。

　方言では、全国的に「あたまのけ・あたまんけ」「かみのけ・かんのけ」のように「～の毛」で使われることが多く、また「け」だけで「髪」をあらわすこともあります。標準語の「かみ」も、もとは「かみのけ（体の上の方の毛）」でしたが、「のけ」が落ちて「かみ」だけが残ったものです。　　　　　　　　（木部）

つむじ ［旋毛］

● 用法

頭のてっぺんの毛が集中して渦のようになっている部分。毛の渦の巻き方は人によって異なり、右巻と左巻がある。「つじ」とも言う。

● 語の由来

「つむじ」は頭の「旋毛」だけでなく、「旋風（つむじかぜ）」の意味でも使われます。どちらも古くから用例があり、「旋毛」の方は8世紀の『東南院文書』に「都牟自（つむじ）」とあり、「旋風」の方は9世紀の『日本霊異記』に「猛風川牟之加世（つむじかぜ）」とあります。「つむじ」は「つぶ（粒）」「つぶり・つむり（頭）」「つぶら（円）」などの「つぶ」と関係があると思われます。おそらく、丸いものを「つぶ」、丸く渦巻いているものを「つむじ」と言い、それが「旋毛」「旋風」に使われたのだと思います。近畿や四国の方言では「旋毛」のことを「つじ」と言いますが、これは「つむじ」が「つんじ＞つじ」と変化したものです。

方言では「旋毛」を「まきめ」（東北）、「まきまき」（中部）、「まいまい」（中部、四国）、「まち・まちじ」（沖縄）など「巻き」に由来する語形で言ったり、「ぎりぎり」（北陸、関西、中国、九州）など巻く様子をあらわす語形で言ったりします。

（木部）

ふけ ［雲脂］

● 用法

頭の表皮が薄くはがれて白い片々となったもの。「服の肩に雲脂がついている」

● 語の由来

「雲脂」のことを古くは「あか」または「いろこ」と言いました。平安中期の『和名類聚抄』（十巻本）では、「雲脂」の和名として「加之良乃安加 一云以呂古（かしらのあか またはいろこと云う）」とあります。古くは頭の汚れも体の汚れも「あか」と言い、「雲脂」には「かしら（頭）」をつけて「かしらのあか」と言ったのです。「いろこ」は「うろこ（鱗）」の古形で、「いろくづ（鱗）」の俗称とされています（「鱗」参照）。「いろこ」も、もとは「表面についた屑」一般をさし、後に「頭の屑＝雲脂」「魚の表面の屑＝鱗」の意味に限定されるようになりました。「雲脂」の意味で「ふけ」が使われるようになるのは、17世紀からです。仮名草子『東海道名所記』に「かうびんのふけをはらひ」（頭のふけを払い）」とあります。「ふけ」の語源はよくわかりません。方言では古形の「あか」が岩手県で、「いろこ」の変化した「いこ、いりき」が南九州・沖縄で、「うろこ」が山形県、伊豆大島、宮崎県の少数地点で使われています。

（木部）

しらが [白髪]

● 用法

白い毛髪。白くなった毛髪。「白髪が増えた」

● 語の由来

　奈良時代には、「白髪」のことを「しろかみ」または「しらか」(3番目の音は清音の「か」)と言っていました。「しろかみ」は文字通り「白い髪」で、『万葉集』3922番の歌に「降る雪の之路髪(しろかみ)までに大君に仕へ奉れば(降り積もった雪のように髪が白くなるまで陛下にお仕え申したので)」とあります。「しらか」も「白い髪」の意味の「しろかみ」が語源で、『万葉集』627番には「をち水求め、白髪(しらか)生ひにたり(若返りの水を探しなさい、白髪が生えていますよ)」と出ています。平安前期の辞典『新撰字鏡』に「白髪 志良加(しらか)」(「加」は清音をあらわす万葉仮名)と書かれていることから、3番目の音が濁音「が」ではなく清音「か」であることがわかります。江戸初期に作られた『日葡辞書』では、ローマ字で「Xiraga(しらが)」とあるので、この時代には現代と同じ「しらが」という発音になっていたようです。　　　　　(木部)

かお［顔］

● 用法

①頭部の前面。目・口・鼻などのある部分。「つら（面）」「おもて」とも言う。「顔を洗う」「面の皮が厚い」「おもてをあげる」 ②①の様子や機能に注目した意味をあらわす。顔立ち、表情、体面、組織を代表するものなど。「明るい顔」「顔がくもる」「顔を立てる」「会社の顔」 ③「〜がお」で、そのような様子であることをあらわす接尾語。「わがものがお」

● 語の由来

「かお」は、古くは「かほ」と表記されていて、もとは [kapo]（カポ）のような発音でした。平安時代に語中のハ行音にハ行転呼が起き、[kaɸo（カフォ）> kawo（カヲ）] と変化し、江戸時代、さらに [kao]（カオ）に変化しました。「かほ」の例は『古今和歌集』476番の歌の詞書きに「向かひに立てたりける車の下簾より女のかほのほのかに見えければ（向かいに止まっていた牛車の下簾から女の顔がわずかに見えたので）」（①の例）、『土左日記』（忘れ貝）に「死し子、顔よかりきと言ふやうもあり（死んだ子は、顔立ちがよかったと言うようなこともある）」（②の例）、『源氏物語』（桐壺）に「草むらの虫の声々、もよほしがほなるも（草むらの虫の鳴き声が（涙を）もよおすような様子であるのも）」（③の例）などがあります。

「つら」は、古くは「頬」のあたりを指しました。平安中期の『和名類聚抄』（十巻本）では「頬」の字に「都良（つら）、一云保々（ほほとも言う）」とあります。「つら」には、現代語のような見下げた意味はありませんでした。『大鏡』（太政大臣道長）に、道長の父である藤原兼家が藤原公任のことを「（公任殿）は何事にも優れていて、うちの子供などはその影さえ踏めない」と言ったときに、まだ幼かった道長が「影をば踏まで、面をや踏まぬ（影を踏まずに、顔を踏まないことがあろうか）」と言った話が出てきます。この「つら」は「頬」のことです。

「おもて」は「表」と同語源で、人の目にふれる部分の意です。『万葉集』に「おも」や「もて」の形で、「我が背子をいつそ今かと待つなへに於毛（おも）やは見えむ秋の風吹く（私の愛しい人を何時か今かと待っているけれど、お顔は見られるのでしょうか。秋の風が吹きました）」（1535番）、「あが母弖（もて）の忘れもしだは筑波嶺を振り放け見つつ妹は偲ばね（私の顔を忘れそうな時は筑波嶺を振り仰いで、妻よ、私を思い出してくれ）」（4367番）と使われています。

現在の方言では、日本列島の中央部に「かお」が、その外側の東北、九州・沖縄に「つら」が、さらにその外側の沖縄県石垣島・西表島に「おもて」類が分布しています。

（木部）

め [目]

● 用法

①ものを見るための器官。人の場合、顔に２つ、左右対称についている。「目が大きい」②ものを見るはたらき。「目が高い」「目につく」③経験。「痛い目にあう」④①に似ているもの。「台風の目」「双六の目」⑤縦・横の線が交わってできるすきま。「碁盤の目」「編み目」⑥区切りや接点。「切れ目」「分け目」

● 語の由来

①がもとの意味で、②以下は①から派生した意味です。「め」という語形は古代から使われていて、『万葉集』883番の歌に「音に聞き目にはいまだ見ず佐用姫が（噂に聞くだけで実際にはまだ目で見たことのない佐用姫が）」、3827番の歌に「一二の目のみにはあらず五六三四さへありけり双六のさえ（一、二の目だけではなく五、六、三、四の目さえあるよ。双六のサイコロ）」などの例があります。

「め」は、複合語では「まつ毛」「まなこ」「まぶた」「まのあたり」のように「ま」になっています。複合語に古形が残るという原則があるので（第Ⅰ部参照）、「ま」が「目」の古い形です。ただし、単独形の「ま」は文献資料には見られないので、奈良時代には「め」に変化していたようです。　　　　　　　　　　　（木部）

まゆ [眉]

● 用法

まぶたの上部、眼窩の上縁部にあたる所に弓状にはえている毛。まゆげ。

● 語の由来

奈良時代には「まゆ」のことを「まよ」と言っていました。『正倉院文書』の「越前国江沼郡山背郷計帳」に「目用（まよ）」という語形が出ています。平安中期の辞書『和名類聚抄』（十巻本）では、「眉」の発音が「万由（まゆ）」となっているので、平安時代には「まゆ」に変化していたようです。「まよ」の「ま」は「目」の古形「ま」（「目」参照）と考えられますが、「よ」の由来はよくわかりません。一説に「目上（まうへ）」という説があります。「まゆ」に「け（毛）」のついた「まゆげ」は、室町時代から用例が見えます。例えば、室町時代の漢和辞書『和玉篇』に「眉　マユゲ」と出ています。

現代方言では「け」のつかない古い形に由来する「まゆ、みーまゆ（目眉）」が奄美、沖縄に分布していて、「まゆげ、まいげ、まみげ、めげ、めひげ」など「け」や「ひげ」のついた新しい形が本土に広く分布しています。　　　（木部）

はな［鼻］

● 用法

①嗅覚や呼吸をつかさどる器官、およびそれが存在する部分。人間では顔の中央の隆起した部分をいう。「鼻で息をする」②鼻孔の粘膜から分泌される液。洟（はなみず）。「はなが垂れる」

● 語の由来

　①の意味でも②の意味でも、古くから「はな」という語形が使われています。『古事記』（上）「次に御鼻（みはな）を洗ひたまふ時に成りませる神の名は、建速須佐之男命（たけはやすさのおのみこと）」の「はな」は①の意味、『枕草子』（正月に寺に籠もりたるは）「鼻などをけざやかにききにくくはあらじ、しのびやかにかみたる（鼻などを大きな音ではあるが不快ではなく、遠慮がちにかんでいる）」の「はな」は②の意味です。

　各地には「～はな、～ばな」という地名があります。そのような場所は、たいてい岬など突き出た地形になっています。例えば、鹿児島県、大分県、千葉県の「長崎鼻」はいずれも海に突き出た地形です。人体や地形にかぎらず、「突き出た部分」をもとは「はな」と言ったことがわかります。　　　　　　　　　　（木部）

みみ［耳］

● 用法

①感覚器の一つ。音を受信する器官。また、平衡を保つ働きをする。体の外に出ている外耳と内部にある中耳・内耳の両方を指す。「耳が大きい」「耳に水が入る」②聞くこと。聞こえること。聞く能力。「耳が早い」「耳に入る」③耳に形が似ているもの。「鍋の耳」④紙や織物、小判など平たいものの端。「パンの耳」「耳をそろえる」

● 語の由来

　①がもとの意味で、②、③、④は①の機能や形状などから派生したものです。①、②の用例は古くからあり、『日本書紀』（神代上）の「二つの耳に粟生り、鼻に小豆生り（二つの耳に粟の実が成り、鼻に小豆の実が成った）」の「耳」は①の例、『万葉集』2581番の「言に言へば三々（耳）にたやすし（言葉に出して言うとたやすく聞こえるでしょうが）」の「みみ」は②の例です。③、④の用例は江戸時代ごろから見えます。例えば、『山谷詩集鈔』（八）の「鼎は足が三つ耳が二つありて」の「耳」は③の例、浄瑠璃『傾城酒呑童子』の「千両の小判みみがかけてもならぬ」の「みみ」は④の例です。　　　　　　　　　　　　　（木部）

くち [口]

● 用法

①人や動物が食べ物を取り入れるところ。また、声やことばを出すところ。「口を開ける」②①に形や機能が似ているもの。「ビンの口」③物事の初めの部分。前の部分。端の部分。「序の口」「切り口」④仕事などの受け入れ先。「事務員の口がある」「バイトの口が掛かる」⑤人数。「口減らし」⑥食べ物の好み。「口が肥えている」⑦食べる回数や寄付金などの単位をあらわす助数詞。「ひと口食べる」「ひと口千円」、⑧口に出して言うこと。ものの言い方。世間の評判。「口が悪い」「口のききかた」「人の口を気にする」

● 語の由来

①がもとの意味で、②は①の機能を物や場所に適用したもの、③、④は「取り入れるところ」という①の意味から派生したもの、⑤、⑥、⑦は「食べる」という行為そのものから「食べる人」、「食べた時の味」、「食べる回数」のような意味が派生したもの、⑧は「ことばを出す」という①の意味から派生したものです。

①の意味では古くから用例があります。例えば、『万葉集』3532番の歌に「春の野に草食む駒の久知（くち）止まず（春の野に草を食べる馬の口が止まらない）」とあります。③と⑧の例も古くからあり、例えば、『落窪物語』（一）の「北の方、むすめどもは口の方に乗せて、我は後の方に乗りたりければ（北の方は娘たちを牛車の前の方に乗せて、自分は後ろの方に乗っていたので）」は③の例、『源氏物語』（若菜上）の「すべて世の人の口といふものなむ、誰が言ひ出づることともなく（総じて世間の人の評判というものは、誰が言い出したということもなく）」は⑧の例です。

「くち」が④、⑤、⑥、⑦の意味で使われるようになるのは、江戸時代以降のことです。例えば、『世間胸算用』（三）の「奉公の口あるこそ幸はひなれ」、『浮世風呂』（2上）の「嫁に行く口があらば、おばさん、仲人して呉んなよ」は④の例、近松浄瑠璃『山崎与次兵衛寿の門松』（下之巻）の「三百両は亭主にはずむ。コリヤ忝い。二口合せて六百両」は⑦の例です。

沖縄には「くち」を使った地名があります。例えば、沖縄本島北部の国頭では「港」を「くつぃ」、沖縄県石垣島では「入り江」を「ふつぃ」と言います（石垣方言では沖縄本島のｋがｈになります）。いずれも海から陸にあがる入り口の部分で、③の意味がもとになっています。全国には「井ノ口」「樋ノ口」のように「〜のくち」という地名がありますが、これらも何かの入り口という意味があるのではないかと思います。

（木部）

くちびる [唇]

● 用法

口の縁となる上下の薄い皮に覆われた部分。「唇の厚い人」「唇が荒れる」

● 語の由来

　語源は「口縁（くちへり）」と言われます。平安中期の『金光明最勝王経音義』（一）では「脣」の字に「久知比留（くちひる）」と和訓が付されており、3番目の文字は清音の「ひ」になっています。江戸時代になると「くちびる」が変化した「くちびろ、くちべろ、くちびら」が出てきます。これらは現在、表に示した地域で使われています。興味深いのは、「唇」を「くちびろ、くちべろ」と言う地域では「舌」を「べろ」と言い、「唇」を「くちびら、くちべら」と言う中部地域では「舌」を「へら、したべら」と言うことです。沖縄では「唇」も「舌」も「すば」です。「唇」と「舌」には同じ語形が使われる傾向があるようです。　　（木部）

	沖縄	四国、中国、関東	近畿南部	近畿北部	中部	東北
唇	すば	くちびろ、くちべろ		くちびら、くちべら		
舌	すば	べろ	した		へら、したべら	した

した [舌]

● 用法

①口腔の底に突き出ている、食物を食道へ送りこむ肉質の器官。人間では味覚を感じる細胞が分布し、また、発音にも関係している。「べろ」とも言う。「舌を出す」②ことば。話すこと。弁舌。「二枚舌」「舌足らず」

● 語の由来

　①がもとの意味で、②の意味は「した」がことばの発音に関係していることから派生したものですが、①の意味も②の意味も、古くから用例があります。例えば、平安中期の辞書『和名類聚抄』（十巻本）に「舌　之多（した）」とあり、『拾遺和歌集』413番の歌に「あづまにてやしなはれたる人の子はしたゝみてこそ物はいひけれ（東国で育てられた人の子は舌（ことば）が訛って物を言うものなのだなあ）」とあります。

　「べろ」は「舌」の俗称で、くだけた表現です。江戸時代の方言集『物類称呼』（二）には、東国の片田舎の小児が「舌」のことを「べろ」と言い、四国でもまれに「べろ」と呼ぶものがあると書かれています。現代の方言では、「べろ」は東北南部、関東、中国、四国、九州といった広い地域に分布しています。古い文献には「べろ」は出てきませんが、おそらく「した＝正式名称」「べろ＝俗語・幼児語」という形で古くから併用されていたのではないかと思います。

（木部）

つば [唾]

● 用法

唾液（だえき）。つばき。「つばを吐く」「つばをのみ込む」

● 語の由来

　古くは「唾液」を「つ」「つはき」と言いました。平安中期の『和名類聚抄』（十巻本）（二）に「唾（中略）都波岐（つはき）口中津也（口中のつなり）」とあります。「つはき」の語源は「つ吐き」で、これが連濁を起こしたのが「つばき」、末尾の「き」が落ちたのが「つば」です。「つはき」は一方で、ハ行転呼（第Ⅰ部参照）を起こして「つわき」ともなりました。鎌倉時代の『六波羅殿御家訓』（第三一条）に「人のあらん所にて、つわきはきたからんをりは（人がいる所で、唾を吐きたいときは）」とあります。「つわき」も末尾の「き」が落ちて「つわ」となります。江戸初期のキリシタン資料『日葡辞書』には、「Tçuua（ツワ）〈訳〉唾。女性語」と出ています。『日葡辞書』には「Tçubaqi（ツバキ）」の項目もあり、「Tçufaqi（ツファキ）よりもまさる」と書かれています。これに従えば、江戸初期には「つふぁき」「つばき」「つわき」「つわ」の4語形があり、「つばき」「つわき」が普通の名称、「つふぁき」が俗語、「つわ」が女性語という違いがあったことになります。

　「つばき」は語源に「吐く」という動詞を含んでいますが、平安時代には「つはきを吐く」のようにさらに「吐く」という動詞が続いた例が見られます。例えば、平安後期の『古本説話集』（一九）に「あかつきにかへりて心地あしげにて、つはきをはき、ふしたり（明け方に帰って気分が悪そうにして、唾を吐いて寝た）」とあります。この「つはき」の発音が tuɸaki（つふぁき）だったのか、tubaki（つばき）だったのか、tuwaki（つわき）だったのか、仮名表記からは確定することができませんが、「つはきを吐く」という表現の存在は、当時「つはき」が「つ吐き」の意であるということがわからなくなっていたことを示しています。

　現代方言では、「つわ」が京都、兵庫、愛媛に分布し、その周辺の近畿と中国、四国、九州に「つば」が、さらにその周辺の関東、中部、及び出雲、高知に「つばき」が分布しています。このような分布から、「つばき」が最も古く伝播し、次に「つば」が、そして「つわ」が最も新しく伝播したといった歴史が想定されます。また、九州、沖縄の「つず」は、古い「つ」を伝えたものと思われます。

（木部）

は [歯]

● 用法

①口の中の上下のあごに生えている食物をかみ砕くための器官。人では言語の発音に関与している。「歯が生え替わる」「歯を食いしばる」②器具・機械などの縁に並んだ細かい刻み目。「櫛の歯」「ノコギリの歯」③下駄の下にはめ込んだ板。「下駄の歯」

● 語の由来

①がもとの意味で、②と③は形が似ていることから派生した意味です。①の意味では、奈良時代の『古事記』や平安中期の『金光明最勝王経音義』に「歯」の例があり、古くから使われていました。『枕草子』には「にげなきもの（似合わないもの）」の例として「はもなき女の梅くひて酸がりたる（歯もない老女が梅干しを食べて酸っぱがっている様子）」とあります。歯がないので普段でも口もとがみっともないのに、さらに……ということでしょうか。②と③については、『平家物語』（八）に「御使櫛のはのごとくはしりかさなって（御使が櫛の歯のように重なって走り来て）」、『宇治拾遺物語』（一四）に「履きたる足駄のはをふみ折りつ（履いている足駄の歯を踏み折った）」などの例があります。　　　　　　（木部）

あご [顎]

● 用法

脊椎動物の口を構成する骨を中心とする部分。上あごと下あごがある。下あごを特に「おとがい」という。「あごが外れる」

● 語の由来

古くは「あぎ」と言いました。平安中期の辞書『和名類聚抄』（十巻本）では、「腭」の字に「阿岐（あぎ）」とあります。「あぎ」に「と（門）」がついた「あぎと」という語も、平安後期の『観智院本類聚名義抄』に「腮　ツラ　アギト」のように見えています。「あご」が文献に見えるのは、江戸時代になってからで、江戸時代の百科事典『和漢三才図会』（一二）では、「齶」の和名が「阿岐（あぎ）」、俗名が「阿吾（あご）」となっています。

「おとがい」は平安前期の『新撰字鏡』に「頤　於止加比（おとかひ）」と出ています。芥川龍之介の小説「鼻」の素材となった『宇治拾遺物語』「はななかき僧の事」に、「此内供は、鼻長かりけり。五六寸ばかりなりければ、おとがひよりさがりてぞ見えける」と出ていて、「鼻が下あごよりさらに下にさがって見える」という顔つきになっています。　　　　　　（木部）

ひげ [髭]

● 用法

①口の周りや頬にはえる毛。漢字では、鼻の下のひげを「髭（くちひげ）」、あごの下のひげを「鬚（あごひげ）」、頬のひげを「髯（ほおひげ）」と書くが、日本語ではこれらを区別せず、「ひげ」という。「ひげを剃る」 ②昆虫の触角。「コオロギのひげ」

● 語の由来

「ひげ」の「げ」は「毛」ですが、「ひ」についてはよくわかりません。「ひげ」という語は古くからあり、『万葉集』892番（貧窮問答歌）に「しかとあらぬ比宜（ひげ）かき撫でて、我れをおきて人はあらじと誇ろへど（たいしてありもしない髭を掻き撫でて、私の他に優秀な人物はあるまいと誇るのだが）」とあります。

方言では、「髭（ひげ）」と「毛（け）」を同じ語で表現する地域があります。例えば、伊豆諸島や淡路島、沖縄県宮古島や多良間島では、体の毛の総称として「ひげ」に当たる語形を使い、高知県、島根県、徳島県、愛媛県では「髪の毛」を「ひげ」と言います。また、南紀、山陰、山陽の広い地域にわたって、「眉」を「まひげ」と言います。これらを参考にすると、「ひげ」は、もとは「髭、鬚、髯」に限らず、体全体の「毛」の意味で使われていた可能性があります。 (木部)

け [毛]

● 用法

①生物の体の表面に生えている糸状のもの。「毛が抜けた」「タンポポの毛」 ②髪の毛。「毛を染める」 ④鳥などの羽毛。「鶏の毛をむしる」 ⑤細い毛状のもの「ブラシの毛」 ⑥非常にわずかなことのたとえ。「毛ほどの隙間」

● 語の由来

「け」という語は古くから使われていました。『万葉集』3885番の歌に「わが爪は御弓の弓弭わが毛らは御筆はやし（〔鹿が言うには〕私の爪は〔大君の〕御弓の弓弭に、私の毛は御筆の料に）」、『枕草子』の「ありがたきもの（めったにないもの）」の段に「毛のよく抜くるしろがねの毛抜き（毛がよく抜ける銀の毛抜き）」とあります。平安時代、眉を抜くための毛抜きは女性の必需品でした。②の意味では、同じく『枕草子』（関白殿二月二十一日に）に「御輿の帷子のうちゆるぎたるほど、まことに頭の毛など人の言ふ（中宮様の御輿の布がゆらゆら揺れている様子は、本当に頭の毛が逆立つほど素晴らしいなどと人が言う）」とあります。

方言では「ひげ」が「毛」の意味で使われている地域があり、古くは「ひげ」が「毛」の意味もあらわしていたと思われます（「髭」参照）。 (木部)

のど ［喉］

● **用法**

①口腔の奥の、食道と気管に通じる部分。「喉が渇く」「喉を潤す」②急所。大切な箇所。のどくび。「敵の喉を押さえる」③歌う声。「自慢の喉を聞かせる」④本のページの背に近い部分。見開きにした時の中央の綴じの部分。「喉あき（とじ目の余白部分）」

● **語の由来**

　「のど」の語源は「飲み門」で、「のみと＞のみど＞のんど＞のど」のように変化しました（第Ⅰ部参照）。平安前期の『新訳華厳経音義私記』には、3番目の音が清音の「能美等（のみと）」と濁音の「乃美土（のみど）」の両方が出ています。平安中期の『和名類聚抄』（十巻本）には「能无度（のむど）」と書かれているので、10世紀には「のんど」になっていたようです。②の意味では「のどくび」も使われます（「首」参照）。③、④の用例は、明治以降になってから見られます。③は「のど」が声を出す器官であることから、④は本の綴じの部分がページの奥であることから生じた意味です。　　　　　　　　　　　　　　　　（木部）

くび [首]

● 用法

①脊椎動物の頭と胴をつなぐ細い部分。「首が長い」②①に形や位置が似ている部分。「ビンの首」「手の首」③①の上の部分。あたま。「鬼の首をとる」④「首を切る」の意から、職を失うこと。「会社を首になる」

● 語の由来

「くび」は奈良時代から使われています。例えば、『万葉集』743番の歌に「吾が恋は千引の岩を七ばかり頸に懸けむも神のまにまに（私の恋は千人引きの石を七つばかり首に掛けるほど重いけれども、神の思し召しならそれに従います）」のような例があります。②、③の意味では、『平家物語』（鹿ヶ谷）の「西光法師『首を取るにしかず』とて、瓶子のくびをとってぞ入にける（西光法師は『（平氏の）首を取るしかない』と言って、瓶子〔徳利〕の首を持って入って来た）」の例があります。反平家の西光、後白河法皇などが会合を開いている場面です。④の意味では、江戸中期の『一話一言』に「首とは縁切れの事」の例があります。江戸時代は「縁が切れる」という意味で使われていましたが、明治以降「雇用を打ち切る」という意味に特化しました。

方言では、「首」と「喉」を同じ語形で言う地域があります。例えば、岐阜県、愛知県には「首」と「喉」を「くび」という地域があり、沖縄県宮古島平良では「ぬぶい」、同じく宮古の池間島池間、伊良部島長浜では「ぬどぅ」（「のど」に当たる語形）と言います。『南琉球宮古語 池間方言辞典』によると、「首の長い人」を「ながぬどぅびとぅ」と言います。また、長野県や鹿児島県では、「首」は「くび」ですが、「喉」は「のどっくび」「のどくっ（のどくび）」のように「のど」と「くび」を合わせた形で表現します。「のどくび」は室町時代の『史記抄』（一三）に「人と闘は先其のどくびをとりくびりて、さて其背をうたいではぞ（人と闘うには、まずそののどくびをとって締め、次にその背中を打つものだ）」とあります。喉のあたりを指す語として「のどくび」が生まれ、岐阜県や愛知県ではそのうちの「くび」が、沖縄県宮古では「のど（ぬどぅ）」が「喉」と「首」の両方をあらわす語になったのだと思われます。　　　　　　　　（木部）

意味	語形	沖縄県宮古	愛知、岐阜	長野、鹿児島
首	くび	ぬぶい	くび	くび
喉	のど			のどくび
喉のあたり	のどくび			

あくび [欠伸]

● 用法

口を大きく開いて深く息を吸い込み、続いて息を吐く動作。疲労、眠けなどを感じたときに起きる。

● 語の由来

「あくび」は動詞「あくぶ（欠伸をする）」の連用形が名詞化したものです。動詞「あくぶ」は、平安後期の『観智院本類聚名義抄』に「呻 アクフ」とあり、『古今著聞集』に「あくびて気色変はりて見え候（あくびをして顔色が変わったように見えました）」のような例が見えます。動詞「あくぶ」は、現代語では使われなくなり、名詞「あくび」だけが残りました。

平安時代には、「あくび」に動詞「す（為）」がついた「あくびす」も使われています。平安前期の『新撰字鏡』では「吹」の字に「阿久比須（あくびす）」という和訓がつけられています。また、『枕草子』（すさまじき〔興ざめな〕もの）に「あくびおのれうちしてよりふしぬる（〔修験者が〕あくびを自分からして、ものに寄りかかって寝てしまったもの）」のような例があります。この「あくびす」が現代語の「あくびをする」につながっています。

(木部)

かた [肩]

● 用法

①腕を胴体につなぐ関節とその付近。また、そこから首のあたりまでの部分。「肩が凝る」「肩を組む」②衣服の①に当たる部分。「肩にパッドを入れる」③①が持つ機能や能力。物を担いだり支えたりする力、投げる能力など。「かたを貸す（援助する）」「責任が肩にかかる」「あの投手は肩がいい」④物の上部。「書類の右肩に番号を入れる」

● 語の由来

「かた」は『万葉集』892（貧窮問答歌）に「海松のごと、わわけ下がれるかかふのみ肩に打ち懸け（海藻のように裂けて垂れ下がったぼろ布だけを肩にかけ）」のようにあり、古くから使われています。②の意味では、『伊勢物語』（四一段）に「さるいやしきわざも習はざりければ、うへの衣の肩を張り破りてけり（洗い張りのような賤しい身分の者がする仕事も習ったことがないので、上着の肩を張り破ってしまった）」という例があります。「かた」の語源は、カタ（上方）、カド（角）、カタ（堅）、カタ（方）など様々な説がありますが、定かではありません。

(木部)

むね [胸]

● 用法

①首と腹の間の部分。「胸を張って歩く」②衣服の①に当たる部分。「胸ポケット」③①の部分にある内蔵。心臓、肺、胃。「胸（心臓）がどきどきする」「胸（肺）を病む」「飲み過ぎで胸（胃）が焼ける」④乳房。「胸が大きい」⑤こころ。思い。「胸のうちを明かす」

● 語の由来

「むね」は、複合語では「胸板（むないた）」「胸騒ぎ（むなさわぎ）」「胸びれ（むなびれ）」のように「むな」となります。このことから、古くは「むね」のことを「むな」と言っていたと考えられます（第Ⅰ部参照）。ただし、文献資料には「むな」の単独例がなく、『古事記』（上・歌謡）には「沫雪の若やる牟泥（むね）を（沫雪のように若々しい胸を）」のように「むね」で出てきます。②以下は①から派生した意味です。『貫之集』（六）には「君こふる涙しなくは から衣 むねのあたりは色燃えなまし（あなたを恋い慕って流す涙がもしなかったら、着物の胸の辺りはあなたを思う心で赤く燃えてしまうでしょう）」の歌があります。「むね」には「着物のむねのあたり」と「こころ」の意味が掛けられています。

(木部)

ちち [乳]

● 用法

①子供を育てるために乳房の乳腺から分泌される乳白色の液体。幼児語では「おっぱい」と言う。「赤ん坊に乳をやる」「おっぱいをやる」②乳房（ちぶさ・にゅうぼう）。「乳が張る」

● 語の由来

もとは「ち」で、これを二つ重ねたのが「ちち」です。「ち」は『万葉集』4122番に「緑児の知（ち）乞ふが如く天つ水仰ぎてそ待つ（赤ん坊が乳をせがむように天を仰いで恵みの雨を待っている）」の例があります。「ちち」は、文献資料では江戸前期の『狂言記』（子盗人）に「うばがちちをしんぜませふ」という例が見られます。幼児語では「おめめ（目）」「おてて（手）」のように音を重ねて言うことが多いので、「ちち」も幼児語として古くから使われていたかもしれません。「おっぱい」もいつ頃からあるのか定かではありませんが、幕末の随筆『於路加於比』（三）に「乳汁をおっぱいとは、ををうまいの釣りたる語なるべく」とあります（「おっぱい」の語源は「いっぱい（一杯）」などの説があり定かではありません）。なお、古い「ち」は「ちぶさ（乳房）」「ちのみご（乳飲み子）」などの複合語に現代も残っています。

(木部)

はら［腹］

● 用法

①動物の体のうち、胴の下半部のふくらんだ部分。胃腸などを収めている体の中心部分。「おなか」とも言う。「腹を押さえる」「腹が出ている」　②母親が子を宿すところ。「腹に子がいる」　③本心。感情。気持ち。「腹のうちを明かす」「腹が立つ」「腹を決める」　④物のふくらんだところ。「親指の腹」

● 語の由来

「腹」は、古くから「はら」と言っていました。『古事記』（下・歌謡）に「大猪子が波良（はら）にある肝（大きな猪の腹にある肝）」、『竹取物語』（大伴の大納言と龍の頸の玉）に「腹を切りて笑ひたまふ（はらが切れるほどお笑いになった）」とあります。「おなか」は、もとは女性語で、江戸初期の『日葡辞書』の「Vonaca（ヲナカ）」の項目に「ヲナカガ　ワルイ」という例文があり、ポルトガル語で「下痢をする。これは婦人語である」という説明が書かれています。現代でも女性は「はら」よりも「おなか」を使います。

　平安時代には、身分や出自を言う場合に「はら」が使われました。生みの母親の意味で、②に当たります。例えば、『伊勢物語』（七九段）の「兄の中納言行平のむすめのはらなり（〔貞数親王は中将業平の〕兄の中納言行平の娘が宿した子である）」、『源氏物語』（桐壺）「一の皇子は右大臣の女御の御はらにて、寄せ重く（一の皇子は右大臣の女御の宿された子で、後ろ盾が強く）」など、多くの例があります。平安時代には「同じ母が宿した子」すなわち「兄弟」の意味で、「はらがら、はらから」が使われました（「兄弟」参照）。『伊勢物語』（一段）「その里に、いとなまめいたる女はらから住みけり（その里に、たいそう優美な女の兄弟が住んでいた）」などがその例です。

　③は、「はら」を体の中心と考えるところから生じた意味です。文献資料では、『今昔物語集』（巻一九）に「ただ心なしと思しに依て、腹の立て追出したるにこそ有れ（ただ思慮分別のない者だと思ったので、腹が立って追い出したのだ）」、『天草版平家物語』に「清盛なを腹を据えかねて」などの例があります。

　④は、「はら」が、体のふくらんだ部分を指すことから生じた意味です。『虎明本狂言』（膏薬煉）に「腰より吸膏薬をけしつぼほど取りいだし、大ゆびのはらにつけて（腰から吸膏薬を芥子粒ほど取り出し、親指のはらにつけて）」のように使われています。愛媛県、福岡県、大分県、宮崎県、鹿児島県には、「手のひら」を「てのはら」、「足の裏」を「あしのはら」と言う地域があります。『虎明本狂言』と同じ使い方です。

（木部）

せなか [背中]

● 用法

①胸・腹の反対側で、首から尻までの部分。「せ」とも言う。「背中が痒い」「背中を叩く」「社会に背を向ける」「背に腹は代えられない」②自分の後ろ側。物のうしろ側の部分。「山を背にして立つ」「椅子のせにもたれ掛かる」

● 語の由来

「せ」がもとの形で、これに「なか（中）」がついたのが「せなか」です。「せ」の例は『続日本紀』（第四五詔）に「是の東人(あづまびと)は常に云はく、額には箭は立つとも背は箭は立たじ（この東人はいつも言っていた、額には矢はたっても背には矢は立たないと）」とあります。「せなか」の確かな例は、10世紀になってから見られます。例えば、『宇津保物語』（内侍督）では、髪の美しさの表現として「丈に二尺ばかり余りて（中略）一背中(ひとせなか)こぼるるまであり（御髪が身の丈に二尺ほど余って、背中いっぱいにこぼれるほどである）」と書かれています。

秋田、佐賀、長崎、熊本、宮崎、鹿児島の方言で、肩から背中にかけての部分を「へき」と言います。肩こりを意味する「けんへき」から来た語で、室町中期の辞書『文明本節用集』に「痃癖 ケンヘキ」、江戸初期の『日葡辞書』に「Qenbeqi（ケンベキ）〈訳〉肩の病気。シモやその他の地方ではヘキという」とあります。キリシタン資料の「シモ」は九州を指すので、江戸初期、すでに九州で「肩こり」の意味で「へき」が使われていたことがわかります。現代方言の「へき」は肩こりに限りませんが、やはり背中の痛みに使われることが多く、「肩が凝った」ことを「へきが出た」のように言います。

奄美、沖縄では「背中」を「ながに」と言います。「くしながに」のように「くし（腰）」に続けて、背中から腰にかけての部分を指すことが普通です。また、「くし」だけでも背中から腰までの部分を指し、用法②の「自分の後ろ側」の意味でも「くし」が使われます。このように、奄美、沖縄方言では、本土方言の「背中」と「腰」を区別せずに、「くし」という語であらわすのが普通です。

（木部）

第Ⅱ部　身近な日本語の起源　105

きも・かん［肝］

● 用法

①肝臓。内蔵。はらわた。「鳥の肝」②心。気力。精神力。「肝がすわっている」「肝をつぶす」「肝が小さい」③物事の重要な部分。「話の肝」

● 語の由来

　①の意味でも②の意味でも、古くから「きも」が使われています。平安初期の経の注釈書『新訳華厳経音義私記』には、「肝音干（かん）、訓岐毛（きも）」とあり、音読みが「かん」、訓読みが「きも」となっています。『大和物語』(168)の「心も肝（きも）もなく悲しきこと、ものに似ず（どうしようもなく悲しいことといったら、他に例がない）」や『蜻蛉日記』の「入相になむ肝（きも）くだくここちする（入相〔夕暮れ〕の歌を拝見して心がくだける思いがする）」の「きも」は、「心」の意味で使われています。現代標準語の「きも」には「心」の意味がありませんが、沖縄の方言では、「きも」に対応する「ちむ」が「心」の意味で使われており、『沖縄語辞典』に「ちむやぬん（心を痛める。後悔する）」などの例が出ています。

　①の意味では、現在「かんぞう（肝臓）」が主流です。「かんのぞう」から生まれた語形で、明治中期から「かんぞう」が一般化しました。　　　　　　　　　　（木部）

へそ［臍］

● 用法

①腹の中心にある小さなくぼみ。胎児のときはこれを通じて胎盤から栄養などを循環する。「へそを出して寝る」②ものの中心の出っ張り、中央部。「あんパンのへそ」「日本列島のへそ」

● 語の由来

　「臍」を古くは「ほそ」と言い、そのあと「へそ」となりました。平安中期の『和名類聚抄』（十巻本）（二）では「鼈齊」の字に「保曾 俗云倍曾（ほぞ 俗にへそと云う）」と訓がつけられています。「ほぞ」は現代語では使われませんが、「ほぞを噛む（後悔する）」といった慣用句や、木材などを接合するための突起の「ほぞ」、それを差し込む穴の「ほぞ穴」などに残っています。奄美、沖縄方言の「ふす、ぷす」は、「ほぞ」に由来する語形です。

　こっそり貯めた金のことを「へそくり」と言いますが、これは「臍」とは関係ありません。語源には諸説ありますが、妻が綜麻（へそ）を繰って（麻糸を巻いて）稼いだわずかな金を蓄えたものという説が有力です。これが江戸中期ごろから懐の奥深くしまっておく隠し金と解されて、「臍繰り」になったと言われています。

（木部）

こし [腰]

● 用法

①人体で、背骨の下の部分。からだを回したり、曲げたりする部分。「年をとって腰が曲がった」②物の中ほどより下の部分。「山の腰」「腰折れの歌」③物事の勢い。意気込み。「けんか腰」「話の腰を折る」④餅、粉、うどんなどの粘りや弾力。「このうどんは腰がある」

● 語の由来

　語源はよく分かりませんが、古くから「こし」の語形が使われています。『万葉集』804番「大夫の壮士さびすと剣太刀許志（こし）に取り佩き（大夫が男らしく剣や大刀を腰に帯びて）」では、太刀を着ける場所を、4230番「降る雪を腰になづみて参り来し（降る雪の中を腰に難儀しながら歩いて参りました）」では、歩く動作の要となる部分をあらわしています。②は人体の「こし」の位置になぞらえるところから、③と④は動きの要であることから派生した意味です。
　奄美、沖縄では、背中から腰にかけての部分を「くし、くす、ふし」など「こし」系の語形であらわします（「背中」参照）。「がまく」という語形もありますが、これは「腰のくびれているところ」つまりウェストのことです。　　　　　　　　　（木部）

うで [腕]

● 用法

①「て」が肩から指先までを指すのに対し、「うで」は肩から手首までの部分を指す。「うでを組む」②物事をする能力。技量。「うでの見せどころ」③腕力。武力。「うでにものを言わせる」

● 語の由来

　「うで」は奈良時代には用例がなく、平安中期の辞書『和名類聚抄』（十巻本）に「腕（中略）太々无岐（ただむき）俗云宇天（うで）」と出てきます。正式名称は「ただむき」で、「うで」は俗称となっています。現在は「ただむき」という語を使いませんが、『古事記』（上・歌謡）に「栲綱の白き多陀牟岐（ただむき）沫雪の若やる胸を（楮の繊維で作った綱のように白い腕や淡雪のような若々しい胸を）」と出ています。
　この他、奈良時代には肩からひじまでを「かひな」と言っていました。今で言う「二のうで」のことで、『万葉集』420番の歌に「竹玉を間なく貫き垂れ、木綿襷 可比奈（かひな）に懸けて（〔祭具として〕竹玉を隙間なく垂らし、木綿で作った襷を二の腕にかけて）」と出てきます。方言では青森から沖縄にかけての広い地域で「かいな」系の言葉が「腕」の意味で使われています。　　　（木部）

# て [手]

● 用法

①人体の肩から出ている部分。肩から指先までの全体、あるいは手首から指先までの部分。「手をあげる」「手でつかむ」②形や機能が①に似ているもの。「鍋の手」「火の手があがる」③仕事や作業をすること。人・能力など。「子育てに手がかかる」「手が足りない」「手に負えない」④所有すること。「手に入れる」 ⑤文字を書く技法。書かれた文字。「手習い」「女の手」⑥武芸や物事を行うときの技。「相撲の手」「その手には乗らない」⑦ある方面や種類。「行く手をさえぎる」「この手の問題」

● 語の由来

「て」は「たづな(手綱)」「たもと(袂)」のように複合語では「た」となります。複合語にあらわれる「た」が古い形ですが(第Ⅰ部参照)、奈良時代にはすでに「て」に変化しています。例えば、『日本書紀』(継体)に「妹が堤(て)を我に枕かしめ 我が堤(て)を妹にまかしめ(妻の手を私の身に巻きつけ、私の手を妻の身に巻きつけて)」、『万葉集』904番の歌に「白たへのたすきを掛けまそ鏡弖(て)に取り持ちて(たすきを掛けて鏡を手に取り持って)」とあります。

②以下の意味は、①の形や機能から派生した意味です。これらの意味は古典でも次のように使われています。例えば、②の意味では『枕草子』(正月寺にこもりたるは)の「半挿に手水入れて、てもなき盥などあり〔半挿〔湯や水を注ぐ器〕に手洗いの水を入れて、取っ手のない盥なども持ってきている)」の例、③の意味では『保元物語』(新院為義を召さるる事)の「朝家の御固として召し仕はるといへども、正しく手を下して合戦仕る事、未だ一度も候はず(私は朝家の御守りとしてお仕えして参りましたが、実際に手を下して合戦に加わったことが一度もありません)」の例、④の意味では近松浄瑠璃『心中刃は氷の朔日』の「なんとぞ首尾して、小かんを手に入れるやうに頼みます(何とかうまくやって、欠けた金を手に入れるよう頼みます)」の例、⑤の意味では『古今和歌集』857(詞書き)の「昔の手にてこの歌をなむ書きつけたりける(昔の〔元気だった頃の〕筆跡でこの歌を書きしたためてあった)」の例、⑥の意味では『源氏物語』(宿木)の「いにしへ天人の翔りて、琵琶の手教へけるは(昔天人が駆け下って琵琶の技法を教えたのは)」の例、⑦の意味では『海道記』の「ただぬらせ行くての袖にかかる浪 ひるまが程は浦風もふく(ひたすら濡らしなさい。海岸を行く道で私の袖にかかる波よ。昼間は浦の風が吹いて乾かしてくれるから)」の例などがあります。

(木部)

ゆび［指］

● 用法

手足の末端の5本に枝分かれした部分。「ゆびが長い」

● 語の由来

　平安中期の辞書『和名類聚抄』(十巻本)に「指（中略）由比俗云於与比」とあり、正式名称が「ゆび」、俗称が「および」となっています。「および」の語源は、指を折って数を読む(数える)ことから「おほよみ(凡読み)」と言ったことに依ると言われます。「および」は現代共通語では使われませんが、沖縄の宮古、八重山の方言では、「および」に由来する「ういび」が使われています。

　五指の名称は、『和名類聚抄』(十巻本)に「拇 於保於与比（おほおよび）」「食指 比止佐之乃於与比（ひとさしのおよび）」「中指 奈加乃於与比（なかのおよび）」「无名指 奈〻之乃於与比（ななしのおよび）」「季指 古於与比（こおよび）」となっていて、「および」が後部要素として使われています。このうち、「人差し指」、「中指」、「小指」は現在と大きくは変わりませんが、「親指」と「薬指」は現在と由来を異にしています。

　『和名類聚抄』の「おほおよび(拇)」は、「大指」が語源です。現代語の「おやゆび」は「親指」が語源ですが、これは江戸初期の俳諧『小町踊』(春・上)の「親ゆひ」あたりから例が見られます。

　『和名類聚抄』の「ななしのおよび(無名指)」は、中国語の「無名指」を翻訳したものと思われます。現代標準語では使われませんが、沖縄方言では「ななしゆび」が使われています。中世になると、現代語の「くすりゆび」のもととなった「くすしゆび」が出てきます。「薬師(くすし)の指」の意で、薬師如来の印相(手の形)が薬指を曲げた形であることから、薬を塗るときにこの指を使うからなどの語源説があります。これが「くすりゆび」に変化し、現在まで続きます。中世にはこの他に「べにさしゆび」という語が使われました。江戸初期の『日葡辞書』に「Benisaxiyubi（ベニサシユビ）〈訳〉紅をさすのに使う指」と出ています。「べにさしゆび」は西日本に広く伝播しましたが、東日本にはほとんど広まりませんでした。そのため、現代の方言では東日本に「くすりゆび」、西日本に「べにさしゆび」、沖縄に「ななしゆび」が分布する形になっています。

　「中指」は『和名類聚抄』の「なかのおよび」から「なかゆび」に変化しましたが、その途中で一時期、「たけたかゆび」という語が使われました。「丈高指」の意で、これが変化した「たかたかゆび」も使われます。『日葡辞書』には「Taqetacayubi（タケタカユビ）」「Tacatacayubi（タカタカユビ）」の2形が出ています。

(木部)

あし［足］

● 用法

①動物のからだを支えたり、歩行に使ったりする部分。また、くるぶしから下の地面を踏む部分。「足が長い」「足が大きい」②形や機能が①に似ているもの。「机の足」③歩くこと。また、その結果や機能。「足が速い」「客の足がとだえる」④（晋の魯褒「銭神論」の「翼なくしてとび、足なくして走る」から）金銭。ぜに。「お足が足りない」

● 語の由来

奈良時代には「あ」で「足」をあらわしていました。例えば、『万葉集』3387番の歌に「安(あ)の音せず行かむ駒もが葛飾の真間の継ぎ橋止まず通はむ（足の音がしないで行くような馬がいたらなあ。葛飾の真間の板の継橋を渡っていつも彼女の許へ通えるのに）」とあります。「あ」は現代語では使いませんが、「鐙（鞍の両脇に垂れて足を踏みかけるもの）」「足掻く（地面を掻くように足を動かす）」のような複合語に使われています。奈良時代には『古事記』（中・歌謡）に「浅小竹原腰なづむ空は行かず阿斯（アシ）よゆくな（丈の低い竹が生えた野原は腰がとられて歩きにくい。鳥のように空を飛ぶことはできないし、足で行くしかないのだが）」など、「あし」も普通に使われています。

「あし」は①に示したように、下肢全体とくるぶしから下の部分の両方を指します。上の『古事記』の例は、下肢全体の意味です。くるぶしから下の部分の用例は、『蜻蛉日記』（下）の「右のかたの足のうらに大臣門といふ文字をふと書きつくれば（右の方の足の裏に大臣門という文字をいきなり書きつけたので）」などに見られます。

このような「あし」に対し、足の下の部分、すなわち膝から踝までの間を指す言葉に「はぎ」「すね」「こむら」があります。「はぎ」は『正倉院文書』の天平12（740）年の項に「右足波岐疵（右の足の脛に疵）」とあり、古くから使われていました。奄美、沖縄の方言では「足」のことを「ぱぎ、はぎ」と言います。もとは下肢をあらわしていた「はぎ」が足全体の意味に変化したものです。「すね」は鎌倉時代の辞書『名語記』（六）に「人躰のすね」とあり、現代でも「すねを打った」のように下肢の意味で使われます。「こむら」は「はぎ」や「すね」の裏側のやわらかい部分、つまり「ふくらはぎ」を指します。平安中期の『和名類聚抄』（十巻本）（二）では「腓」の字に「古无良（こむら）」という訓がつけられています。現在は「こむらがえり」という複合語にしか使いませんが、方言には「ふくらはぎ」をあらわす「こぶら、こむら」が各地に残っています。

(木部)

ひざ [膝]

● 用法

①腿(もも)と脛(すね)を連結する部分。「ひざを曲げる」②坐った状態で、ももの上側に当たる部分。「荷物をひざにのせる」「ひざまくらをする」

● 語の由来

『正倉院文書』の天平12(740)年の項に「右足比佐上疵(右の足のひざの上に疵)」とあり、古くから「ひざ」という語が使われています。②の意味では『万葉集』810番(娘の姿で現れた琴が詠んだという設定の歌)「いかにあらむ日の時にかも音知らむ人の比射(ひざ)の上我が枕かむ(いつの日か私の音色を理解してくれる方の膝の上に私は枕することでしょう)」の例があります。

平安時代には「ひざ」の他に「つぶし」という語がありました。平安後期の『観智院本類聚名義抄』に「腿 ウツモモ モモ ツブシ」とあり、用法②に近い意味をもっていました。江戸初期の『日葡辞書』に「Tçubuxi(ツブシ)〈訳〉ツブシ(膝の皿)に同じ。シモ(九州)の語」、江戸中期の方言集『物類称呼』に「膝 ひざ 豊州にて、つぶしといふ」とあります。豊州とは九州北東部のことで、江戸時代、「つぶし」は九州の方言だったようです。現在でも九州、奄美、沖縄で「膝」の意味に「つぶし」が使われます。

(木部)

ほくろ [黒子]

● 用法

皮膚の表面の、周囲より隆起した黒褐色の斑点。「目の下にほくろがある」

● 語の由来

古くは「黒子」のことを「ははくそ」と言いました。母親の胎内にいた時についた「かす(滓)」の意と言われています。平安前期の『新撰字鏡』では、「黶」の字に「波々久曽(ははくそ)」の訓がつけられています。その後、「ははくそ」は「はわくそ＞はうくそ＞ほくそ」と変化しました。「ほくそ」は江戸中期の『和訓栞』に「黒子を俗にほくそといふ」と出ていますが、現在では使われません。

現代語の「ほくろ」は、「黒子」が黒い斑点であることから、「ははくそ」が「ははくろ」に置き換わり、これが「はわくろ＞はうくろ＞ほくろ」と変化したものです。「ははくろ」は鎌倉時代の『愚管抄』(四)に「七星のははくろのかく候ひて(七つの黒子がこのようにございまして)」、『名語記』(九)に「ははくそ、如何(語源は何か)。黒子とかけり。ははくろ也」と出ています。

(木部)

あざ [痣]

● 用法

皮膚の表面の、赤や青などの斑紋をさす。先天性のものと外傷などによる後天性のものがある。「膝を打ってあざができた」

● 語の由来

平安中期の『和名類聚抄』(十巻本)に「疵(中略)阿佐(あざ)」とあり、古くから「あざ」が使われています。現代方言では、東北、四国、九州、沖縄といった周辺部に「黒子」の意味で「あざ」が分布しています(下表)。東北や沖縄では「黒子」も「痣」も「あざ」と言います。おそらくこれが古い形で、後に「黒子」を「ははくろ、ほくろ」と言うようになり、中央部では「ほくろ(黒子)/あざ(痣)」の区別が生まれました。一方、九州・四国では「あざ」が「黒子」の意味で残り、「痣」に対して「ほやけ」「のぶやけ」など「焼け」に由来する語が生まれました。中央部の「黒子」の「ふすべ、ほそび」は「燻る」と関係があると思われます。　　　　　　　　　　　　　　　　　　　　　　　(木部)

意味	沖縄	九州・四国	中国・関西・中部・関東	東北	北海道
黒子	あざ	ほぐろ、あざ	ほくろ、ふすべ、ほそび	あざ	ほくろ
痣	あざ	ほぐろ、ほやけ、のぶやけ等	あざ	あざ	あざ

きゅう [灸]

● 用法

「もぐさ」(よもぎの葉を乾燥させて手で揉み、綿のようにしたもの)を燃やして体のつぼに据え、熱の刺激によって血液の循環をよくする治療法。「やいと」とも。

● 語の由来

「灸」は、奈良時代に中国から伝来した医学の中で、治療の一種として行われてきました。平安時代の『令義解』(法律の解説書)の医師・女医などの育成に関する箇所に「針灸之法」と出てきます。平安後期の『観智院本類聚名義抄』では「灸」の字に「音玖　又音救　ヤイトフ」とあり、音読みが「きゅう」、和語が「やいとう」だったことがわかります。

江戸時代になると「灸」が庶民層に広まります。江戸初期の『かた言』(四)には「灸を、やいととも、やいとうともいへど、やいひとはわろしと云り」とあり、「きゅう」が正式名称、「やいと、やいとう」が庶民層の言葉、「やいひ」は俗語だったようです。「やいと」は「焼き処」、「やいひ」は「焼き火」から生まれた言葉です。現代方言では「やいと」が富山、岐阜以西で広く使われ、「やいひ」が東北の津軽・秋田、関東、九州の少数地点で使われています。　　(木部)

5. 衣

きもの［着物］ ……………… 114
そで［袖］ …………………… 115
すそ［裾］ …………………… 115
おび［帯］ …………………… 116
ひも［紐］ …………………… 116
たび［足袋］ ………………… 117
くつした［靴下］ …………… 117
げた［下駄］ ………………… 118
ぞうり［草履］ ……………… 119
くつ［靴・沓］ ……………… 120
はおり［羽織］ ……………… 120
はかま［袴］ ………………… 121

きもの [着物]

● 用法

①からだに着るものの総称。「着物を着る」②洋服に対する和服。「着物の着付け」

● 語の由来

　奈良時代には、「着物」をあらわす語に「きぬ」「ころも」がありました。「きぬ」は、「絹（きぬ：蚕の繭からとった繊維）」と同語源、「ころも」は「裳（も：腰から下にまきつけた衣服）」と同語源と思われます。「きぬ」と「ころも」の違いは、「きぬ」が普段着、「ころも」が外出着という違いです（ただし、当時の「きぬ」の素材は「絹」に限りませんでした）。例えば、『万葉集』4109番「紅はうつろふものそ橡のなれにし伎奴（きぬ）になほ及かめやも」の「きぬ」は、「紅の着物」よりも勝る「着慣れた橡染めの着物（橡染めは薄茶色で身分の低い人が着る着物）」のこと、3453番「遠き我妹が着せし伎奴（きぬ）袂のくだりまよひ来にけり」の「きぬ」は、「毎日着て袂のあたりがほつれてきた着物」をあらわします。一方、『万葉集』4315番「宮人の袖付け其呂母（ごろも）秋萩ににほひ宜しき高円の宮」の「ころも」は、「秋萩の色とよくマッチする、大宮人の長袖の着物」の意味、4388番「旅とへど真旅になりぬ家の妹が着せし己呂母（ころも）に垢付きにかり」の「ころも」は、「長旅になり、垢がついてきた旅用の特別の着物」の意味で使われています。このような意味の違いから、平安時代以降、「ころも」は歌に多く詠まれましたが、「きぬ」は歌に用いられませんでした。「ころも」はその後、「僧や尼が身につける衣服」の意味に限定されていき、「きぬ」は蚕の繭からとった「絹」の意味に限定されていきました。現在では「きもの」が「着物」をあらわしています。

　「きもの」は文字通り「着る物」が語源で、もとは『今昔物語集』のような漢文訓読調の文体で用いられました。『今昔物語集』（巻二〇）「一人残サズ皆着物ヲ剥、弓胡籙モ馬鞍モ大刀刀モ、履物ニ至ルマデ悉ク取テ去ヌ」、同（巻二九）「皆着物ナド目安クテ着タリ（見苦しくなく来ている）」などの例があります。江戸初期の『日葡辞書』には「Qimono（キモノ）〈訳〉着物」「Qirumono（キルモノ）〈訳〉衣服」の見出し項目が立てられています。『日葡辞書』では「きぬ」と「ころも」が「Qinu（キヌ）〈訳〉薄い絹の織物」、「Coromo（コロモ）〈訳〉僧侶の法衣。また、その他の着物一般」のように書かれています。この時代、「着物」の意味では「きもの」「きるもの」が一般的で、「きぬ」は「絹」の織物の意味、「ころも」は「僧侶の法衣」、あるいは「着物一般」の意味で使われていたようです。

(木部)

そで [袖]

● 用法

①衣服の身頃（みごろ）について、両腕を覆うもの。「そでを折り曲げる」②舞台の左右の端。「そでで出番を待つ」③おろそか。ないがしろ。「そでにする」

● 語の由来

奈良時代には、「そで」と「ころもで」の2語が使われていました。「そで」は、「そで振る」「そで濡る」「そで（折り）返す」という表現で多く使われ、それぞれ「袖を振って合図する、別れを惜しむ」「水や涙で袖が濡れる」「袖を折り返して寝ると夢の中で恋人に会える」という意味をあらわしました。『万葉集』には、4125番（七夕歌）「安の川中に隔てて向かひ立ち蘇泥（そで）振り交し（天の川を中に隔てて向き合って立ち、袖を振り交わして）」、4313番「青波に蘇弖（そで）さへ濡れて漕ぐ舟の」、3978番「しきたへの蘇泥（そで）返しつつ寝る夜落ちず夢には見れど（袖を反しながら寝る夜は毎晩（妻を）夢に見るが）」のような歌があります。一方、「ころもで」は『万葉集』に多くの例があり、平安時代以降は歌語として使われました。『古今和歌集』（春歌上）「君がため春の野に出でて若菜摘む我が衣手に雪は降りつつ」（『小倉百人一首』にも取られている）などの歌があります。

(木部)

すそ [裾]

● 用法

①衣服の下方の縁（ふち）。「スカートのすそ」②山、川の下の方。物などの端。「山のすそ」「カーテンのすそ」

● 語の由来

『万葉集』では、「裳のすそ」の形で使われています。「裳」は腰から下にまきつけた衣服のことで、例えば、『万葉集』40番「あみの浦に船乗りすらむ娘子らが玉裳の須十（すそ）に潮満つらむか（あみの浦で船遊びをする乙女たちの衣の裾に潮が満ちているだろうか）」、861番「紅の裳の須蘇（すそ）濡れて鮎か釣るらむ」などの歌があります。平安時代になると、『古今和歌集』（秋上）「わがせこが衣のすそを吹き返し」のように、「衣のすそ」という表現が多くなります。衣服以外に使われた例も、『源氏物語』（手習）「髪のすそのにはかにおぼとれたるやうに（髪の裾がにわかに乱れ広がるように）」、同（若菜下）「御簾の下より箏の御琴のすそすこしさし出でて」、『金葉和歌集』（夏歌）「山のすそにともしして（山のすそに明かりをともして）」のような例が見られます。現代語では「髪のすそ」「琴のすそ」とは言わないので、平安時代は現代語よりも「すそ」の使える範囲が広かったようです。

(木部)

おび [帯]

● 用法

①和服を着るとき、腰の辺りに巻いて結ぶ細長い布。「帯を結ぶ」「帯をしめる」
②①に似た形のもの。「本の帯」 ③「帯番組」の略。

● 語の由来

「おび」は、動詞「おぶ（帯）」の連用形が名詞化したものです。「帯ぶ」は「身につける、まわりに巻きつける」という意味で、『日本書紀』（継体・歌謡）「やすみしし我が大君の於魔（おば）せる細紋の美於寐（みおび）（我が大君が身につけていらっしゃるささら模様の帯）」のような例があります。ここでは、動詞「帯ぶ」と名詞「帯」が同じ歌に出てきています。名詞「おび」は、『万葉集』4422番「わがせなを筑紫へやりてうつくしみ於妣（おび）は解かななあやにかも寝も（あなたを筑紫へ旅立たせ、いとおしいので帯は解かずにあなたを案じながら寝ましょう）」のように使われています。『古今和歌集』（神あそひのうた）「吉備の中山おびにせる細谷川の音のさやけさ（吉備の中山を帯が巻くように流れている細い谷川の音のなんとさわやかなことだ）」では、川が蛇行して流れる様子を「帯」に喩えています。 　　　　　　　　　　　　　　（木部）

ひも [紐]

● 用法

①物を束ねたりしばったりする縄状のもの。「靴の紐を結ぶ」 ②かげで物事をあやつり、支配するもの。「紐のついた予算」

● 語の由来

『万葉集』では、「ひも結ぶ」「ひも解く」という表現で多くの用例があります。4334番「児らが結べる比毛（ひも）解くなゆめ（妻が結んでくれた紐をゆめゆめ解くな）」では、「衣の紐を結ぶ・解く」ことに「人の心が堅く結ばれる・解ける」ことが掛けられています。「ひも解く」は、和歌の技法の一つとして、平安時代以降も歌に多く詠まれました。例えば、『伊勢物語』（三七段）「ふたりして結びし紐をひとりしてあひ見るまでは解かじとぞ思ふ」などの例があります。一方、散文では単に衣服の紐、あるいは几帳、帳台（寝台）、巻物などの紐の意で使われました。例えば、『源氏物語』（絵合）「軸、表紙、紐の飾りいよよととのへたまふ（軸、表紙、紐の飾りをますます立派に仕立てられる）」の「紐」は、物語絵の装丁に使われた紐を指しています。なお、「ひも」は「ひぼ」とも言いました。mとbは発音が近いため交替することがあります（第Ⅰ部参照）。「ひも」と「ひぼ」もその例です。 　　　　　　　　　　　　　　（木部）

たび [足袋]

● 用法

主として和装のときに、足にはく袋状の履物。「足袋をはく」

● 語の由来

　古くは動物の革で作られ、形も爪先が分かれていない、靴下状のものでした。平安末期ごろに草履など鼻緒のついたはきものが発達した影響で、親指と4指を分ける形になりました。平安中期の『和名類聚抄』(十巻本)(四)の「単皮履」の項に、「野人(田舎の人)は鹿皮を半靴(たけの低い靴)に用いる。これを多鼻(たび)という」ということが書かれています。鎌倉時代の『宇治拾遺物語』(一一)には「猿の皮のたびに、沓きりはきなして(沓をきっちり履いて)」とあるので、猿の皮も使われていたようです。江戸初期の『日葡辞書』には「Tabi(タビ)〈訳〉日本人が用いる革製のある種の履物」とあり、このころはまだ、革製が一般だったようです。「足袋」が木綿や絹、キャラコなどで作られるようになるのは、江戸中期以降のことで、江戸後期の洒落本『嘘之川』に「びんろうじのうんさいのつつながのたび(檳榔子染の雲斎織の筒長の足袋)」とあります。雲斎織は、斜文織りの丈夫な木綿の布で、足袋の底などに使われました。

(木部)

くつした [靴下]

● 用法

靴をはくときなどに、素足に着けるもの。ソックスやストッキングなど。

● 語の由来

　「くつした(靴下)」は江戸時代に伝来し、当時は「メリヤス足袋(たび)」と呼ばれました。江戸初期の俳諧集『洛陽集』に「唐人の古里寒しメリヤス足袋」とあります。「メリヤス」の語源は、「靴下」の意をあらわすスペイン語のメディアス(medias)、あるいはポルトガル語のメイアス(meias)と言われています。靴下は明治以降、日本でも生産されるようになり、「くつした」と呼ばれるようになりました。雑誌『太陽』(浮世のさが、1895年)に「膝までなるヅボン、赤きくつ下」などの例があります。「ソックス」はくるぶしの上くらいまでの短い靴下で、古代ローマ時代の「足覆い」のソクス(soccus)(ラテン語)が語源です。日本での使用例は1950年の獅子文六『自由学校』「足も、白いソックスをはいただけだった」が早いものになります。ストッキングは英語のstockingが語源で、慶応3年の福沢諭吉『西洋衣食住』に「足袋 ストッキング」と出ています。

(木部)

げた［下駄］

● 用法

①木製の台部に三つの穴をあけて鼻緒をすげた履物。台には木をくりぬいて作った歯、あるいは差し込んだ歯がついている。「げたの鼻緒が切れた」②校正刷りで、活字がないときに入れる下駄の歯のような「〓」をした印。「げたを入れる」

● 語の由来

弥生時代の遺跡から下駄状の物が出土していることから、物としての「下駄」はかなり古くからあったと思われますが、その名称が文献に出てくるのは、平安時代以降です。平安中期の『和名類聚抄』（十巻本）（四）に「屐（中略）阿師太（あしだ）一名足下」とあり、古くは「あしだ（足駄）」が「下駄」の意味をあらわしていました。「一名足下」という註記から、「あしした」が語源と考えられます。『枕草子』（正月に寺に籠りたるは）には、「若き法師ばらの、足駄といふ物をはきて、いささかつつみもなく下りのぼる（若い法師たちが足駄という物を履いて、少しも躊躇することなく階段を降り上りする）」とあり、高下駄で橋の階段を上り下りする様子が書かれています。また、室町後期の『七十一番職人歌合』には、「あしだつくり」の職人が焼火箸で板に３つの目（穴）をあけている絵が描かれています（人文学オープンデータ共同利用センター『七十一番職人歌合』参照）。

「げた」という語は、江戸初期の『日葡辞書』「Gueta（ゲタ）〈訳〉日本の様式に従って作った、非常に丈の低い一種の木靴」が早い例です。『日葡辞書』には「Axida（アシダ）」の項もあり、「木製の粗末な履き物」の意味のポルトガル語が当てられています。その他、『日葡辞書』には「Bocuri（ボクリ）」の項目があり、「Axida」とほぼ同じ訳が付けられています。現代の「ぽくり（木履）」は「ぽくり、ぽっくり」ともいい、女の子や舞妓などが履く楕円形で底が分厚い形の履物を指しますが、江戸時代には俳諧集『犬子集』（六）「もち雪にはがたを付る木履哉」のような句があり、下駄のように２本の歯がついた履物だったようです。

下駄の普及にともない、江戸時代には、江戸と上方（関西）で呼び名も違ってきます。例えば、江戸では歯の高いものを「あしだ」、歯の低いものを「日和げた」（天気のいい日に履くという意）といって区別しましたが、京都や大坂では区別せず、みな「げた」といいました。江戸中期の『物類称呼』（四）には、「屐　あしだ　〇関西及西国にて・ぼくり又・ぶくりといふ　中国にて、ぼくり又ぶくりと云物は江戸にて云げたの事也」とあります。江戸の「あしだ」（歯の高いもの）を関西・九州で「ぼくり、ぶくり」と言うが、中国地方の「ぼくり、ぶくり」は江戸の「げた」（歯の低いもの）のことだという意味です。

(木部)

ぞうり [草履]

● 用法

①藁・藺草・竹皮などで台の部分を編み、鼻緒をすげた履物。歯がなく、底が平らである。ゴム、ビニールなどのものもある。「草履をはく」

● 語の由来

「草履」は中国の史書『後漢書』(東夷伝) (南朝宋、5世紀) に見え、中国から日本に伝わったと言われています。日本の資料では、平安中期の『和名類聚抄』(十巻本) (四) に「草履 (中略) 俗云<u>佐宇利</u>(ざうり)」、鎌倉時代の『名語記』(八) に「はき物のざうり如何。答、草履也」とあります。「ざうり」は「じゃうり」ともいい、室町中期の『文明本節用集』に「草履 <u>ジャウリ</u> 或作上履」、江戸初期の『日葡辞書』に「<u>Iǒri</u>(ジャウリ)〈訳〉きものの一種で、サンダルのごときもの」とあります。ザ行の発音は、平安時代には zya, zyi, zyu, zye, zyo だったと推定されているので (第Ⅰ部参照)、中国から「草履」が伝来した当時は、zyauri のような発音だったと思われます。『和名類聚抄』や『名語記』の「ざうり」も、zyauri の発音をあらわしていると考えられます。室町後期の、職人の姿絵とそれに託した和歌が収められた『七十一番職人歌合』に「ざうりつくり」の絵があり、「じゃうりじゃうり、いたこんごうめせ (草履、草履、板金剛をお買いなさい)」と言いながら草履を売り歩く姿が描かれています。「板金剛」は普通の草履よりも後部が細く長い形をした草履のことで、裏に板がつけられています。「じゃうり」はその後、発音が変化して、現在の「ぞうり」となりました。

「ぞうり」に似た履物に、「せった (雪駄)」があります。「せきだ、せっだ」とも言い、語源は「席駄」で「雪駄」は当て字です。竹皮草履の裏に革を張り、丈夫で湿気が通らないようになっています。江戸前期の『かた言』(四) に「<u>雪駄 (せった)</u> を、せきだといふはわろしといへど、苦しかるまじき歟」、「利休と云し茶湯者が世にひろめてはやり出侍しとかや」と書かれています。草履の一種に「あしなか (足半)」という、踵がない短い履物がありました。機動力を必要とする武士の間で利用され、ぬかるみでも滑らず、軽くて動きやすいので、農村部や武士の間で使われました。

それ以外の履物に、現在では使われませんが、「わらぢ (草鞋)」があります。稲藁でつくった履物で、鼻緒がなく、爪先に付けられた長い緒を周囲の「乳」と呼ばれる輪に通して、足にまといつけて履くもので、旅など遠距離用に使われました。南北朝時代の『太平記』(五) に「御足は欠損じて、<u>草鞋 (わらぢ)</u> 皆血に染れり」、『日葡辞書』に「<u>Varagi</u>(ワラヂ)。Varandzu (ワランズ) という方がまさる」とあります。「わらぐつ」が語源と思われます。

(木部)

5．衣

くつ [靴・沓]

● 用法

皮革、藁、糸、麻などを用いて足先全体を覆うように作った履物。「靴をはく」

● 語の由来

古くから「くつ」という語が使われていました。『万葉集』3399番に「刈りばねに足踏ましむな久都（くつ）はけ我が背（切り株に馬が足を踏み込まないように靴を履かせなさい、あなた）」という歌があります。平安中期の『和名類聚抄』（十巻本）（四）には「履 久豆（くつ）」「靴 化乃久豆（くゎのくつ）」「絲鞋 伊止乃久都（いとのくつ）」など、いろいろな靴があがっています。これらは官位や身分によって履く人が決まっていました。例えば、天皇が束帯（正装）のときに履く繧繝錦のくつを「挿鞋（さふかい）」、朝庭の儀式で束帯のときに貴族が履く黒塗りのくつを「靴（くゎのくつ）」、幼童、舞人、諸衛の六位が用いる、糸を編んで作ったくつを「絲鞋（いとのくつ）」、貴婦人の朝服用の靴を「錦鞋（きんかい）」と言いました。明治以後、「くつ」はもっぱら洋靴を指し、「靴」「沓」の字で書かれるようになります。「沓」は本来、「かさなる」の意味ですが、「革靴」の意の「鞜」が略されて「沓」となり、「くつ」をあらわす漢字として使われるようになりました。

（木部）

はおり [羽織]

● 用法

和装で、長着の上に着る防寒用または装飾用の服。長羽織・広袖羽織・平袖羽織などの種類がある。

● 語の由来

室町時代、武家で用いられた防寒着を「どうぶく（胴服）」と言い、これが「羽織」の古い呼び方です。袖付きのものと袖無しのものがあり、袖無しは武士が陣中で着用しました。江戸前期の『虎明本狂言』（金藤左衛門）に「最前女の物を取かへし、刀どうぶくまでとりひつこむ（まっさきに女の物を取り返し、刀胴服まで取って退場する）」、『醒睡笑』（五）に「船賃旅籠の営に胴服を沽却し（船賃、旅籠のために胴服を売り払い）」と見えています。「はおり（羽織）」の例は、室町後期の『羅葡日辞書』に「ヂンノ トキ キタル fauorino（ファヲリノ）シャウバイ」、江戸中期の近松浄瑠璃『薩摩歌』に「白旗、黒羅紗の杉形鞘（槍標の一つ。鞘の袋が杉の形になっている）に羽織着て」などがあり、「陣羽織」の意味で使われています。日常的な「羽織」の意味では、近松浄瑠璃『心中重井筒』「徳兵衛つゝと通つて、羽織を後ろへひらりと投げ」などの例があります。

（木部）

はかま［袴］

● 用法

下半身につける衣類の総称。「袴をはく」「袴をつける」

● 語の由来

　古くは太いズボン状のもので、動きやすいように裾を紐で結んで用いました。『日本書紀』（雄略即位前・歌謡）に「臣の子は袴の波伽摩（はかま）を七重をし庭に立たして足結撫だすも（我が夫の大臣は白妙の袴を七重に着て庭にお立ちになり、足結〔袴の裾をくくる紐〕を撫でていらっしゃる）」の歌があります。また、古くは「褌」の字が使われ、平安前期の『新撰字鏡』（三）「褌　袴也　志太乃波加万（したのはかま）」の例では、下にはくズボン下のようなものを指しています。その後、腰から下に付けるものを指すようになり、平安中期の『和名類聚抄』（十巻本）（四）には「袴（中略）八賀万（はかま）脛上衣名也（膝上の衣の名）」とあります。古い貴族社会では、女子も「はかま」を用いていましたが、室町時代に小袖、帯を用いるようになり、「はかま」は姿を消しました。明治時代になると、女子の通学用の服装として「はかま」が復活し、雑誌『女学世界』（御茶の水評判記）に「學生諸姉袴の紐を締めなほして」などの例が出ています。

（木部）

6. 食

こめ［米］ ……………………… 124
いね［稲］ ……………………… 125
むぎ［麦］ ……………………… 125
きび［黍］ ……………………… 126
いも［芋］ ……………………… 126
やまのいも［山芋］ …………… 127
さといも［里芋］ ……………… 127
さつまいも［甘藷］ …………… 128
じゃがいも［馬鈴薯］ ………… 128
だいず［大豆］、あずき［小豆］
………………………………… 129
そらまめ［空豆］、いんげんまめ［隠元豆］
………………………………… 129
かぼちゃ［南瓜］ ……………… 130
なす［茄子］ …………………… 130
きのこ［茸］ …………………… 131
きくらげ［木耳］ ……………… 132
くわ［桑］ ……………………… 132

いちご［苺］ …………………… 133
み［実］ ………………………… 134
つぶ［粒］ ……………………… 135
ゆ［湯］ ………………………… 135
ちゃ［茶］ ……………………… 136
めし［飯］ ……………………… 137
かゆ［粥］ ……………………… 138
もち［餅］ ……………………… 138
ぞうすい［雑炊］ ……………… 139
みそ［味噌］ …………………… 139
しる［汁］ ……………………… 140
こうじ［麹］ …………………… 141
あぶら［油・脂］ ……………… 142
にく［肉］ ……………………… 142
あじ［味］ ……………………… 143
しお［塩］ ……………………… 143
しおからい［塩辛い］ ………… 144
あまい［甘い］ ………………… 145

こめ [米]

● 用法

①稲の種子からもみがらを取り除いたもの。「米を 5 kg 買う」②稲。「米を刈る」

● 語の由来

　①の用法は古くから見られ、『日本書紀』(皇極)の歌謡に「小猿渠梅(こめ)焼く」のように出てきます。②は「米」が植物を指す言葉に転じたものです。①の意味では古くは「よね」とも言いました。「よね」の交替形の「よな」は「米子」などの地名に残っています。「こめ」という言葉の由来は定かではありませんが、「こまかい」(細かい)の「こま」と関係があるように思われます。つまり、「小さいもの」が本来の意味ではないでしょうか。上代には「神に供えるもの」という意味の「くま」という言葉があり、「神に供えるために清めた米」を「くましね」と言いました。『延喜式』に「糈米くましね」と出ています。また、「神に供える稲を作る田」を「くましろ」と言い、『和名類聚抄』(二十巻本)に「神稲 久末之呂(くましろ)」とあります。南あわじ市にある神代という地名は「じんだい」と読みますが、古くは「くましろ」という名前でした。「くま」と「こめ」との関係は不明です。

　「こめ」のうち、粘り気のあるものを「もちごめ」と言うのに対して、粘り気の少ない普通の米を古くは「うるしね」と言いました。「しね」は「いね(稲)」の前に s が挿入されたもので(第Ⅰ部参照)、「うるしね」がさらに変化したのが「うるち」です。

　方言では、「よね」を「米」の意味で使う地域の他、「麦、稗」など他の穀物を指す地域、「砂」や「灰」を指す地域が見られます。あるいはこれらが本来の意味で、「よね」は元々「小さな粒」という意味だったのかもしれません。「うるち」を指す言葉では、古形の「うるしね」が愛知や岐阜で見られる以外に、「うるこめ」(東北)や「さく」(奄美・沖縄)、「ただ」(富山・岐阜・中国・四国)という言い方が見られます。「さく」は「もろい、壊れやすい」という意味の「さくい」と関係がありそうです。「ただ」は「もちごめ」に対し「普通の米」という意味でしょう。なお、「米」は沖縄では「まい」あるいはそれに対応する形を用いる地域が多く見られます。「まい」は「米」の音読みであり、琉球での稲作の伝播や沖縄の島々に人々がいつ頃移住していったかを考える上で押さえておくべき点です。沖縄県の与那国島では「稲」を「まい」、「米」を「んに」と言い、「稲刈り」は「まいかい」、「米粒」は「んにぬちん」です。「んに」は「いね」(稲)に対応するので、与那国では標準語とは逆に「いね」が「米」をあらわし、「まい」が「稲」をあらわしています。

(中澤)

いね［稲］

● 用法

イネ科の一年草。水田や畑で栽培される。種子を「こめ」と言い（別記「米」①）、植物全体を「いね」と言う。したがって、「米を食べる」とは言うが、「稲を食べる」とは言わない。日本には縄文時代晩期までに渡来した。「稲を刈る」

● 語の由来

『万葉集』1459番〈東歌〉に「伊禰（いね）搗けばかかる我が手を今夜もか殿の若子が取りて歎かむ」、『和名類聚抄』（十巻本）（九）に「稲（中略）以祢（いね）」とあり、古くから「いね」という語が使われていました。

「いね」は、複合語では「いなづま（稲妻）」「いなほ（稲穂）」のように「いな」となります。したがって、古くは「いな」だったと思われます（第Ⅰ部参照）。また、『和名類聚抄』（二十巻本）（一七）に「秕（中略）乃古利之禰（のこりしね）舂穀不潰者也（殻を搗いても潰れないもの）」とあり、複合語の後部要素になると「しね」となります。「雨」が「こさめ（小雨）」「ひさめ（氷雨）」となるのと同じで（「雨」参照）、母音が連続するのを避けて、s が挿入されたものです。

（木部）

むぎ［麦］

● 用法

イネ科の植物のうち、大麦・小麦・ライ麦・エンバクなどの総称。

● 語の由来

「むぎ」という語は『万葉集』3537番歌謡に「柵（くへ）越しに武芸（むぎ）食む駒の」とあるように奈良時代にはすでに使われていました。麦は他の穀物と同様、大陸から日本に持ち込まれました。このことをふまえると、言葉も中国語などから入ってきた可能性があり、語源も外国語にある可能性が高いと思われます。「麦」は古代中国語で *mrɯːɡ、ツングース祖語で「大麦」は *murgi という音だったと推定されています。「むぎ」もこれらと起源が同じだと考えられます。中期朝鮮語の milh「小麦」も関係がありそうです。

「むぎ」は小麦や大麦の総称ですが、小麦は古く「まむぎ」とも呼ばれました。「真麦」という意味です。沖縄では「いなむぎ」という形が見られ、小麦が「稲」と関連付けられていたようです。なお、「むぎ」は遡ると「もぎ」のような形だったと考えられています。新潟県、高知県の方言に「もぎ」が見られるほか、平安中期の『本草和名』に「加良須毛岐（からすもぎ）」と書かれてた例があります。

（中澤）

きび［黍］

● 用法

イネ科の一年草。インドが原産で、古くから穀物として栽培された。

● 語の由来

平安後期の漢和辞典『類聚名義抄』に「黍 キヒ」とあり、比較的古い言葉ですが、さらに古くは「きみ」と言いました。マ行とバ行が交替する例は「つぶる」と「つむる」、「さびしい」と「さみしい」のようによく見られます（第Ⅰ部参照）。そのため語源は「黄実」だとする説があります。「きび」は中国語で「黄米」と言うためもっともらしく思われますが、「きび・きみ」は平安時代のアクセントで低く始まるのに対し、「黄」は高く始まるのでアクセントが合いません。また、「きみ」の「み」は古くは「ミ甲類」で、「実」は「ミ乙類」のためこの点でも成り立ちません（第Ⅰ部参照）。旧国名の「吉備」もしばしば「黍」と関連付けられますが、「吉備」の「備」は「ビ乙類」に当たり、「黍」の「ミ甲類」とは甲乙が異なるので両者を結び付けるのは困難です。

方言では、「きび」は「とうもろこし」、「高粱（コーリャン）」、「さとうきび」などイネ科の様々な植物を指します。見た目の類似もあるでしょうが、「きび」という語がイネ科の植物一般を表すものと考えられていたのかもしれません。

(中澤)

いも［芋］

● 用法

植物の根など地中の器官が養分を蓄えて肥大化したもの。「芋を掘る」

● 語の由来

平安前期の辞書『新撰字鏡』に「蕷 芋 伊母（いも）」とあり、古くから使われていた言葉です。奈良時代は『万葉集』3826番の歌謡に「宇毛（うも）の葉にあらし」とあるように「うも」という形で、特にサトイモを指しました。琉球でも「うも」に対応する「うむ・うん」と言い、この方が「いも」より古い形と考えられます。変化としては「いも＞うも」の方が自然なので難しいところです。「うも」は地中にあることから「埋まる」「埋もれる」などと関係がありそうですが、「いも」は平安時代に低く始まるアクセントで、「埋まる」「埋もれる」は高く始まるアクセントなので対応しないという問題があります。

「いも」は「芋」一般を表しますが、代表的な「いも」が何かは地域によって異なります。例えば、サトイモの地域（関東・静岡・岐阜・富山・九州等）、芋としては比較的新しいサツマイモの地域（西日本、沖縄）、ジャガイモの地域（北海道・東北・甲信越等）もあります。「いも」がヤマイモを指す地域は少なく、これはヤマイモが栽培されてこなかったためかもしれません。

(中澤)

やまのいも ［山芋］

● 用法

芋の一種。日本特産で本州、四国、九州に自生している。「じねんじょ（自然薯）」とも言う。葉のつけねの部分にできた「むかご」も食料となる。

● 語の由来

　奈良時代には「いも」で山芋をあらわしました。『日本書紀』（武烈）に「人の指の甲を解きて、薯蕷を掘らしむ」とあります。武烈天皇は悪行の多い天皇として描かれていますが、これもその一つです。

　中国から「里芋」が伝来すると、「さといも」に対して山芋は「やまのいも、やまついも」と呼ばれました。平安中期の『和名類聚抄』（十巻本）に「薯蕷 一名山芋 夜万乃伊毛（やまのいも）」、『本草和名』に「薯蕷 和名也末都以毛（やまついも）」と出ています。

　「山芋」によく似た品種に「長芋」があります。中国原産で、中世に日本に伝来したと言われますが、江戸時代には両者の区別があいまいになりました。江戸中期の『書言字考節用集』（六）には「薯蕷 ヤマノイモ ナガイモ」のように、「薯蕷」に対して2つの名称が併記されています。

（木部）

さといも ［里芋］

● 用法

芋の一種。球茎を食用とし、葉柄はずいきと呼ばれ、食用にされる。

● 語の由来

　「里芋」はイネよりも古く、縄文中期に日本へ渡来したと言われます（日本大百科全書）。自生の「やまいも」に対して、里で栽培されたので、「さといも」と呼ばれるようになりました。

　現代方言では、関東南部、九州南部で「里芋」を単に「いも」と言うほか、「いえいも（家芋）」（山口、長崎県五島）、「たいも（田芋）」（近畿、四国）、「はたいも、はたけいも（畑芋）」（福島、新潟、岐阜）、「はいも、はすいも」（東北、岐阜）、「いものこ、こいも」（東北、石川県能登、山陽）などと呼ばれています。「いえいも」は「さといも」に同じく、家の近くで栽培される芋という意味で、平安中期の『和名類聚抄』（十巻本）に「以倍乃伊毛（いへのいも）」と出ています。「さといも」は室町時代末の『松屋会記』「くゎし さといも、きんかん、柿」あたりが最初の例なので、文献上は「いへのいも」の方が古いことになります。

（木部）

さつまいも ［甘藷］

● 用法

芋の一種。茎の節から根が伸び、地中に大きい塊根（芋）をつくる。中南米原産で、日本には江戸時代に渡来した。食用のほか、でんぷん・アルコールの原料にする。「さつまいもを植える」

● 語の由来

「さつまいも」は「薩摩の芋」が語源です。16世紀末に中国から南琉球の宮古島に伝わり、17世紀に琉球から薩摩を経て、徐々に日本に広まりました。救荒作物として重宝され、18世紀に青木昆陽が普及につとめたことで全国に広まったと言われます。「さつまいも」はこのような普及のルートが反映された名称です。九州北部や中国・四国、能登半島では、同じように伝来元の地名を付けて、「りゅうきゅういも（琉球芋）」と言います。では、伝来元の琉球や薩摩では何と言うのでしょうか。琉球では「うむ、うん」、薩摩では「からいも」です。「うむ、うん」は古語の「うも」に当たる琉球方言で、琉球では「甘藷」が最も代表的な芋なので、「うむ」で「甘藷」をあらわすようになりました。「からいも」は「唐の芋」の意で、やはり「唐から来たイモ」（事実とは違っていますが）という伝来元が語源になっています。

(木部)

じゃがいも ［馬鈴薯］

● 用法

芋の一種。丸く実った地下茎を主食または副食として食べる。また、地下茎からデンプンを取って、片栗粉などの粉製品や甘味料、医療用ブドウ糖として使う。「ばれいしょ」とも言う。

● 語の由来

16世紀末にジャガトラ（ジャカルタの古名）からオランダ船によって長崎にもたらされたので「じゃがたらいも」と名づけられ、略して「じゃがいも」となりました。「ばれいしょ」は馬鈴（馬に付ける鈴）に形が似ているからという説や地下で鈴なりに成った形を馬鈴に見立てたという説、「マレー半島の薯」などの説があります。江戸時代の植物学者小野蘭山が、本来、マメ科のホドイモの名称だった「ばれいしょ」を「じゃがいも」と誤解して紹介したという説もありますが、定かではありません。現代方言では、「ばれいしょ」が西日本に分布し、収穫量が多いことをあらわす「ごしょいも（五升芋）」「ごといも（五斗芋）」が北海道に、収穫の回数が多いことをあらわす「にどいも（二度芋）」「さんどいも（三度芋）」が東北や近畿に分布しています。

(木部)

だいず［大豆］、あずき［小豆］

● 用法

マメ科の植物。種子を食用にする。

● 語の由来

　古くは「大豆」を「まめ」と言いました。平安中期の『和名類聚抄』（十巻本）に「大豆（中略）一名菽 音叔 末米（まめ）」とあります。「菽」は豆の総称をあらわす漢字ですが、「大豆」にこの字が当てられ、「まめ」という和訓が示されています。「小豆」は古くから「あづき」と呼ばれていました。平安中期の『本草和名』に「腐婢 小豆華也 和名阿都岐（あづき）乃波奈」（腐婢は小豆の花の漢名）と書かれています。大豆には「まめ」のほかに「おほまめ」という名称がありました。『本草和名』に「生大豆 於保末女（おほまめ）」、鎌倉時代の『伊呂波字類抄』に「生大豆 オホマメ」とあります。現代方言では、青森県の一部や新潟県秋山郷で「おおまめ」が使われています。

　小豆によく似た豆に「ささげ（大角豆）」があります。現在でも小豆の代わりに赤飯に入れられたりしますが、莢が上を向いてつき、ささげものをするときの手つきに似ているからという説があります。『日本書紀』（継体）では、継体天皇の娘の一人に「荳角皇女」の名前があげられ、「荳角」の２字に「此云娑佐礙（これをささげと云う）」と注がつけられています。平安後期の『大鏡』（五）には「北野、賀茂河原につくりたるまめ、ささげ、うり、なすびといふもの」とあり、豆や瓜、茄子などと一緒に古くから栽培されていたようです。　　　　　　（木部）

そらまめ［空豆］、いんげんまめ［隠元豆］

● 語の由来

　「空豆」は、室町時代末のポルトガル資料『羅葡日辞書』に「Soramame」、江戸初期の『多識編』に「蠶豆 曾良末米（そらまめ）」と出てきます。江戸中期に書かれた『物類称呼』には、「蠶豆 そらまめ 東国にて、そらまめといふ 西国にて、たうまめ 出雲にて、なつまめ」のように各地の方言が出ています。今でも「とうまめ」は福岡県、佐賀県、大分県、沖縄本島で、「なつまめ」は島根県、広島県、福岡県、宮崎県で使われています。

　「隠元豆」は江戸時代初期に隠元禅師が中国からもたらしたので、このように呼ばれますが、実際に禅師がもたらしたのは「ふじまめ（藤豆）」だったといわれます。そのため、関西では「藤豆」のことを「いんげんまめ」と言っています。そのため、「いんげんまめ」が関東では「隠元豆」を、関西では「藤豆」を指すようになってしまいました。　　　　　　　　　　　　　　　　　　　（木部）

かぼちゃ [南瓜]

● 用法

アメリカ大陸原産の野菜。16世紀に東南アジアからポルトガル船によって豊後（現在の大分県）にもたらされたと言われる。実にはひょうたん形のものと球形で溝があるものがある。冬至に食べるとよいと言われている。

● 語の由来

　日本に伝来したときにカンボジアが原産と考えられていたので、「かぼちゃ」と名付けられました。江戸中期の『倭語類解』に「胡瓠 ボウブラ 又云 カボチャ」、『俳諧四季部類』に「南瓜 ぼうぶら かぼちゃ」と出ています。これによると、江戸時代には「かぼちゃ」のほかに「ぼうぶら」「なんきん」とも言ったようです。「ぼうぶら」は、ポルトガル語で「南瓜」をあらわすアボーボラがもとになったと言われ、現在は九州や富山、石川で使われています。おそらく最初の伝来地、九州で「ぼうぶら」が使われ、九州から物と名前が東へ伝播したのでしょう。この語がもとになって、さらに中国の南京から伝来した南瓜の意味の「なんきんぼうぶら」が生まれ（『本草綱目啓蒙』）、下が略されたのが「なんきん」です。現在は関西で使われています。　　　　　　　　　　　　　　　　　　　（木部）

なす [茄子]

● 用法

重要な果菜として古くから栽培された。果実は楕円形・長楕円形・球形などさまざま。色も紫黒・紅紫・紫・白色など品種によって異なる。煮もの、漬けもの、揚げものなどにして食べる。

● 語の由来

　古くは「なすび」と言っていました。平安中期の『本草和名』に「茄子 和名 奈須比（なすび）」と出ています。最後の「び」は「あけび（木通）」「きび（黍）」などの「び」と同じで、植物名につく接尾語という説があります。この「び」が落ちたのが「なす」です。その時期は、室町時代と考えられます。例えば、禁中の御湯殿（天子の浴室）に仕える女官がつけた日記『御湯殿上日記』に「松木よりなすの小折まいる（松木からなすの折箱が届けられた）」とあり、女房詞をしるした『大上臈御名之事』に「なすび、なす（「なすび」を「なす」という）」とあります。これらの例から「なす」は最初、女房詞として生まれ、一般に広まったのではないかと思われます。現代方言では、富山県、岐阜県、愛知県から西側で「なすび」が、それより東側で「なす」が使われています。　（木部）

きのこ ［茸］

● 用法

菌類のうち、傘状など特定の形をなすもの。「茸を採りに行く」

● 語の由来

　由来は「木の子」で、木の近くに生えることからの名称です。文献に見られるのは室町時代ごろからと遅く、『古今連談集』に「しめぢといふ木の子」という例があります。古くは「たけ」と言い、「まつたけ」「しいたけ」「ひらたけ」「まいたけ」などの複合語に「たけ」が見られます。茸の「たけ」と「竹」は同じ音ですが、アクセントが異なるので無関係のようです。「茸」の「たけ」の語源は不明ですが、「いきり立つ」という意味の「たけぶ」や「雄々しい」という意味の「たけし」などの「たけ」と関係があると思われます（「たけ（茸）」と「たけし」はアクセントが一致します）。英語では Like mushrooms after a rain のように、茸が雨の後などで勢いよく生えてくる様子をあらわす言葉があります。日本語では「雨後の筍」と言い、「筍」は「竹の子」の意味です。ちなみに、「たけのこ」は古くは「たかむな」と言い、語源は「たかみな（竹蜷）」と考えられています。「みな（蜷）」は巻き貝のことで、筍の形が巻き貝に似ていることによる命名です（時代別国語大辞典『上代篇』）。茸の「たけ」と関連することばに「たける」があります。「興奮する」という意味で、特に性的に興奮することを指し、「たけり」は「陰茎」を意味します。形が似ているので、茸の「たけ」も「たけり」と関係があるかもしれません。「たけ」以外に「くさびら」という語もありますが、この言葉は茸だけでなく「山菜一般」を指しました。

　方言には、「きのこ」、「たけ」、「くさびら」以外に「なば」、「こけ」といった言葉が見られます。「きのこ」は東日本に広く分布し、「たけ」は東海・近畿・中国などに、「くさびら」は近畿の一部に分布します。「なば」は中国・四国・九州・沖縄に分布し、「こけ」は北陸などに分布します。「なば」は鎌倉時代の語源辞典『名語記』に九州の方言として記録されていて、古くから九州の言葉として知られていました。語源が「菜葉」だとすれば、本来は山菜一般のことを指したと思われます。北陸の「こけ」は「苔」に由来するかもしれません。「こけ」を「垢」などの体の汚れの意味で使う方言があり、「なば」も奄美や沖縄では「垢」という意味があります。他に、茸を「みみ」「きのみみ」という方言が佐渡、能登、八丈、但馬、宮古島などにあります。「きのみみ」は本来「きくらげ」を指す言葉、形が耳に似ていることからの命名です（「木耳」参照）。

　「きのこ」が「鶏冠」の意味をあらわす地域が東北に見られますが、茸の多くが傘状であることから傘の部分を鶏冠に見立てたものかもしれません。食用かそうでないかで呼び方を変える地域もあります。

（中澤）

きくらげ [木耳]

● 用法

キノコの一種。山地の広葉樹の倒木や枯木に群生する。茶色く寒天質で、形が人の耳に似ている。

● 語の由来

「きくらげ」という言葉は比較的新しく、江戸初期の辞書『日葡辞書』に「Qicurague（キクラゲ）」と出てきます。「きくらげ」は「木」と「海月（くらげ）」の複合語で、木に生える海月のようなゼリー状の茸という意味です。古くは「きのたけ」「きのみみ」「みみたけ」などと言い、また「みみなば」とも言いました。「みみ」を含む語形が多いのは、木耳の形が耳に似ているためです。「きのたけ」「みみたけ」などの「たけ」は「茸」のことです。平安中期の『本草和名』には、「木菌木章（中略）石耳」が「和名岐乃多介（きのたけ）」と読まれています。「きのたけ」が木耳を指すのは、木耳が最も代表的な茸と考えられたためでしょうか。

沖縄では「みみぐり」に対応する「みみぐい」などの語形が使われます。「みみ」は「耳」として、「ぐい（ぐり）」の語源は何でしょうか。「木耳」が茶色いことから「黒」が転じたものか、あるいは「耳のような形」ということで「耳凝り」という意味かもしれません。

(中澤)

くわ [桑]

● 用法

クワ科クワ属の木の総称。

● 語の由来

平安中期の辞書『和名類聚抄』に「桒　字亦作桑、久波（くは）」とあり、古くからある言葉です。「くは」は主に栽培しているものを指し、野生のものは「つみ」と呼びました。桑は蚕の餌となるため各地で栽培されていたようです。「くは」の語源は不明ですが、蚕との関係をふまえると、「蚕」を表す古語「こ」が食べる「葉」で「こは」（蚕葉）と呼んだものが転じたのかもしれません。

「くわ」の方言形はそれほど多くなく、岩手、福島、山梨などで「か」のように訛る程度ですが、「桑の実」になると多様な方言形が見られます。桑の実が様々に利用されていたことをあらわしています。沖縄には「桑の実」を「なでつ」ということがあり、「桑」を「なでつの木」のように呼ぶ方言があります。「なでつ」の語源は不明ですが、「七出づ（なないづ）」の転とする説があります（『八重山語彙』）。日本の方言では「どどめ」のような形が見られ、「どどめ色」は桑の実の色のことです。「どどめ」は野生の桑を指す「つみ」から、「つみのみ＞つみのみ＞づみみ＞づづみ＞どどめ」のように転じた言葉と思われます。

(中澤)

いちご［苺］

● 用法

バラ科の植物のうち、主に食用になる果実を付けるもの。またその果実。

● 語の由来

　現在の私たちがイメージする「いちご」は赤い大きな実のなるオランダイチゴですが、これは江戸時代後期に日本に入ってきた品種です。それ以前はヘビイチゴなどの野イチゴが食されていました。平安中期の辞書『和名類聚抄』（十巻本）（九）に「覆盆子　以知古（いちご）」とあり、「いちご」という名称が古くからあったことがわかります。「いちご」の古い形は「いちびこ」で、『日本書紀』（雄略）に「蓬蔂、此をば伊致寐姑（いちびこ）と云ふ」という注記があります。「いちびこ」はおそらく「いちび」と「こ」に分かれ、「いちび」の「び」は「わさび」、「わらび」、「なすび」の「び」と同じように植物名をあらわす接尾語と思われます（「茄子」参照）。

　「いちご」は、古くは広く食用の実を指しました。現代方言では果実の総称を「いちご」と言ったり、桑の実を「くわいちご」と言ったりする地域が全国に分布しています。沖縄では「苺」を「いちゅび」と言います。「いちご」の古形「いちびこ」に似ていますが、母音の対応からいうと「いとび」に当ります。あるいは、イチジクの一種であるイタビカズラの「いたび」と関係があるかもしれません。

（中澤）

み［実］

● 用法

①植物の果実。くだもの。「桑の実」②中身。内容。「実のない話」③汁物の具材「味噌汁の実」

● 語の由来

①の意味は古くから用例があります。『万葉集』には仮名で書かれた確実な例はありませんが、4408番の歌に「知知能未乃（ちちのみの）」という枕詞があり、4164番では「知智乃実乃」と書かれていることから「実」が「み」と発音されていたことがわかります。また、西大寺本『金光明最勝王経』平安初期点に「多羅の菓（ミ）」と書かれている例があります。②の例も『万葉集』2797番の歌に「うつせ貝　実（み）無き言もち（うつせ貝のように中身のない言葉なんかで）」とあります。「うつせ貝」は殻だけの空っぽの貝のことで、「身がない」ことから「実無し」を導く序詞です。「実無き言」で、「中身のない言葉」といった意味になります。③は江戸時代ごろから見られます。中身、内容といった意味から出てきたものと思われます。

「実」は「身」と同源であると考えられています。古くから発音が同じで意味も重なります。「実・身」の本来の意味は「中心・中心部」で、そこから「中心となるもの」、「重要なもの」といった意味を発展させていったのではないかと思われます。「身」には「むくろ」、「むざね」のように「む」という形があり、「実無し」は「空し」つまり「むなし（身無し）」に通じます。この「む」は、「最も」「最寄り」「最中（もなか）」などに見られる「も」と関係があるかもしれません。「むこ」〜「もこ」（婿）のように、「む」と「も」が交替する例が他にもあります。「も」が古い形であれば、「もも（桃）」や「もみ（籾）」と関係がある可能性も出てきます。

方言では、①の意味で「生る」という動詞に由来する「なり」や複合語の「なりもの」を使う地域があります。また、「ぼんぼん」という地域もあります。実が基本的に丸いことや、「さくらんぼ」（桜ん坊）のように実を子供に見立てたことに由来すると思われます。「ぼんぼん」の響きは「もも」（桃）にも通じ、もしかしたら「もも」の転じた言葉かもしれません（「さくらんぼ」も「さくらもも」が転じた言葉の可能性があります）。「実」がこのように方言で別の語に言い換えられるのは、「身」と区別するためや、わかりやすい表現に改めようとしたためではないかと考えられます。元は同じ語だった「み」が多義語となり（「実・身」）、多義語ではなく同音異義語と意識されるようになり（「実」／「身」）、その結果、一方が別の語に置き換えられる（「なり」／「身」）といった、ことばの変遷を考えるうえで興味深い例となっています。

（中澤）

つぶ［粒］

● 用法

①小さくて丸いもの。②穀物の種子。特にムクロジの種子のこと。

● 語の由来

　「つぶ」という語が現れるのは室町時代ごろと比較的後の時代で、『日葡辞書』には「Tçubu（ツブ）」とあります。それ以前は「つび」という形でした。「つぶ」は「つぶら」などと同源で「丸い様子」をあらわしたと思われます。名詞の一部には「む〜み」（身）、「つく〜つき」（月）、「くつ〜くち」（口）のようにウ段とイ段で母音が変わるものがあります（第Ⅰ部参照）。「む」、「つく」、「くつ」などはそれだけでは使われず、「むくろ」、「つくよみ」、「くつわ」のように複合語の中に出てきます。それに対し「み」「つき」「くち」はそれだけで使われる形です。「つぶ」も本来それだけでは使われず、「つび」が単独で使われました。奈良時代末の『新釈華厳経音義私記』に「都飛（つび）」という和訓が出ています。ところが、後の時代になって「つび」に代わって「つぶ」が単独で使われるようになりました。

　方言では、「つぶ」に「はだか（裸）」の意味があります。種子からの連想でしょうか。「けち」という意味もありますが、粒が小さいことに由来するかもしれません。

（中澤）

ゆ［湯］

● 用法

①熱した水。「薬缶で湯を沸かす」②①のうち、温泉など特に入浴に用いるものあるいは場所。「湯に入る」

● 語の由来

　①と②のどちらの意味も古くからの用例があり、どちらが古いかは定かではありません。例えば、『万葉集』3824番の歌には「さし鍋に湯沸かせ子ども（さし鍋にお湯を沸かしなさい、みなさん）」とあり、『万葉集』3368番の歌には「土肥の河内に出づる湯の（土肥の谷間に湧き出る温泉が）」とあります。「みず（水）」とは別に「ゆ」という語が古くからあることを考えると、「湯」は本来、自然に湧いている温かい水を指し、後に人工的に温めた水も指すようになったのではないかと思われます。「ゆばり（尿）」の「ゆ」も「温かい水」という意味だと言われています。

　方言でも「ゆ」は「熱した水」や「入浴場所」を指します。首里では「入浴場所」のことを「ゆーふる」、石垣島四箇では「ゆーふりぅ」などと言います。「ふる」や「ふりぅ」がもともと「便所」を指していたのでそれと区別するために「ゆー（湯）」をつけて「ゆーふる（湯風呂）」としたものでしょう。

（中澤）

ちゃ [茶]

● 用法

①植物としての茶。ツバキ科の常緑樹。「茶を摘む」②①の若葉を摘んで飲料用に加工したもの。また、その飲み物。「茶を飲む」③黒みを帯びた赤黄色。「えび茶」④おどけること。ふざけること。「茶番」「茶にする」

● 語の由来

　①が元の意味ですが、日本には中国から飲料用として伝わったため②の意味も古くからあったと考えられます。「茶」そのものは奈良時代には日本に伝わっていたようですが、「ちゃ」という語は、鎌倉時代に再度中国から伝わったものと考えられています（「さ」が古い読みです）。鎌倉時代の語源辞典である『名語記』に、「良薬にもちゐる、ちゃ、如何。答、ちゃは茶也」とあり、「ちゃ」と呼ばれていたことがわかります。この頃の「ちゃ」は摘んで干した茶葉を煮出したもので赤黒い色をしていたため、③の意味が生まれました。④の意味は「ちゃかす」に「茶化す」と字を当てたことからの連想かもしれません。

　方言では、「ちゃ」に「食事」という意味がありますが、これは食事と一緒に「茶」を飲むためでしょう。中国語の「ヤムチャ（飲茶）」と同じ発想だと思われます。軽い食事を「こぢゃ（小茶）」という方言が各地にあります。　　　　　（中澤）

めし［飯］

● 用法

①穀物を炊いたもの。特に米を炊いたもの。「麦めし」「めし三杯」②食事または料理。「朝めし」「イタめし」③生計。生活。「めしの種」「音楽でめしを食う」

● 語の由来

①の意味では、古くは「いひ」と言っていました。奈良時代の「いひ」は穀物を甑（こしき）で蒸したもので、現在のように釜を使って水で炊く「めし」に当たるのは「かたがゆ」と言いました。後に釜で炊いた飯は「ひめいひ」というようになりました。また、「あさいひ」「ゆふいひ」などの複合語で②の意味をあらわす例が室町時代から見られます。「めし」は「召し上がる」などの「召し」で、動詞「召す」の連用形に由来します。「召す」は「見る」に尊敬の助動詞「す」が付いたものです。「ご覧になる」から「見えるところにお寄せになる」→「取り寄せる」→「身に着ける」→「（体の一部になることから）食べる、召し上がる」と意味が転じていったもので、本来は敬語だったと考えられます。それが室町時代ごろに一般の食事を指すようになり、さらに③の意味を生じました。現代では「めし」という語の品位が下がり、江戸時代ごろから使われ始めた「ごはん」が普通になっています。近世には「まま」という語も現れました。「おいしいもの」という意味の「うまうま（美味美味）」が転じたものと考えられています。「食事する」という意味の動詞が「くう」から謙譲語由来の「たべる」に移り変わったように、食事を指す言葉は直接的に表現するのがタブーになり、婉曲的な表現に置き換わりやすかったと考えられます。「いひ」から「めし」への置き換わりは、タブーというよりも、[ipi]＞[iwi]＞[i:]と発音が変化し、母音のみの発音になって響きが弱くなったためかもしれません。

方言では、八丈島や琉球諸島で「いい」を「穀物を炊いたもの」の意味で使い、①の意味を保っています。「あさいい（朝飯）」「ゆういい（夕飯）」などに由来する形で「いい」が②の食事の意味をあらわす方言も全国に見られます。また、「ごはん」と同じ構成の「おばん（お飯）」に当たる言い方も琉球に見られます。他にも「ちょうせき（朝夕）」や「じぶん（時分）」など時間をあらわす語で「食事」をあらわす言い方もみられます。また、「まま（うまいもの、美味い物）」が食事を指す方言も多く見られます。沖縄県の与那国島では「昼飯」を「つまどぅぎ」と言います。「つま」は「ひるま（昼間）」、「どぅぎ」は「どぅぐい（憩い）」が変化したものです。このように、婉曲表現に由来する「飯、食事」の言い方は方言でも多く確認できます。

（中澤）

かゆ [粥]

● 用法

水で米や粟を煮たもの。「粥を煮る」

● 語の由来

　奈良時代にはすでに「かゆ」という言葉があったようです。平安前期の辞書『新撰字鏡』には「粥 糜 加由（かゆ）」と出てきます。米を蒸した「いひ」に対して「かゆ」は水で煮たものを指し、水の量が少ない「かたがゆ」と水の量が多い「しるがゆ」がありました。「かたがゆ」は現在の「めし」に相当します。「いもがゆ（芋粥）」や「にうのかゆ（乳の粥）」など、他の材料をまぜた粥もありました。沖縄には粥を「ゆー」と言う方言がいくつかあります。「かゆ」は「か」と「ゆ」に分けられそうです。「ゆ」が「湯」だとすると、「か」は「食事」を意味する「け」の転じたものに見えますが、「け」と「かゆ」ではアクセントが合いません（「け（食）」は平安時代に低く始まり、「かゆ」は高く始まります）。アクセントから考えると「か（香）」かもしれません。

　方言を見ると、「かゆ」に敬語の接頭辞「お」を付けた「おかゆ」あるいはそれに由来する言い方が全国に見られ、関西では「おかいさん」という言い方も見られます。粥への親しみと敬意を込めた表現のように思われます。

（中澤）

もち [餅]

● 用法

もちごめを蒸してから杵などで搗き粘り気を出したもの。

● 語の由来

　「餅」は平安中期の『和名類聚抄』に「餅 音屏 毛知比（もちひ）」とあるように「もちひ」と言っていました。これは「もちいひ（餅飯）」の約まった言葉で、「もち」は穀物のうち粘り気の多い種類を指したようです。後に発音が「もちひ＞もちゐ＞もちい」と転じ、「もち」になったと考えられています。鎌倉時代の語源辞書である『名語記』には「正月に流布する菓子のもち、如何。もちは餅也」とあり、鎌倉時代には「もち」という言葉が使われていました。ちなみに、粘り気の少ない普通の米は「うるしね」と言い、現在はこれが「うるち」に変化しました。古語の「もち」には「とりもち」の意味もありますが、これも「粘り気のあるもの」で同じ語源と考えられます。

　沖縄では「もち」には「餅」以外に「漆喰」の意味がありますが、これは漆喰が建築で接合材として使われるためでしょう。そのため、沖縄では「もち」（漆喰）、「もちい」（沖縄本来の餅）、「もち」（日本から入ってきた餅）のような複雑な様相を呈しています。

（中澤）

第Ⅱ部　身近な日本語の起源　139

ぞうすい [雑炊]

● 用法

米を野菜、魚、肉などとともに、塩、醤油、味噌などを加え煮たもの。

● 語の由来

　「ぞうすい」という言葉は室町時代から見られますが、本来は「増水」と書きました。室町時代の国語辞典である『節用集』(文明本)に「増水　ゾウスイ　糝(こなかけ)也」とあります。「こなかけ」は「野菜や魚、肉の入った汁物に米粉を混ぜて煮立てた料理」で、『日葡辞書』には「Conacaqe（コナカケ）〈訳〉米、野菜その他のものを混ぜて作った粥」とあります。「ぞうすい」は元来の表記の通り、水を多めに入れて煮たことに由来すると思われます。粥との違いは塩、醤油、味噌など塩気のある出汁が含まれることで、味噌を加えた雑炊は「みそうず」と言いました。これは「みそみず（味噌水）」が転じたものです。

　方言では「ぞうすい」や「みそうず」の他、「おみ」、「おじや」とも言います。「おみ」は「味噌汁」もあらわすため、本来は「味噌を入れた雑炊」を指すと思われます。「おじや」は煮えた様をあらわす「じやじや」に由来します。沖縄で「炊き込み御飯」を指す「じゅーしー」は「ぞうすい」が転じたもので、雑炊の「やふぁら（柔）じゅーしー」に対して炊き込み御飯を「くふぁ（強）じゅーしー」とも言います。

(中澤)

みそ [味噌]

● 用法

①主に大豆を蒸して砕いたものに麹と塩を加えて発酵させたもの。「麦味噌」②工夫・趣向をこらした点。「手前みそ」③失敗すること。しくじること。「味噌をつける」④力の弱い者。あざけって言う言葉。「泣きみそ」

● 語の由来

　①の意味が本来で、漢字では「未醤」と書きました。平安中期の辞書『和名類聚抄』に「未醤…(中略)…美蘓（みそ）」とあります。「醤」は「ひしお」と読み、小麦や大豆に塩水を加えて発酵させた食品で、調味料として使われました。②、③、④の意味は江戸時代以降に見られます。②は各地で特色のある味噌が作られるようになったところからかと思われます。③は食器に付いた味噌を汚れと見たところからでしょうか。④は不明ですが、もしかしたら「泣き虫」「弱虫」などの「むし」が転じたものかもしれません。女房ことばでは味噌を「おむし」と言います。「御蒸し」から来ているといいます。「みそ」は「未醤」の音読み「みしゃう」が転じたものに由来する可能性のほか、古い朝鮮語の「메주（メッ）」や「密祖（ミツォ）」との関係が考えられますが、「みそ」とこれらの言葉のうちどちらが古いかは定かではありません。

(中澤)

しる［汁］

● **用法**

①物から染み出た液体、または絞り出した液体。「レモン汁」②液体が主となる飯の菜。汁物。「朝食の汁」③薄い酒。もそろ。

● **語の由来**

①の意味は奈良時代から見られ、『古事記』に「染木が斯流（しる）に」という例があります。②の意味も平安時代に見られ、平安後期の辞書『色葉字類抄』に「汁 シル 汁物」という例があります。③も古くからあり、平安中期の辞書『和名類聚抄』に「醙 音離和名之流（しる）」とあります。「しる」の語源は不明ですが、「しぼる」などと関係があるかもしれません。サンスクリットの「súrā（酒）」はインド・ヨーロッパ祖語の *sew-「押す」に由来し、「しぼる」や「しごく」という動作と「しる」との結び付きを考える参考になります。②の意味では古くは「あつもの」とも言いました。『和名類聚抄』に「有菜曰羹 音庚 阿豆毛乃（あつもの）」とあります。

「しる」と同じ意味のことばに「つゆ」があり、②の意味では「すいもの」とも言います。これらは「しる」より新しい表現です。

（中澤）

こうじ [麹]

● 用法

蒸した米、麦、大豆や糠などにコウジカビを付けて繁殖させたもの。酒や味噌の醸造に利用される。

● 語の由来

　文献上「こうじ」という言葉が現れるのは室町時代ごろからです。室町時代の資料『寛永版曾我物語』に「始め入れたる飯（いい）は、麹（こうじ）と成り」と出てきます。それ以前は「かむだち」と言い、平安中期の『和名類聚抄』に「麹　音菊　加无太知（かむだち）　朽也」と出てきます。「かむだち」は「かびたち（黴発ち）」の変化したものとされますが、文献には「かびたち」の例がなく、また、「かびたち＞かむだち＞かむぢ＞かうぢ＞こうじ」のように変化したとすると、「かむだち＞かむぢ」の変化は不自然です。

　室町時代の資料では、「こうじ」の最後の音が「こうじ、かうじ、かうぢ」のように「じ」と「ぢ」の両方の例があります。『日葡辞書』には「Cǒji（カウジ）とあり、「かうぢ」ではありません。また、「じ」と「ぢ」の区別を残す鹿児島の方言では「麹」のことを「こし」と言います。このことから、古い形は「かうぢ」ではなく「かうじ」だったと考えられます。だとすると、「こうじ」は「かむだち」ではなく、「発酵させる」という意味の動詞「醸す」の名詞形「かもし（醸し）」に由来し、「かもし＞かうし＞こうし＞こうじ」と変化した言葉である可能性があります。ただし、「かもす（醸す）」が文献上現れるのが室町時代からである点と、「かもす（醸す）」と関連がある「かむ（醸む）」のアクセントが「こうじ」のアクセントと合わない点が難点です。しかし、「発酵」という点で、両者の共通性は大きいと思われます。

　方言では、「こうじ」を「黴」の意味で使う例が沖縄を中心に見られます。与那国島では「黴」は「くん」、「麹」は「くでぃ」または「くん」と言い、両方とも日本語の「こうじ」に対応します。おそらく、古くは「麹」と「黴」を区別せず「くん」と言い、「くでぃ」は後の時代に再度、与那国に入ってきたのではないかと思われます。

(中澤)

あぶら [油・脂]

● 用法

動物や植物から採れる、水に溶けにくい物質。「ごま油」

● 語の由来

「あぶら」という言葉は古くから使われていて、平安中期の辞書『和名抄』に「油 以周反阿布良（あぶら）」とあります。意味も現代と同じだったようです。漢字では植物から採れるものを「油」、動物から採れるものを「脂、膏」と書き分けることがありますが、読みでは区別せず「あぶら」と言います。語源は動詞「あぶる」に由来するという説に従うべきと思われます。「あぶら」も「あぶる」も平安時代のアクセントがともに低く始まり一致するためです。動詞から名詞が作られるときには、「綯ふ」→「なは」（縄）、「築く」→「つか」（塚）のように最後の母音をaに変えることがあり、「あぶら」もその仲間でしょう。「なは」は「綯ったもの」、「つか」は「築いたもの」なので、「あぶら」は「あぶったもの」、つまり肉などを加熱して出てきた脂が本来の意味かと思われます。そう考えると、「あぶる」は「焼く」と違って、脂が出るように表面にじっくり火を入れる、といった意味だったのかもしれません。

(中澤)

にく [肉]

● 用法

動物の体で、皮膚におおわれ骨に付着している柔らかい部位。特に、鳥や獣で食用にする筋肉や脂肪を指す。「無駄な肉を落とす」「魚より肉が好きだ」

● 語の由来

「にく」は「肉」という字の音読みで、訓読みは「しし」でした。平安中期の辞書『和名類聚抄』に「肉 和名之々（しし）」と出てきます。また、平安後期の資料『法華経単字』には「肉 アカシ シヽムラ 如菊 ニク」とあります。室町時代ごろまでは「しし」が使われていたようですが、徐々に「にく」の使用が増え、江戸時代以降は「にく」に置き換わったようです。「しし」の他、「み（身）」にも「肉」の意味がありました。現在ではどちらかというと魚介の可食部を指します。「しし」には「獣」という意味もあります。特に食用になる獣を「しし」と言い、「しし（肉）」と同源です。

方言では、「肉」を「ちち」、「み」というところがあります。沖縄県の与那国島では、「牛肉」のことを「うちぬちち」とも「うちぬみ」とも言いますが、「魚肉」は「いゆぬみ」で「いゆぬちち」とは言いません。「ちち」には「獣の肉」という意味合いがあると考えられます。

(中澤)

あじ ［味］

● 用法

①舌で感じるもののうち、触感と温度以外の要素。「この汁は味が薄い」②一般に、物事から感じ取れるもの。「味のある絵」

● 語の由来

　古くは「あぢ」と書かれています。文献上、「あぢ」が使われるようになるのは室町時代に入ってからのことで、『虎明本狂言』(瓜盗人) に「是ほどあぢのよひうりはなひほどに（これほど味がいい瓜はないから）」などの例があります。「ぢ」と「じ」の合流により、江戸中期に「あじ」となりました（第Ⅰ部参照）。
　「あじ」という語形は全国の方言に見られ、沖縄の諸方言にもあります。沖縄では「アジ　シュン（味する）」で「味見する」という意味をあらわします。これは沖縄で生まれた意味・用法だと思われます。
　②の意味は①の意味が舌以外の感覚で感じる意味に一般化したものです。室町時代の『史記抄』に「如此てこそ始て文字の味は面白けれぞ（このようにして初めて文字の味わいは面白くなるのだ）」のような例があり、①の意味と同じ時代にすでに使われています。
（木部）

しお ［塩］

● 用法

塩化ナトリウムを主成分とする塩辛い味の物質。「汁に塩を少し加える」

● 語の由来

　塩は古代から重要な調味料だったようで、『万葉集』3652番の歌には「一日(ひとひ)もおちず焼く之保（しほ）の」と出てきます。シホ＞シヲ＞シオと発音が変化しました。古代は海の藻を集めそれに海水を含ませて焼くことで塩を作ったため、「藻塩焼く」のような表現があります。後に砂浜の塩田を利用した製塩が行われるようになります。日本で塩は海水から作られるため、「しお（塩）」は海水を意味する「しお（潮・汐）」と同源と考えられています。「潮・汐」は「うしほ」とも言いますが、「うしほ」にも「塩」の意味がありました。「うしほ」は「う」と「しほ」に分かれ、「う」は「うみ（海）」「うなばら（海原）」の「う」と思われます。「しお」の本来の意味が「塩」と「海水」のどちらかは不明です。
　沖縄では「塩」を「まーす（真塩）」と言います。これは「海水・潮・汐」の「すー」と区別するためでしょう。「うしお」、「しお」には「海水」と「海の満ち引き」の両方の意味がありますが、方言では「うしお」が「海水」、「しお」が「海の満ち引き」をあらわすという区別が全国的に見られます。
（中澤）

しおからい［塩辛い］

● 用法

塩気が強い。塩気で舌がひりひりする感じがする。「この雑炊は少し塩辛い」

● 語の由来

平安時代には「しほからし」という言葉が使われており、平安末期の辞書『類聚名義抄』に「鹵 シホカラシ シハハユシ」と出てきます。「しほからし」は「塩辛い」という意味で、「からし」は舌がひりひりする味覚を広くあらわし、「からし」だけでも「塩辛い」という意味がありました。『万葉集』3652番の歌の「焼く塩の可良伎（からき）恋をも」は、「塩辛い」と「辛い恋」が掛詞になっています。「塩辛い」は「五味」（甘い・苦い・辛い・酸っぱい・塩辛い）と呼ばれるうちの一つですが、「辛い・酸っぱい・塩辛い」を全て昔は「からし」と言ったようです。平安初期の辞書『新撰字鏡』には「醋 酢也 酸也 加良之（からし）又 須之（すし）」とあり、「酸っぱい」ことを「からし」とも「すし」とも言ったことがわかります。「塩辛い」は上記の『類聚名義抄』の例のように、平安時代以降「しははゆし」とも言いました。「しは」は「唇・舌」などを指すとされ、「はゆし」は「まばゆし（目映ゆし）」の「映ゆし」のように「まぶしい」が元の意味で、そこから「直視できない」「決まりが悪い」といった意味を生じ、「こそばゆい」のようにむずむずした感じを表すようになりました。したがって「しははゆし」は「唇または舌がむずむずする」という意味です。塩辛いものを食べると唇または舌がひりひりするためでしょう。中世には「しおはゆし」という形が見られます。この形は「しははゆし」が変化したものとも、「しおからい」と混ざったものとも言われます。

方言を見ると、「塩辛い」は長野・静岡から東では「しょっぱい」、それより西では「からい」と言うところが多く、北陸には「くどい」「しおくどい」という言い方も見られます。「しょっぱい」は「しおはゆい」が転じたものです。東日本では「おいはらう＞おっぱらう」のように促音化が盛んなため、「しょっぱい」という形になったと思われます。西日本の「からい」は、「からし」だけで「塩辛い」という意味をあらわしていた平安時代の用法を受け継ぐものです。沖縄では「からい」に対応する語形と「しおからい」に対応する語形の両方が広く見られます。また、「からい」が唐辛子の辛さのみを表す地域があります。与那国島では「塩辛い」ことを「んだん」と言いますが、これは日本語の「にがい」という語形に対応します。逆に「苦い」は「すゎん」と言い、「す（潮汐）」から派生したと考えられる語形を使います。こちらが本来「塩辛い」という意味だったと思われます。

（中澤）

あまい [甘い]

● 用法

①砂糖など糖分の味を感じる。「甘いお菓子」②美味しい。③塩気が薄い。④快く感じる。「甘い言葉」⑤愛情深い。「甘い新婚生活」⑥厳しくない。「子供に甘い」 ⑦しっかりしていない。「見通しが甘い」

● 語の由来

　平安中期の『金光明最勝王経音義』に「甜（中略）阿万之（あまし）」とあり、古くからある言葉です。「あまい」というと①のように糖分による甘さが思い浮かびますが、その他に②の「美味しい」ことや③の「塩気が薄い」ことも古くからあらわしました。比喩表現としての用法も古くから見られ、④の例は平安時代から、⑤⑥⑦の例は室町時代〜江戸時代から見られます。

　「あまい」は味覚だけでなく、「甘いマスク」のような視覚、「甘い声」のような聴覚、「甘い香り」のような嗅覚にも用いられます。「苦い」にも「苦い顔」、「苦い経験」のような用法があります。味覚は他の五感に転用されやすい傾向が見られます。②の意味は、「甘い」ものが「美味しい」ものの代表的な味であるためでしょう。③の意味は「甘さ」と「塩辛さ」が対になる味覚であるところから生じたものと思われます。また、「塩気が薄い」味はしまりがなく、そこから⑥や⑦の意味が生まれました。「あまい」と関連する言葉に「あめ（飴）」があります。「あまい」の ama に名詞を作る -i が付いて amai ＞ ame となったのが「あめ（飴）」です。

　方言では、全国的に「あまい」あるいはそれに対応する語形が使われます。特に砂糖の甘さを東北や九州など日本の周辺部で「うまい」と言います。沖縄の先島諸島では「あずまさん」と言います。おそらく「あじうまし（味美味し）」が変化した言葉です。一方、「あまい」が「塩気が薄い」ことをあらわす例は、近畿地方を除く全国に見られます。このような方言の例から推測すると「甘い」ことを古くは「うまい」と言い、「塩気が薄い」ことを「あまい」と言ったのではないかと思われます。実際、上にあげた先島では「あずまさん（あじうまし）」を「甘い」意味に使い、「あまさん（あまい）」を「塩気が薄い」の意味に使います。中央部では後に、糖分による甘さが「あまい」であらわされるようになり、「うまい」が「味が良い」ことを広く指すようになったものと考えられます。（中澤）

7. 住

いえ［家］ ………………… 148
だいどころ［台所］ ………… 149
かまど［竈］ ………………… 150
ゆか［床］ …………………… 151
いろり［囲炉裏］ …………… 152

かわら［瓦］ ………………… 152
にわ［庭］ …………………… 153
いど［井戸］ ………………… 154
ほこり［埃］ ………………… 155

いえ ［家］

● 用法

①人が住むための建物。とくに自分の住んでいる建物もさす。「家を建てる」「友達が家に来る」②親子など、生活を共にする小集団。家庭。「結婚して家を構える」③祖先から代々続いてきた家族としてのまとまり。「家を継ぐ」

● 語の由来

①がもとの意味で、②は①の焦点が人に移ったもの、③は②の範囲が拡大して派生したものです。

①の意味では古くから用例があります。例えば、『万葉集』142番の歌に「家にあれば筍に盛る飯を草枕旅にしあれば椎の葉に盛る（家に居れば器に盛る飯を〔草枕は枕詞〕旅にあるので椎の葉に盛るのか）」〈有間皇子〉とあります。②、③の例も古くからあり、例えば、『万葉集』1191番の歌の「妹が門出で入りの河の瀬を早み吾が馬つまづく家思ふらしも（〔妹が門は枕詞〕出入の川の瀬が速いので馬がつまずく家の物が思ってくれているのだろう）」は②の例、『続日本紀』「天平宝字三年六月一六日・宣命」の「おもじき人（重しき人）の門よりは、慈び賜ひ上げ賜ひ来る家なり」は③の例です。

方言を見ると、現代では「家屋」を意味する「いえ」は多く東北地方と近畿以西で用いられており、その中間の関東・中部では「うち」の使用が多いと言われます。この分布は「家屋」としての「いえ」は「うち」よりも古い表現であることを示しています。上代東国方言では、『万葉集』4343番の歌の「わろ旅は旅と思ほど已比（いひ）にして子持ち痩すらむ我が妻かなしも（おれは旅は旅だとあきらめるが家にいて子を抱えて痩せておろう妻が愛しい）」〈玉作部広目〉のように、「いひ（いい）」という訛りがあったことが知られています。

（中西）

だいどころ ［台所］

● 用法

①家の中で食物の調理や炊事をする場所。炊事場。勝手。厨房。②金銭のやりくり。家計のきりもり。会計。「会社の台所を預かる」

● 語の由来

　①が本来の意味で、調理や炊事など、その家のまかないをするところから②の意味が派生しました。「だいどころ」の語源は「台（大）盤所」です。「台盤所」とは「台盤」を置く所のことで、「台盤」とは、食物を持った盤を載せる台のことです。宮中では女房の詰所、臣下の家では食物を調理する所として機能していました。

　平安時代の『宇津保物語』（蔵開上）や『源氏物語』（常夏）には「だいばん所」「大はむ所」などとあり、まだ「だいどころ」と省略されていなかったことが窺えます。鎌倉時代の『吾妻鏡』（建仁三年）や『徒然草』（215段）には「台所」とあり、省略した形が見え始めます。中世は「台所」という建物の様式が武家の間にも広まり、広く料理する場所を指すようになって、一般化した時期です。江戸時代には、さらに短く「だいどこ」とも言うようになりました。『浮世草子』（浮世親仁形気）には「台所賄ひの口のわるい古き婆に、をりをりの心付して、吉品に取なしをしてもらひ（家計を取り仕切っている口が悪い古くからいる婆に、時に応じて心づけの金品を与えて、よいように取りなしをしてもらい）」とあり、②の意味も現れています。

（中西）

かまど [竈]

● 用法

①土・石・煉瓦・鉄などでつくった、煮炊きするための設備。上に鍋、釜などをかけ、下から火を燃して、煮炊きする。②家財道具。③生活の単位としての家。所帯。「かまどを分ける」

● 語の由来

「かまど」は「かま（竈）／と（処）」に分けられます。「と（処）」は場所を示しており、語源は「煮炊きする装置（竈）のある場所」の意となります。その連濁形が「かまど」です。

煮炊きの設備そのものである①から、生活に重要なものとして②の家財の意が生じます。さらに、調理や炊事など、その家の生活の要になることから転じて、生活や家そのものを指す③の意味ができたと考えられます。

①の意味では『万葉集』892番の貧窮問答歌に「可麻度（かまど）には 火気ふき立てず 甑には 蜘蛛の巣かきて」と山上憶良が歌っています。②の意味は『源氏物語』（玉鬘）に「あたらしく悲しうて、家竈をも棄て、男女の頼むべき子どもにもひき別れてなむ（もったいなく悲しくて、家財道具の一切を置き去りにして、頼りになる息子や娘たちとも別れて）」のようにあります。③の意味は、『今昔物語集』（巻二六）に「今其糸奉ル竈戸ニテハ有ナル（今もその糸を献上する家として続いているそうだ）」とあります。

方言では「ふるかまど」で「旧家」の意、「ひゃくしょうかまど（百姓竈）」「とんやかまど（問屋竈）」で「〜の家柄」の意、「かまどになる、かまどに出す」で「分家になる、分家させる」を意味するなど、「家柄、家格」などに関わる意味に広がっている地域もあります。また、「竈」のことを「くど」という地域が東北から九州に至るまで広く分布しています。「くど」は、平安中期の『和名類聚抄』（十巻本）（四）の「竈」の項に「久度（くど）竈後穿也（竈の後ろの穿った穴）」とあり、もとは煙だしの穴のことでした。これが「竈」の意味に変化して、各地で使われるようになったものです。

(中西)

ゆか［床］

● **用法**

建物内で、根太などによって、地面より高く板を張った部分。広く、建物内で、人の立ったり歩いたりする底面のこと。

● **語の由来**

　語源は「いか（寝処、寝所）」の意とするものなど、諸説あります。

　平安時代の『源氏物語』(蛍)には「床をば譲りきこえ給ひて、御几帳引き隔てて大殿籠る（床〔御帳台〕を大臣にお譲り申し上げなさって御几帳を間に隔ててお休みになる）」とあります。「御帳台」は、寝殿の母屋に設けた貴族休寝用の台を尊称した言い方です。また、鎌倉時代の『方丈記』にも「ほど狭しといへども、夜臥すゆかあり、昼居る座あり（手狭とはいえ、とにかく寝る所はあり、起きて居る所もある）」とあり、寝る場所という文脈で使われています。

　また、方言でも「ゆか」という表現は寝場所と結びついています。青森県上北郡で、昼寝のためにやぐらを組んで上に板を敷いたもの、沖縄県石垣島で、寝間を「ゆか」と呼ぶ例があります。なお、石垣島を含む八重山諸島のいくつかで、「床、縁側」などを「ふんだ（踏板）」と言っていることから、寝場所とそれ以外を言い分け、寝場所を「ゆか」と言っていたということが分かります。これらのことから、「ゆか」の語源は寝ることに関わるものと考えられます。　　　　（中西）

いろり [囲炉裏]

● 用法

家の床を四角に仕切って火をたき、煮炊きや暖房などに用いる場所。

● 語の由来

語源は「ゐるゐ（居る居）」で座る座席の意からとする説や、「いろり（居呂里）」で、火を置き覆い包む意の「呂」「里」の場所とする説などがありますが、定かではありません。

室町時代の辞書を見ると『明応本節用集』に「囲炉裡 イロリ」、『運歩色葉集』には「炉 イルリ」、『温故知新書』には「倚炉〈略〉ユルリ」とあり、「いろり」に加え、「いるり、ゆるり」と形が揺れていたことが分かります。江戸期以降「囲炉裏」の漢字の表記が一般化するにつれ、「いろり」に統一されていったとされます。

方言の分布を見ると、全国的に「いろり」が存在し、その中で東北地方から中部地方までと宮崎県に「ゆるり、よろり」が見られます。また、東北地方の沿岸の一部、長野と新潟の県境地域、九州中央部、琉球地方など、全国にまたがって「じろ（地炉）」という呼び名が存在します。それと関連して、山梨を中心に隣接県にまたがる「ひじろ（火地炉）」があります。これらは、「いろり」より古い呼び名である可能性もあります。東北地方の北部には、岩手や青森に「ほど（火床火所）」、宮城から北海道にかけて「ろ、ろばた（炉、炉端）」という呼び方も一定の勢力を持ちます。

(中西)

かわら [瓦]

● 用法

粘土を一定の形に固め、かまで蒸し焼きにしたもの。主に屋根を葺く材料になるが、床敷きにも用いられる。

● 語の由来

語源はサンスクリット語の「kapāla（カパーラと読み、皿、鉢、骨、頭蓋骨などの意）」からとされます。「瓦」は飛鳥時代に中国から朝鮮半島を経て日本に伝わりました。当初、寺院の建築に使われていましたが、一般の住宅へ普及していきました。

平安中期の辞書『和名類聚抄』には「瓦（中略）和名 加波良（かはら）」とあり、当時から「かわら」と呼ばれていたことが確認できます。また、中国より伝わった故事「玉となって砕くとも瓦となって全からじ」（「名誉のために潔く死んでも、無駄に生きながらえて恥をさらしたくはない」の意）に出てくる「玉」と「瓦」になぞらえて、「玉」に対比して「瓦」を「値うちのないもの。くだらないもの」の意で用いることもあります。

(中西)

にわ［庭］

● 用法

①家の周りの空地。草木を植えたり、泉水や築山を設けたりする。庭園。「庭いじりを楽しむ」②神事・行事など、何かを行なうための場所。「教えの庭」「まつりの庭」③家の入り口、台所、店先などの土間。

● 語の由来

語源は諸説ありますが、「には（土場）」の意からとする説が考えられます。家屋などの生活空間の周辺にある平坦地は、生活のための行事を行なう場でもあり、農事・労働のための場、またその意味で神聖な営みの場でありました。つまり、②が「庭」の原義です。その後、家屋周辺から、敷地内の平坦地の意味に変化して①の現代の「庭」の意味になり、さらにその範囲を狭め、家の中の作業場としての地面である③の意味を生んだと考えられます。

平安時代の『栄花物語』に「いにしへの別れの庭の涙にも身にしむことはなほぞまされる（むかしの別れの庭で流した涙に比べても、身に染みて悲しいことはやはりまさっております）」とあるのは、②の意味です。同時代の『土左日記』（承平五年二月九日）には「しりへなる岡には、松の木どもあり。中の庭には、梅の花咲けり。」と、①の意味も見られます。なお、『万葉集』388番の歌（羈旅の歌一首）には、「いざ子ども あへてこぎ出む 尓波もしづけし（さあみんな 元気に漕ぎ出そう 海もべた凪だ）」とあり、「庭」が「海」を示しているものがあります。これは、比喩としての例外ではなく、他にも「波のない平らな海（水）面」を表す例が古く見られます。これらは、現在の「庭」には見られない意味ですが、海人にとっての生活の場、作業場、漁場として、②の「庭」の意味が派生したものと捉えられます。③については江戸後期の『浪花聞書』に「庭 台所の土間をにはと云」とあります。

一方、方言には①の意味の「庭」の様々な呼び名が見られます。例えば、文献上には、建物の間や垣根の内側にあって区切られた「庭（坪庭）」を言う「つぼ」という言い方が見られますが、方言には「こつぼ、つぼやま、つぼどこ」などの「つぼ」類が北海道から九州北部まで広く分布しています。また、近畿地方には「せんざい（前栽）」がまとまって見られます。中国、四国地方にある「つきやま」は作庭した「築山」からきた呼び名で、九州、関東地方の周辺部の「かざん」は築山を表す漢語「仮山」の音読みから来ています。「ろじ」という方言は、旧加賀藩と旧伊達領内にまとまった分布を見せます。初めは覆いのない剥き出しの土地「露地」を表していましたが、後に庭内の通路を指すようになり、室町時代には特に茶室に至る通路を指すようになりました。そこから転じて茶室に付属する「茶庭」をも表すようになり、庭の意味を持つにいたりました。分布域と変化の経緯から、茶道に長じていた前田利家や伊達政宗との関連が考慮されます。

（中西）

いど［井戸］

● 用法

地下深く掘り、地下水を汲みあげるようにしたもの。「井戸を掘る」

● 語の由来

　古来、泉や川辺なども含めて水を汲み取る所を「ゐ」または「ゐど」と総称していました。「ゐ」は、ひとところに止まっている意で、人なら「居」、水なら「井」を宛てます。「ど」は「と（所、処）」で、場所の意です。つまり「いど」は「水がとどまっている場所」となります。なお、現在、井戸と言って思い浮かべる掘り込み式の様式は江戸時代頃までは少なく、当初自然の湧水中心でした。

　『万葉集』1128番の歌には「あしびなす 栄えし君が 掘りし井（ゐ）の 石井の水は 飲めど飽かぬかも（〔あしびなすは枕詞〕一期栄えた君が掘った井戸の石井の水は飲み飽きることがない）」とあります。また、平安時代の『催馬楽』には「田中の井戸に、光れる田水葱（田の中の水溜まりに、美しく光っている田水葱）」とあります。ここでは田の用水や洗い場など、水を汲み取る所を表しています。

　全国の方言を見ると、当初の自然の湧水中心の水を汲み取る所の意を反映した呼び方が各地に見られます。主に北陸と滋賀、それに山口の西部に分布している「いけ」や、水の流れるところと結び付いた井戸として瀬戸内と九州の西部に見られる「かわ」などがあります。沖縄本島以南に見られる「かー、はー」も「かわ」の転で、沖縄本島北部に見られる「あながー」は「穴川（穴の中から水を得るところ）」と考えられます。九州の中部から西部にかけては「いがわ」が見られますが、これはもともと「かわ」と言っていた地域に中央から「い（ゐ）」が伝わり、混交によってできた表現と考えられます。大分に集中し、宮崎にもまたがる「いのこ」も、「ゐ（井）」の「こ（川）」と見れば同種のものと考えられます。徳島、香川には「いずみ」類も見られます。兵庫に見られる「ゆつ」も「いずみ」の仲間でしょう。

　関東地方から中部地方にまばらにみられる「つりいど」、また、中国地方西部の「つりー」「つるい」は、井戸の水を汲み上げるときに桶を「吊る」という取水様式に由来します。鹿児島、宮崎の「つりん」もその変化形と考えられます。九州中西部にややまとまった分布を示しながら全国に散在する「つるべ、ついべ」は、汲み上げに用いる桶の名称「つるべ（釣瓶）」に由来しています。佐賀などの「つりかわ」は川から水を「つるべ」で汲み上げたことからでしょう。三重、兵庫など近畿地方周辺部に見られる「ほりぬき」は深井戸という形状、鹿児島県徳之島などの「うちこみ」は井戸を掘るときに掘りくず排出用に管を「打ち込む」工法に由来するものと考えられます。

(中西)

ほこり［埃］

● 用法

細かい粉のようなごみ。ちり。

● 語の由来

　語源は「ほおこり（火起）」とする説や、「ほ（火）」と「こり（残り）」からなるとする説など、「火」と関連付ける説が多いですが、「灰」との関連も考えられ、定かではありません。

　文献では室町時代の『三体詩幻雲抄』に「塵多処へ雨ふればほこり(おほきところ)に雨がつつまるるやうになるぞ」とあります。江戸時代前期の『好色五人女』にも「餅も幾日になりぬ、ほこりをかづきて白き色なし（餅も売っているが、ついてから幾日たったのやら、埃をかぶって白い色はなくなっている）」とあります。

　方言を見ると、「不要になり捨てられたもの全般」を指す、いわゆる「塵（ごみ）」の方言との関係で次のような興味深いことが分かります。

　細かい粉のようなごみの名称（いわゆる「埃」）の方言地図では、広く「ほこり」が国の中央を含んで全国に分布します。しかし、同時に、東北地方や中国、四国、九州のかなりの地域に「ごみ」という形もまとまった分布を示しています。これらの地域の多くは、「不要になり捨てられたもの全般」のことも「ごみ」と言います。つまり、これらの地域では、「細かい粉のようなもの」と「不要になり捨てられたもの全般」を区別せず、すべて「ごみ」と呼んでいることがわかります。また、その地域が中央を挟んで東西に分断していることから、これらは古く中央の言葉が伝播した結果、古態が東西に分かれて分布したものであると捉えることができ、昔は、中央でも両者を区別せず「ごみ」と呼んでいたと推定できます。

　その他の方言では、九州東部に「すぼ」という呼び名があります。「すぼ」が分布する地域の一部では、いわゆる「塵（ごみ）」も「すぼ」と呼び、やはり「埃」と「塵」の区別がないようです。岩手、茨城に点在する「ぼさ、ぼす」は、「すぼ」の1音目と2音目が交代する音位転倒という現象によって生じた語形の可能性もあります。石川、富山、長野北部には「ちり」という語が見られますが、この地域では「不要になり捨てられたもの全般」も「ちり」と言ってやはり「埃」と「塵」の区別がありません。その他、新潟北部に見られる「がす」は「かす（糟）」との関連が考えられますが、「かすむ」や「かすみ」と関係がある可能性もあります。

　「埃」と関連して、燃えがらの意の「灰（はい）」の方言に触れます。青森県や、東海地方の一部では「灰（はい）」を「ほこり」と呼ぶ地域があります。分布がわずかであるため、歴史的な先後を推定することは難しいですが、「埃」と「灰」の語源が近しい可能性を示しています。

（中西）

8. 道具

わん［椀］ ……………………… 158
つぼ［壺］ ……………………… 159
とくり［徳利］、へいじ［瓶子］
  ………………………………… 159
ちょうし［銚子］ ……………… 160
かめ［瓶］ ……………………… 161
おけ［桶］ ……………………… 162
はち［鉢］ ……………………… 162
さら［皿］ ……………………… 163
なべ［鍋］ ……………………… 163

かま［釜］ ……………………… 164
かなえ［鼎］ …………………… 165
ふで［筆］ ……………………… 166
うるし［漆］ …………………… 166
かがみ［鏡］ …………………… 167
くし［櫛］ ……………………… 168
まくら［枕］ …………………… 169
ほうき［箒］ …………………… 170
さお［竿］ ……………………… 171

わん [椀]

● 用法

汁や飯などを盛る木製・陶磁製の半球形の器。茶器から転用された陶磁器のものは「茶碗」という。「お椀に味噌汁をつぐ」「茶碗を洗う」

● 語の由来

　食物を盛る器を古くは「け（笥）」と言いました。『万葉集』142番に「家にあれば笥（け）に盛る飯を草枕旅にしあれば椎の葉に盛る（家にいるときは笥に盛る飯を、旅にあるので椎の葉に盛る）」という歌があります。有間皇子が謀反の疑いで護送されたときに詠んだ歌です。『和名類聚抄』（十巻本）（四）には「笥（中略）介（け）盛食器也（食物を盛る器）」と出ています。また、碁石の入れ物にも使われており、『後撰和歌集』（慶賀・詞書）に「院の殿上にて宮の御かたより碁盤いださせ給ひける碁石けのふたに」、『枕草子』（心にくきもの）「奥に碁石の、笥に入るる音あまたたび聞ゆる」とあります。

　丸くて深みのある器は、「もひ」「まり」「かなまり」「わん」「ちゃわん」と呼ばれました。「もひ」は「もり（盛り）」が変化した語、「まり」は「まろ（円）」が変化した語、「かなまり」は「かね（金属）」の「まり」、「わん」は字音語で、中国から伝わった呼び名、「ちゃわん」は茶を入れる「わん」（後に陶磁器製の「わん」をさすようになる）の意味です。『日本書紀』（武烈即位前・歌謡）に「玉䪥（け）には飯さへ盛り玉暮比（もひ）に水さへ盛り」とあり、飯を「け」に、水を「もひ」に盛ったと書かれています。これらの語は平安時代の古辞書に、次のように出ています。『和名類聚抄』（十巻本）（四）「盌 末利（まり）俗云毛比（もひ）」、『新撰字鏡』（七）「椀 万利（まり）」、「鋺 加奈万利（かなまり）」、『色葉字類抄』「盌 ワン マリ 又作椀 一云モヒ、茶垸 チャワン」。このうち、現代でも使われるのは「わん」「ちゃわん」の2語だけで、「け」「もひ（もい）」「まり」は使われません。江戸初期の『日葡辞書』には、「Van（ワン）〈訳〉木製の漆塗りした椀の一種で、上の縁の回りに線条や縁飾りのようなものがあるもの」と「Chauan（チャワン）〈訳〉陶磁器の碗。すなわち陶土製の碗」の項目が立てられていますが、「け」「もい」「まり」は出てきません。江戸初期、すでに現代と同じよう状況になっていたようです。

　現代方言では、「入れ物」のことを熊本県で「け」、沖縄県石垣島で「き」と言い、「食事」のことを沖縄県鳩間島で「き」と言います。これらは「け（笥）」に遡るものと思われます。また、奄美大島名瀬では「椀」を「まーり」と言います。これは「まり」の変化形と思われます。

(木部)

つぼ [壺]

● 用法

①口がつぼんで胴のふくれた容器。「酒の入ったつぼ」②深くくぼんでいるところ。「滝つぼ」③物事の大事なところ。急所。「つぼを押さえる」「思うつぼ」④ばくちで、采を入れて伏せる器。「つぼを振る」

● 語の由来

「つぼ」の語源は、形がつぶら（円）だから、口がつぼんでいるからなどの説があります。『和名類聚抄』（十巻本）（四）に「壷（中略）都保（つほ）」とあり、古くは2拍目が清音でした。『万葉集』343番「なかなかに人とあらずは酒壷に成りにてしかも酒に染みなむ（むしろ人ではなくて酒壷になってしまいたい。そして酒にどっぷり浸かろう）」、『竹取物語』「つほなる御薬たてまつれ（壷の中の御薬をお飲みなさい）」のように、酒や薬などの入れ物として使われています。②③は形や用途から派生した意味で、鎌倉時代の『愚管抄』（五）に「布ばかりをばとりてつぼにて焼捨て（窪んだところで焼き捨て）」、南北朝時代の『太平記』（一六）に「本間が射て候はんずる遠矢を、同じ所に射返候はんずる者（同じねらい所に射返す者）」などの例があります。④は賭博が盛んだった江戸時代に使われました。

(木部)

とくり [徳利]、へいじ [瓶子]

● 用法

「徳利」は、酒などの液体を注ぐための細長くて口の狭い容器。「瓶子」は、上部が丸くふくれ、下部が狭くなっている器。神棚にお酒をお供えするときに用いる。

● 語の由来

「とくり（徳利）」は、室町中期の『文明本節用集』に「土工李 トクリ 酒之器也」とあるのが早い例です。酒を注ぐときのトクトクという音が語源だという説があります。室町時代は「土工李」「徳裏」「得利」と表記され、「徳利」と表記されるのは、江戸時代になってからのことです。「とくり」の変化した「とっくり」も室町後期の『運歩色葉集』に「陶 トックリ 入酒」と見えています。

室町以前は、酒を入れて注ぐ容器を「へいじ（瓶子）」と言いました。平安中期の『延喜式』（四〇）に「諸節雑給酒器（中略）白銅瓶子六合」とあります。『平家物語』（鹿谷）には、俊寛僧都の山荘に後白河法皇などが集まって、平家を滅ぼす算段をする中で、酒によった西光法師が「頸をとるにしかじ（首を取るにこしたことはない）」といって、瓶子（へいじ）のくびをとって奥へ入っていく場面があります。ここでは「瓶子」と「平氏」が掛詞になっています。

(木部)

ちょうし［銚子］

● 用法

①酒や水を入れて杯や器に注ぐための長い柄のついた器　②徳利のこと。「お銚子を一本つける」

● 語の由来

　現代では②の意味が主流ですが、平安時代には①（雛人形の三人官女の一人が持っている、長い柄のついた容器）の意味で使われました。平安中期の『蜻蛉日記』（中）には「銚子に水を入れてもてきて、右のかたの膝にいかくと見る（〔寺の別当とおぼしき僧侶が〕銚子に水を入れて持ってきて、私の右の膝に注ぎかける夢を見た）」という例があります。この例では、「銚子」の中に入っているのは水ですが、『平家物語』（泊瀬六代）「銚子どももって酒すすめむとする処に」では、酒を注ぐ容器として使われています。

　「銚子」の「銚」は、「ものを温める鍋」という意味の漢字で、これに接尾語「子」（帽子などの「子」）がついたのが「銚子」です。平安中期の『和名類聚抄』（十巻本）（四）では、「銚子」の字に「佐之奈閇（さしなべ）俗云佐須奈閇（さすなべ）」の訓があり、「温器也」と書かれています。「さしなべ」は「注し鍋」の意で、奈良時代、酒や水を入れて火にかけて温め、注ぎ口から杯に注ぐのに使われました。弦がついていて、手にさげるようになっていて、「銚子」とは少し形が違いますが、機能が同じなので、「銚子」に「さしなべ」という訓が付されたのだと思われます。『正倉院文書』（供養料雑物進上啓）に「納物（中略）佐志奈閇（さしなべ）一口」、『万葉集』3824番に「刺名倍（さしなべ）に湯わかせ子ども」などの例があります。

　平安時代には、酒を注ぐ器を「ひさげ（提子）」と言いました。「ひさぐ（提）」の連用形「ひさげ」が語源です。『宇津保物語』（蔵開中）に「大いなる銀のひさげに、若菜のあつもの一鍋（大きな銀のひさげに、若菜の熱い吸い物一鍋）」、『大鏡』（太政大臣兼通　忠義公）に「炭櫃に銀の提子二十ばかりを据ゑて」とあり、銀などの金属で作られていました。『色葉字類抄』には「鎜」の字に「ヒサケ」という訓がつけられています。

　室町時代に、縦長で口の狭い「徳利」が作られ、これが広まると、「銚子」という語は「徳利」の意味で使われるようになりました。江戸時代の「銚子」は、①の意味か②（徳利）の意味か、判別が難しいのですが、江戸中期の洒落本『異本郭中奇譚』の「おてうしもっと熱うしておじや」などは、②の意味だと思われます。

（木部）

かめ ［瓶］

● 用法

①底が深く、口径の広い土製、陶磁製、金属製の容器。「かめに水を入れる」②酒を杯につぐ細長い器。瓶子。徳利。

● 語の由来

　奈良時代には「かめ」の確例がなく、「かめ」の役割をする容器を「へ（瓮）」と言いました。「なべ（鍋）」や「かなへ（鼎）」「つるべ（釣瓶）」の後部要素の「へ」です。『日本書紀』（仁賢）に出てくる人名「穂瓮君（ほのへのきみ）」の「瓮」の字に「倍（へ）と云ふ」という注がついています。「瓮」は「かめ」とも「け」とも読まれるので、このような注がつけられたのだと思われます。平安中期の『宇津保物語』（吹上上）には「十石いるばかりのへ（十石ほど入る酒の瓶）」とあるので、かなり大きなものもあったようです。平安後期の『観智院本類聚名義抄』では、「甕」の字に「へ」という訓がつけられています。「へ（瓮）」はその後、単独では使われなくなり、上にあげた複合語に残っています。

　平安時代になると、「かめ」の仮名書きの例が出てきます。例えば、『古今和歌集』（雑歌上・詞書）の「うへの侍ひに侍（はべ）りけるをのこども、かめを持たせて（殿上の間に控えていた蔵人たちが酒瓶を皇后様のところへ持って行かせて）」では、「かめ」が酒を入れる容器として使われています。このほか、『伊勢物語』（101段）「かめに花をさせり」、『枕草子』（正月一日は）「おもしろく咲きたる桜を長く折りて、大きなるかめにさしたるこそをかしけれ」では花を挿す容器として、『宇津保物語』（国譲下）「しろかねの鉢、かなまり、箸、匙、茶匙、銚子、みづがめ（かめ）など」では水を入れる容器として、『栄花物語』（鶴の林）「御骨拾（かひ）はせ給て、かめに入れて」では骨を入れる容器として「かめ」が使われています。江戸初期の『日葡辞書』には「Sugame（スガメ）または Sutçubo（スツボ）〈訳〉酢の壺、または瓶」や、「Figame（フィガメ）〈訳〉火災を起こさせる目的で、火をつけて投射する火薬の入った鍋」のような「かめ」も出てきます。また、『和名類聚抄』（十巻本）（四）には「瓶子（中略）賀米（かめ）」とあり、酒を注ぐ「瓶子」としても用いられたようです。このように、「かめ」はいろいろなものを入れる容器として使われました。「かめ」の「か」は、容器を意味する「け（笥）」（「椀」参照）に通じるという説があります。　　　　　　　　　　（木部）

おけ［桶］

● 用法

細長い板を縦に円形に並べて底をつけ、たがで締めた筒形の容器。「手桶」「水桶」

● 語の由来

古くは、最初の音が「を」で、「を（麻）」を入れる「け（笥、入れ物）」（「椀」参照）の意味でした。『万葉集』3243番「少女等が麻笥（をけ）に垂れたる績麻なす長門の浦に（乙女たちが桶に入れて垂らした麻や苧を縒り合わせた糸のように長い長門の浦に）」、同3484番「麻苧らを遠家（をけ）にふさに績まずとも（麻や苧を桶にたくさん紡がなくても）」は、「麻糸を入れる桶」の意味をあらわしています。これらの「桶」はヒノキの薄板を曲げて綴じ、底板をつけたものでした。後に用途が広がり、形状も今日見るような細長い板を円形に並べた形になっていきます。平安中期の『和名類聚抄』（十巻本）（四）には「桶（中略）乎介（をけ）汲水於井之器也（井戸で水を汲む器）」、同じく平安中期の『宇津保物語』（国譲中）には「水おけ」の例があり、江戸前期の『虎明本狂言』（清水）には「是は身共が秘蔵のておけなれ共」、俳諧『野犴集』（六）には「風呂桶のたが竹をよくけづれかし」のように「手おけ」「風呂おけ」の例が出ています。

（木部）

はち［鉢］

● 用法

①僧尼が托鉢のときに所持する器。②皿より深く碗より浅い食器。「料理を鉢に盛る」③火床や植木、金魚などを入れる器。「火鉢」「植木鉢」「金魚鉢」

● 語の由来

「はち（鉢）」は梵語 pātra（鉢多羅）の略です。pātra とは禅宗の修行僧が托鉢に使用する器のことで、平安中期の『和名類聚抄』（十巻本）（四）に「鉢（中略）俗云波知（はち）学仏道者食器也（仏道を学ぶ者の器）」とあります。国宝の『信貴山縁起絵巻』には、信貴山で修行する命蓮法師の「鉢」が米倉を乗せて飛んで戻ってくる絵が描かれています。その後、托鉢に限らず、「鉢」はいろいろな用途に使われるようになります。例えば、『延喜式』（七）「鉢一口」の「鉢」は大嘗祭で使う「食器」、『保元物語』（中）の「斉藤が冑の鉢を丁ど打つ」の「鉢」は「兜の頭を覆う部分」、『徒然草』（154段）の「鉢に植ゑられける木ども」の「鉢」は「植木鉢」です。『運歩色葉集』には「摺鉢 スリバチ」の例もあります。「金魚鉢」は江戸中期の洒落本『繁千話』に出てきます。

（木部）

さら [皿]

● 用法

①食物を盛る、浅くて平たい容器。陶製・ガラス製・金属製などがある。「皿に盛り付ける」②①に形が似たもの。「ひざの皿」

● 語の由来

　奈良時代の『正倉院文書』(大般若経料雑物納帳・天平宝字八(764)年)に「佐良(さら)卅口(皿三十口)」とあり、古くから「さら」が使われています。漢字では、平安前期の『新撰字鏡』(一一)に「盤 佐良(さら)」、平安中期の『和名類聚抄』(十巻本)(四)に「盤(中略)佐良(さら)」、平安後期の『類聚名義抄』に「盂 サラ」「盤 サラ」のように、「盤」「盂」の字が使われています。古辞書で「皿」の字が使われるようになるのは、室町時代の『下学集』(巻一三)「皿 サラ」が最初です。平安中期の『延喜式』には、銀盤、木盤、土盤、陶盤などいろいろな素材の「さら」が出ています。また、『源氏物語』(宿木)「華足のさら(華の彫刻を足にあしらった皿)」のように、装飾性の高い「さら」も使われました。江戸初期の『日葡辞書』には「Fizano sara(フィザノ サラ)〈訳〉膝の皿(膝蓋皿)」とあり、②の意味の「さら」が見えています。　　(木部)

なべ [鍋]

● 用法

①食物を加熱調理する器。金属製・陶器製などがある。「鍋で煮る」②鍋料理のこと。鍋物。「今日の夕飯は鍋だ」

● 語の由来

　「な(肴)」を煮る「へ(瓮)」が語源です。「肴」は鳥獣の肉、魚介、野菜などの副食物のこと、「瓮」は酒や食物を入れる容器のことです(「瓶」参照)。『日本書紀』(仲哀)には「御𤭖」に「此を彌那陪(みなへ)と云ふ」と訓をふった箇所があり、奈良時代から「なへ」という語が使われていました。平安中期の『和名類聚抄』(二十巻本)(一六)には、「堝(中略)奈閉(なべ)」「鍋(中略)賀奈々閉(かななべ)」とあり、金属製のものは「かななべ」と言ったようです。平安中期の『堤中納言物語』(よしなしごと)には、大和鍋(大和国山辺郡の鍋)、近江鍋(近江国筑摩神社の祭りの時に女性がかぶる土鍋)、河内鍋(大坂河内の鍋)、鉄鍋(鉄製の鍋)、飴鍋(飴を作るのに使う鍋)など、さまざまな鍋が出てきます。平安時代、すでに各地で鍋が作られ、それらが流通していたことがわかります。②の意味は、鍋料理が広まった明治以降に使われるようになりました。

(木部)

かま [釜]

● 用法
①飯を炊いたり湯を沸かしたりするための金属製の用具。腰に鍔がある。はがま。「釜で飯を炊く」②茶道で、湯を沸かす器具。茶釜。湯釜。

● 語の由来
　古くは煮炊きをする器具（釜）と煮炊きをする設備（竈）の両方を「かま」と言いました。平安中期の『和名類聚抄』（十巻本）（四）には「竈」の字に「加万（かま）炊爨処也（飯を炊ぐ処）」と書かれています。「かまど」という語は、「かま」に場所をあらわす「と（処）」をつけたもので、特に設備をあらわす場合に「かまど」と言ったのだと思われます（「竈」参照）。『更級日記』に「心も知らぬ人を宿し奉りて、かまばしも引き抜かれなば、いかにすべきぞ（気心も知れない人をお泊め申して、釜でも持って行かれたらどうしよう）」という例があります。「引き抜く」というのですから、この「かま」は「竈」ではなく「釜」のことです。

　煮炊きをする器具として、他に「なべ（鍋）」と「かなへ（鼎）」がありますが「かま」は「竈」に置いて使うのが特徴です。そのため、後に「竈」にかけるための鍔のついた形が生まれ、「はがま」と呼ばれました。室町中期の『文明本節用集』には、「歯釜」「羽釜」の2通りの表記があります。江戸中期の『物類称呼』（四）には、「釜 かま 江戸にて称するかま（鍔のある釜の図が描かれている）如此を、畿内及西国四国俱に、はがまと云ふ」とあり、西日本で「はがま」、江戸で「かま」と呼ばれていたことがわかります。　　　　　　　　　　（木部）

かなえ［鼎］

● 用法

古く、飲食物を煮るのに用いた金属の器。中国では、神にささげる犠牲(いけにえ)を煮たことから、祭器となった。

● 語の由来

　熱を加えて煮炊きに使う器として、古くは「なべ（鍋）」「かま（釜）」の他に「かなへ」がありました。語源は「かな（金）」の「へ（瓮）」（「瓶」参照）で、金属でできた器です。足が３本ついた「あしがなへ」と足のない「まろがなへ」「ひらがなへ」がありました。『和名類聚抄』（二十巻本）（一六）に「鼎（中略）和名阿之加奈倍（あしかなへ）三足両耳」「釜（中略）和名賀奈閇（かなへ）一云末路賀奈倍（まろがなへ）」「鑊子（中略）比良賀奈倍（ひらがなへ）」と書かれています。

　「あしかなへ（鼎）」は、中国では動物の肉を煮る器として、また祭器として用いられました。日本では湯を沸かす器として、『大鏡』（太政大臣実頼）に「湯屋に大きなる鼎二つ塗り据ゑられて」のように出ています。『徒然草』（五三段）に仁和寺の法師が酔っ払って「あしがなへ」を頭にかぶり、取れなくなった話があります。無理やり引き抜いて鼎は抜けたものの、耳や鼻が欠けてしまい、しばらく病んだということです。「まろがなへ」は、『和名類聚抄』では「釜」の和名となっています。古くは「かま」という語が「竈」の意味と「釜」の意味をあらわしました（「釜」参照）。「まろがなへ」は、このうち「かま（釜）」と同じ意味で使われたようです。その後、「まろがなへ」という語は使用されなくなり、「かま（釜）」に統一され、「かまど（竈）」と棲み分けが行われるようになります。また、「かなへ」と言えば「あしがなへ（鼎）」を指すようになりました。これらをまとめると、以下のようになります。　　　　　　　　　　　　　　　　　　　（木部）

意味	語源	上代・中古	中世・近世	現代
竈	かま（釜）＋と（処）	かま・かまど		かまど
釜	かま（釜）	かま		かま
	まろ（丸）＋かな（金）＋へ（瓮）	まろがなへ		
鼎	あし（足）＋かな（金）＋へ（瓮）	あしがなへ・かなへ		かなえ
羽釜	は（歯・羽）＋かま（釜）		はがま（西日本）	はがま
鍋	な（肴）＋へ（瓮）	なべ		なべ

166　8．道具

ふで［筆］

● 用法

①竹や木の柄の先に動物の毛を束ねて付け、墨や絵の具を含ませて字や絵などを書くのに用いる道具。「筆塗り」②筆記具の総称。「筆箱」③字や絵を書くときに筆記具を紙などに付けてから離すまでの回数をかぞえる助数詞。「ひと筆で書く」

● 語の由来

　法華経の音義書である『法華経単字』に「筆　フテ」とあり、平安時代の終わり頃には使われていた言葉ですが、さらに古くは「ふみて」または「ふむで」と言い、「フミテ＞フミデ＞フンデ＞フデ」と発音が変化していきました（第Ⅰ部参照）。「ふみて」は「文手」のことで、「文（を書くの）に使うもの」というのが本来の意味です。「筆」と同じような変化は「ふだ」（札）（＜ふんだ＜ふみた＜ふみいた「文板」）や「おんな」（女）（＜をむな＜をみな）でも起きています。「筆」は筆記具の代表として、「筆箱」や「筆入れ」のように筆を入れない場合にも「筆」という言葉が使われています。筆が日常で用いられなくなりつつある現在、これらの言葉も使われなくなるかもしれません。

(中澤)

うるし［漆］

● 用法

①ウルシ科の木の一種。果実からは蝋が、樹皮からは漆汁が採れる。「うるしにかぶれる」②①の木から採れる樹液を用いた塗料。樹皮に傷を付けて採取した樹液に、油・着色剤などを加えて製した塗料。「うるし塗の汁椀」

● 語の由来

　①の意味でも②の意味でも古くから使用例が見られ、平安中期の『和名類聚抄』（十巻本）（五）には「漆　音七字流之（うるし）　木汁可以塗物也」とあります。「うるし」の語源は不明ですが、「漆部（漆細工の実務に従事した者）」が古くは「ぬりべ」と呼ばれていたように、「うる」は「塗る」が転じた可能性があると思われます。うるしと同じウルシ科の植物に「ぬるで」（白膠木）がありますが、これも「塗る」との対応を考える参考になります。「ぬ」と「う」の交替は、「ぬし」（主）〜「うし」（大人）、「ぬばたまの」〜「うばたまの」などにも見られます。

　沖縄ではウルシ科の木の一種である「はぜのき」がウルシ科の代表名となっている地域が多く、『和名類聚抄』の「櫨　落胡反波邇之（はにし）」に対応する語形を使います。はぜのきは「黄櫨染」のような染料に使われ、また「はに」は「赤土」を指すので、「はにし」は「赤土＋し」という語構造をもっています。

(中澤)

かがみ［鏡］

● 用法

①人や物の姿、形を映し見る道具。「鏡に映す」②手本。模範。多く「鑑」と書く。「人の鑑」③鏡餅の略。「鏡開き」④酒樽のふた。「鏡抜き」⑤水中を見るために底面にガラスを嵌めこんだ箱。箱眼鏡。「鏡で海中を覗く」⑥書類の一枚目に添える、標題や日付、作成者などを記載した紙。「請求書の鏡」

● 語の由来

　「かがみ」の語源は「影見（かげみ）」と考えられています。ここで言う「影」とは「投影された姿」のことで、『万葉集』4512番歌謡「伊氣美豆尓 可氣左倍見要氏（池の水面に影まで映して）」などで確認できます。「かがみ」は①が本来の意味で、『古事記』の歌謡に「伊久比爾波　加賀美袁加気（神聖な杭には鏡をとり懸け）」という用法があります。②の用法も古くからあり、『万葉集』4512番歌謡に「伎久比等能　可我見尓世武乎（聞く人々の手本にしよう）」と見えています。②は①が正しい姿を映すことからの派生でしょう。③と④は鏡が基本的に円形であることからの派生で、⑤は鏡が物を見る道具であることからの派生です。⑥は②の手本という意味からの派生と考えられます。沖縄のいくつかの方言ではメガネに対して「めかがみ（目鏡）」に対応する言い方をします。　　　　　　（中澤）

くし [櫛]

● 用法

髪の毛を梳いたり、整えたりするための道具。髪に挿して飾りとして使うこともある。「髪を櫛で梳く」

● 語の由来

櫛は日本でも古くから使われていて、縄文時代には縦長の櫛が使われていましたが、5世紀前後から横櫛が見られるようになります。平安中期の辞書『和名類聚抄』には「櫛 側瑟反和名久之（くし）」とあり、『万葉集』では「二上山」にかかる枕詞である「たまくしげ」が3955番歌謡では「多末久之氣（たまくしげ）敷多我美夜麻尓」と書かれ、1098番歌謡では「玉櫛上 二上山母」と書かれていることから「櫛」を「くし」と言っていたことがわかります。「くし」の語源は不明ですが、「串」と同源とする説があり（cf.『時代別国語大辞典 上代篇』）、「櫛」も「串」もそれを刺すことで所有権を主張するという意味があったと考えられています。ただし、「櫛」と「串」とは平安時代のアクセントが「櫛」＜低低＞と「串」＜高低＞と異なっています。また、「くし」には「髪」という意味もあり、これは櫛を髪に挿すところから意味が転じたものと考えられます。ちょうど、「錠（門、戸などの開け閉めするところに差し込んであかないようにする金具）」と「鍵（錠の穴にさし込んで、開閉する金具）」がともに「かぎ」と呼ばれるのと同じ関係です。

　櫛の切り込みと切り込みの間の部分は歯と呼ばれますが、琉球（奄美・沖縄）では、歯の細かい櫛と歯の粗い櫛を別の言葉であらわす方言があり、北琉球では歯の細かい櫛を「くし」、歯の粗い櫛を「さばき」と言い、南琉球では歯の細かい櫛を「かたぐし」、歯の粗い櫛を「くし」と言います。北琉球の「さばき」は、九州西南部の方言で髪を梳ることを「さばく」と言うことから、その名詞形の「さばき」が入ってきたものと考えられます。南琉球の「かたぐし」は「密である」という意味の「かたい」（固い）と「くし」との複合語です。歯の細かい櫛は髪に付いたシラミやシラミの卵を取り除くのに使われました。「串」は琉球では「ぐし」のように語頭が濁音になっている方言がよく見られます。なお、琉球でも「櫛」と「串」は基本的に異なるアクセントになっています。　　　　　　（中澤）

まくら [枕]

● 用法

①寝るときに頭をのせる道具。「そばがら枕」②(寝るときの)頭の方。「東枕」「あと枕」③寝ること。「旅枕」④長い物の下に置いて支えとするもの。「枕木」⑤物事のよりどころ。「歌枕」⑥本題に入る前の前置き。「話の枕」

● 語の由来

　①が本来の意味と考えられ、『万葉集』809番歌謡「麻久良(まくら)去らずて夢にし見えむ(枕元を離れないで夢で逢いましょう)」のように奈良時代すでに使われています。②は枕があるのが頭の方であることからの派生で、例えば『万葉集』892番歌謡「父母は 枕の方(かた)に 妻子どもは 足の方に(父母は頭の方に妻子たちは足の方に)」で確認できます。③は枕を使うのは寝るときであることから、④は枕が頭の下に置くものであることから、⑤は枕が身の回りにある重要な道具であることから、⑥は②からの派生で、話の頭に置かれることからそれぞれ派生した意味・用法と考えられます。「あとまくら(寝た時の足の方と頭の方)」のように「あと」(<足+跡)と対になることから、「まくら」の由来は「目+座」と考えられます。これと並行的なのは「あぐら」(<足+座)で、「座る場所、椅子」の意「座る格好」へと意味が変化しました。

(中澤)

ほうき［箒］

● 用法
ちりやごみなどを掃くための道具。棒の先に植物の枝などを束ねたものが着けられている。

● 語の由来
「箒」は室町時代頃の資料に「箒 ハウキ 帚 同」（明応五年本節用集）、Fŏqi（ハウキ）（『日葡辞書』）とある一方、それより前の時代は『新撰字鏡』の「彗 波ゝ支（ははき）」のように「ははき」という形でした。「ははき＞はわき＞はうき＞ほうき」と変化して「ほうき」になりました。中間の「はわき」に対応する形は『日葡辞書』の Fauaqigui（ハワキギ）、Tamabauaqi（タマバワキ）などに見られます。「ははき」は「はく」（掃く）の名詞形「はき」に「は」（羽）が付いた「羽掃き」に由来するという説があります。形の上では対応しますが、「は」（羽）は平安時代に高く始まるアクセントなのに対し「ははき」は低く始まるアクセントで記録されていて一致しないという問題があります。対案として、「はく」（掃く）のはじめの音を繰り返して「ははく」という言葉が作られ、その名詞形が「ははき」であるという可能性が考えられます。「とどまる」（留まる）が「とまる」（止まる）のはじめの音を繰り返すことで「止まり続ける」という意味をあらわしたとすると、「ははく」も「掃き続ける」というような意味をあらわしたと考えられます。「そそぐ」（注ぐ）、「たたく」（叩く）、「つづく」（続く）、「はばむ」（阻む）、「ふぶく」（吹雪く）のように語頭の音が重複している語がいくつかありますが、これらはかつての日本語に語頭の音を重複することにより、継続する動作をあらわすという現象があったことを示しています。

方言を見ると、「ははき」に対応する形が東日本にいくつか見られます（宮城県登米郡、神奈川県足柄上郡、長野県西筑摩郡）。「ほうき」との中間に当たる「はわき」に対応する形も広く見られます（岩手県九戸郡・気仙郡、宮城県栗原郡・登米郡、茨城県多賀郡・稲敷郡、群馬県利根郡、千葉県山武郡、東京都大島・三宅島・御蔵島、神奈川県津久井郡、山梨県、長野県南部、静岡県、島根県出雲・隠岐島）。「はわく」という動詞も九州を中心に見られます。東北では「はぐ」が主流ですが、「はわく」が「はあく」を経て短母音化した形である可能性があります。なお、琉球（奄美・沖縄）では「箒」が「ほうき（はうき）」であるだけでなく「掃く」も「ほうく（はうく）」になっています。

（中澤）

さお［竿］

● 用法

①細長い棒状のもの。「物干し竿」「釣り竿」②竿秤の棒の部分。③三味線・胡弓などの胴から上の糸を張る長い柄の部分。棹。また、転じて三味線のこと。④石灯籠などの柱の部分。⑤俗に陰茎のこと。「竿をしごく」

● 語の由来

　奈良時代に「さを（さお）」といった場合、『万葉集』4062番歌謡「川の瀬ごとに佐乎（さお）さし上れ（川の浅瀬ごとにさおをさしてさかのぼれよ）」のように基本的に船を進める水棹（みさお）を指しました。平安初期の漢和辞典『新撰字鏡』でも、「さを」（左乎）の訓が付けられている「㯭」、「橸」の2字は「櫂や舟をこぐ棹」を指しました。一方で、『和名類聚抄』「賀良佐乎（からさを）打穀具也」のように、複合語では農機具も「さを」に含まれます。

　「竿」を「さわ」という方言が瀬戸内海周辺にいくつかあります（島根、山口、愛媛、福岡）。その近くには逆に、「くちなわ」（蛇）を「くちなお」という方言が分布しています（島根、岡山、広島、徳島、香川、愛媛）。つまりこの地域では「awa」が「ao」になることから、sao（竿）も sawa の「訛った」ものと見なされたために間違って「直された」結果、「さわ」となったと考えられます。このような現象は過剰矯正と呼ばれています。

（中澤）

9．魚介類

さかな［魚］ ………………… 174
うろこ［鱗］ ………………… 175
かつお［鰹］ ………………… 176
さめ［鮫］ …………………… 176
さば［鯖］ …………………… 177
いるか［海豚］ ……………… 177
えび［海老］ ………………… 178
かに［蟹］ …………………… 178
かめ［亀］ …………………… 179

さかな [魚]

● 用法

①魚類の総称。「釣った魚に餌はやらない」②酒を飲むときにつまみとして食べるもの。「酒のさかな」

● 語の由来

①の意味では、もともと「うを、いを」が用いられていました。「うを」は『万葉集』3653番の歌に「家人の待ち恋ふらむにあかし釣る宇乎（うを）（家で妻たちが待っているだろうに、〔志賀の浦の海人は〕夜を徹して魚を釣っている）」とあり、「いを」は『伊勢物語』（九段）に「白き鳥の嘴と脚と赤き、鴫の大きさなる、水のうへに遊びつついををくふ」とあります。

「さかな」が①の意味で使われるようになったのは、江戸時代以降のことです。例えば、江戸前期の甲斐国武田の戦術書『甲陽軍鑑』（品30）に「日数をへて、さかなのさがるに（魚が傷むのに）、塩をいたす事もなく」、江戸後期の人情本『仮名文章娘節用』に「おっかさんのお好なうまい魚を取ておくれよ」とあります。

②の意味の「さかな」は「さか＋な」が語源です。「さか」は「さけ（酒）」の古形（第Ⅰ部参照）、「な」は副食物の総称で、奈良時代の『常陸風土記』に「遠邇（をちこち）の郷里より酒と肴（さかな）とを齎（もちき）て」とあり、古代から使われています。『伊勢物語』（六〇段）には「かはらけとりて、出したりけるに、さかななりける橘をとりて（女が盃を取って出すと、男は肴である橘の実をとって）」とあります。ここでは橘の実が「さかな（酒の肴）」になっています。

①の意味の「魚」が「うを、いを」から「さかな」に変化した理由はよくわかりませんが、酒のつまみとして魚が好まれたことに加え、「うを、いを」の「を」が室町時〜江戸時代にwo＞oと変化したために、うお [uo]、いお [io] のように母音が連続する発音になり、発音しにくく、聞き取りにくくなったことも原因の一つと思われます。「いを」系の語が①の意味で現在でも使われている九州、沖縄では、「いうぉ、いよ、いゆ」のように2番目の音が [wo、yo、yu] と発音されます。これだと発音にも聞き取りにも、それほど困りません。

共通語では明治以降、①の意味でもっぱら「さかな」が使われるようになり、「うお」は「魚河岸（うおがし）」「飛び魚（とびうお）」「出世魚（しゅっせうお）」のような複合語にのみ残っています。

（木部）

うろこ ［鱗］

● 用法

魚類、爬虫類などの表面をおおい、体を保護している小片。

● 語の由来

　古くは魚の「鱗」のことを「いろくづ、いろこ」と言いました。平安中期の辞書『和名類聚抄』（十巻本）に「鱗 伊路久都（いろくつ）俗云伊侶古（いろこ）」と出ています。「体の表面についたくず（屑）」がもとの意味で、その俗称が「いろこ」、それが変化したのが「うろこ」です。

　平安中期の『堤中納言物語』の「虫めづる姫君」に、帯の切れはしをヘビの形に似せて作り、「いろこだちたる懸袋に入れて（鱗模様の袋に入れて）」、文を結びつけたという話が出てきます。この「いろこ」は蛇の鱗のことです。「うろこ」という語形は、室町時代ごろから用例が見られます。例えば、16世紀の『玉塵抄』（24）に「鯉などもうろこが黄な金（黄金）のやうにひかるぞ」とあり、17世紀の『虎明本狂言集』（連歌十徳）に「ちる花は、たいのうろこにさもにたり（散る花は、鯛の鱗にとても似ている）」と出てきます。

　「うろこ」は現代標準語として定着していますが、各地ではあまり使われません。例えば、東日本（新潟・長野・岐阜・愛知から東側）では、「鱗」を「こけ・こけら」と言います。また、南九州、沖縄では「うろこ」の古形の「いろこ」に由来する「いこ、いりこ、いりき」が使われています（下表）。

　東日本の「こけら」は、「こけら落とし」の「こけら」と関係があります。「こけら落とし」とは、新しく建てられた劇場などで初めて行われるイベントのことを言い、「建物の表面についた木屑を落とす」意味をあらわします。「木屑」を「こけら」というのは歴史が古く、平安中期の辞書『和名類聚抄』に「木を削ったときに出る細片」を「古介良（こけら）」と云うと出ています。もとは「木屑」に限らず「表面についた屑」を広く「こけ、こけら」と言い、東日本ではこれが「魚の表面を覆っている屑＝鱗」に限定され、中央部では「木屑」の意味になり、さらに「こけら落とし」という固定的な表現に残ったというように推測されます。一方、山形県、伊豆大島、宮崎県には頭の「雲脂（ふけ）」のことを「うろこ」という地域があります（「雲脂」参照）。これらは、「体の表面についたくず」をあらわす古語の「いろこ」が頭の雲脂に限定されたものです。　　　（木部）

	沖縄、南九州	北部九州〜近畿	中部、関東	伊豆大島	東北
鱗	いこ、いりこ、いりき	うろこ	こけ・こけら		
雲脂		ふけ		うろこ	あか
柿	こけら（落とし）				

かつお［鰹］

● 用法

サバ科の海魚。体は紡錘形で太っている。全長だいたい50〜80センチメートル。初夏のころのものを初鰹（はつがつお）として珍重した。

● 語の由来

　干すと堅くなるので「かたうお」と呼ばれ、これが「かつお」に変化したと言われます。「鰹」の字も、もとは「堅魚」と書いていました。例えば、『正倉院文書』の天平10（738）年の「駿河国正税帳」に「煮堅魚参伯弐拾斤（煮た鰹を三百二十斤）」、『万葉集』1740番の歌に「水の江の浦島の児が堅魚（かつを）釣り」のように「堅魚」の漢字が見えています。平安中期の『和名類聚抄』（十巻本）には「鰹魚」の漢字に「加豆乎（かつを）」という和名が当てられ、「式文（宗教に関する文書）では「堅魚」という二字を用いる」と書かれているので、特定の分野ではまだ「堅魚」が使われていたようです。江戸時代中期の俳人、山口素堂の句に「目には青葉山ほととぎす初がつほ」（曠野）という有名な句がありますが、江戸では初がつおが大変、珍重されました。「かつお」は「勝つうお」にも通じるといった縁起担ぎの点でも好まれたようです。
（木部）

さめ［鮫］

● 用法

紡錘形で、骨格が軟骨からなる魚。体表はざらざらしていて、皮をやすりなどに利用する。一部の種は凶暴で、人を襲うものもある。

● 語の由来

　奈良時代には「さめ」と「わに」が「鮫」をあらわしていました。「さめ」は『出雲国風土記』（秋鹿郡）に「北の海にある雑の物は、鮎、鯊（さめ）、佐波（さば）、烏賊」とあります。「さめ」は平安中期の『本草和名』にも「鮫魚〈略〉和名佐女（さめ）」と出ています。一方、「わに」は『古事記』（上）の「因幡の白兎」の話に「海の和邇（わに）を欺きて言はく、吾と汝、競いて族の多き少なきを計えんと欲す（海の鮫を騙して言うには、私とあなた、どちらの一族が多いかを数えて競ってみよう）」とあります。この「わに」は「わにざめ」のことだと言われています。現代の出雲方言でも「さめ」のことを「わに」と言います。また、豊玉姫が子を産むときに、「私を見てはいけない」と言ったのに火折尊（山彦）が見てしまったために、豊玉姫は「八尋和邇（八尋〔18m〕のわに）」になって海へ帰っていったという話があります。この「わに」も「鮫」のことだと言われています。
（木部）

さば [鯖]

● 用法

①全長約50センチメートルの青魚。体形は紡錘形。重要な食用魚で、すし種、塩焼き、干物、詰めなどにする。②さばよみ（鯖読）の略。物を数えるときに二つずつ数えること。③自分の利益になるように数をごまかすこと。

● 語の由来

　歯が小さいところから、「さば（狭歯）」と言うようになったという説がありますが、定かではありません。「さば」は「さめ」と並んで『出雲国風土記』（秋鹿郡）に「北の海にある雑の物は、鮎、鯊（さめ）、佐波（さば）、烏賊」と出ており、海の幸として古くから食されていたようです。海に面していない京都へは、若狭国（福井県）で獲れた海産物が運ばれました。その路は現在、「鯖街道」と呼ばれています。

　②の意味は、刺鯖（鯖を背開きにして塩漬けにしたもの）が二枚重ねを一つと数える慣習であったことに由来します。「読む」は古く数を数える意味に使われました。③の意味は、②から転じたという説、魚市で早口で数えるから、鯖は腐りやすいので急いで数を数えて売りさばく必要があったからなどの説があります。

(木部)

いるか [海豚]

● 用法

哺乳類クジラ目に属し、体長約五メートル以下のハクジラの総称。

● 語の由来

　平安前期の『新撰字鏡』に「鮪　伊留加（いるか）」とあります。「鮪」は現在では「まぐろ」をあらわしますが、「いるか」と和名がつけられています。『平家物語』（一一巻）に「源氏の方より江豚（いるか）といふ魚一二千遣うて、平家の方へぞむかひける（源氏の方からいるかが１・２千頭あらわれ、平家の方へ向かってきた）」という例があります。壇ノ浦の合戦は、最初は平氏方が有利でしたが、潮の流れが変わり、形勢が逆転しました。その前触れがイルカの大群です。このあと、平宗盛が「これほどの大群は今までにない。どういうことか」と吉凶を陰陽師の安倍晴信に占わせたところ、晴信は「いるかが反対側に泳いでいけば源氏が滅びる。このまままっすぐ通れば味方が危うい」と占いますが、その言葉が終わらないうちに、イルカの群れは平家の舟の下をまっすぐ通って行きました。現在は瀬戸内海でイルカを見ることが少なくなりましたが、上の例を見ると、平安時代には結構たくさんイルカがいたようです。

(木部)

えび [海老]

● 用法

十脚目に属する甲殻類のうち、カニ類とヤドカリ類を除く種の総称。「海老で鯛を釣る」

● 語の由来

平安中期の辞書『和名類聚抄』に「鰕　音遐衣比（エビ）俗用海老二字」とあり、遅くとも平安時代からあった言葉と考えられます。語源については、発音が同じ「えび（葡萄）」と関係があると言われていますが、どちらが元になった言葉かは不明です。「えび」は海老に形が似ている「あみ（醬蝦）」と同源と思われます。平安時代のアクセントが同じで、ebi と ami の音の対応は「へび [pebi]（蛇）」と「はみ [pami]（蝮）」の対応と同じです（ただし、「へび」と「はみ」はアクセントが異なります）。他にも「蛙」を意味する「かへる [kaperu]」と「かはづ [kapadu]」のように、エ段とア段とで対になる言葉がいくつかあり、古代の日本語の方言差の反映かもしれません。ちなみに「かへる」と「かはづ」のように「る」と「づ」で対になるものは「蜻蛉」の「かぎる」と「あきづ」、「鶴」の「つる」と「たづ」などがあります。

沖縄では小さな海老をあらわす「さい」という言葉があり、中期韓国語사비（サウィ）からの借用語と考えられています。　　　　　　　　　　　　（中澤）

かに [蟹]

● 用法

十脚目短尾下目の甲殻類の総称。

● 語の由来

『古事記』に「この迦邇(かに)や いづくの迦邇、百伝ふ 角鹿の迦邇横去らふ 何処に至る(この蟹はどこの蟹だ。これは多くの国を伝い来た角鹿の蟹だ。横這いしていったいどこへ行くのだ)」とあります。

語源は、「か」が殻や甲、「に」は赤い色を指す丹の意とするもの等がありますが定かではありません。

方言では「がに」「がね」「がん」など「かに」の訛りと見られるものや、「がにどん」「がにんぼー」「がんこ」など、「かに」に「殿」「坊」「子」などを付け、親しみを込めた形にするものがあります。それと同時に「がに」など、「か」が濁音になっているものが多くあります。江戸後期の『大和本草批正』(一四)に「たかあしがに(高足蟹)」のことを「北国にて此をがにと云」とあり、この「がに」と各地の蟹の方言の関連が考えられますが、定かではありません。

(中西)

かめ [亀]

● 用法

爬虫綱カメ目に属する動物の総称。

● 語の由来

『万葉集』50番の歌に「我が国は常世にならむ図負へる神しき亀も新た代と(わが国が常世になるというめでたい模様を背に負った縁起の良い亀も新時代を祝福して)」とあります。このように「亀」は吉兆を象徴するものとして描かれ、この他にも『古事記』(中)では神の使者として描かれているように、古来長寿の動物としてめでたいものとされてきました。

語源は、亀には神性があるとされ、神獣ともされたことから「かみ(神)」の転じたものとする説等がありますが、定かではありません。

現代方言では亀に似た「すっぽん」を「かめ」と呼ぶ地域が多いのですが、北陸、九州地方の一部地域などで「すっぽん」を「がめ」と濁音にして亀と区別する地域もあります。

(中西)

10. 動物

うし［牛］ ……………………… 182
うま［馬］ ……………………… 183
いのしし［猪］ ………………… 183
ぶた［豚］ ……………………… 184
しか［鹿］ ……………………… 185
さる［猿］ ……………………… 186
うさぎ［兎］ …………………… 186
ねずみ［鼠］ …………………… 187
いぬ［犬］ ……………………… 188
ねこ［猫］ ……………………… 189
くじら［鯨］ …………………… 190

うし [牛]

● 用法

偶蹄目ウシ科の家畜。古くから家畜として運搬、耕作などに使われた。

● 語の由来

　古くから「うし」が使われています。万葉集に「牛」の例がありますが、漢字で「牛」と書かれているので、発音はわかりません。はっきり「うし」とわかるのは、平安中期の『和名類聚抄』(十巻本) の「宇之 (うし)」の例です。牛は、単独では「うし」ですが、複合語になると「うじ」のように「し」が濁音になります。連濁 (第Ⅰ部参照) の一種だと思われます。平安後期の『観智院本類聚名義抄』に「黄牛　アメウジ」、キリシタン資料の『羅葡日辞書』に「Vitulus〈略〉ワカキ vovji (ヲウジ) (牡牛)」、『日葡辞書』に「Meuji (メウジ)〈訳〉牝牛」「Covji (コウジ)〈訳〉子牛」とあります。ただし、濁音にならない「をうし (牡牛)」の形もありました。例えば、『コリャード羅西日辞書』に「Vitulus〈略〉ワカイ vovxi (ヲウシ) (牡牛)、ワカイ コトイ」と「ヲウシ」の形が出ています。「コトイ」は「牡牛」のことで、平安前期の『新撰字鏡』に「特牛」の訓として「ことひ」が出ています。これが「ことひ＞こてい＞こてー＞こって」と変化して、現在、関西から九州にかけての地域、東北北部、能登半島などで牡牛の意味で使われています。

　現代方言では、北海道、東北で「牛」のことを「べこ」と言い、関東から沖縄に至るまでの地域で「うし」と言います。「べこ」は牛の鳴き声 (ベー) に愛称をあらわす指小辞「こ」(「お茶っこ」「犬っこ」などの「こ」) がついたものです。『日本言語地図』第210図によると、牛の鳴き声は、普通「もー」や「めー」のようにマ行の音で表現されますが、マ行とバ行は発音が近いので、交替することがよくあります。例えば、「寂しい」を「さみしい、さびしい」、「寒い」を「さむい、さぶい」と言う類です。「めー」と「べー」もこれと同じです。

　「べこ」は近畿や四国、中国、九州でも使われますが、この地域の「べこ」は「子牛」をあらわします。「べー」に子供の意味の「こ」がついたもので、この地域では「親牛」と「子牛」が「うし」と「べこ」で言い分けられています。では、北海道や東北では子牛を何と言うのでしょうか。それは「べこ」に子供の意味の「こ」がついた「べこのこ、べこっこ (牛の子)」、あるいは「こべこ (子牛)」です。「こっこべこ」という地域もあります。「こっこ」は「子」に愛称の「こ」がついたもので、「こっこべこ」は愛称の「こ」を2つ含んでいることになります。また連濁形の「こうじ (子牛)」が和歌山県や兵庫県で使われています。　　(木部)

うま [馬]

● 用法

ウマ科の家畜。現存する日本在来種に木曾馬（長野県）、御崎馬（宮崎県）、トカラ馬（鹿児島県）などがある。農耕、運搬、乗馬、競馬などに用いられるほか、肉は食用、皮は革製品にされる。

● 語の由来

　「うま」は「馬」の音読みの「マ」が転じたものです。『万葉集』4081の歌に「片思ひを宇万（うま）にふつまに負せ持て越辺にやらむ人かたはむかも（私の片思いを馬にすっかり乗せて越のあたりへやったら、人は心を寄せるでしょうか）」とあります。平安時代以降は「むまのはなむけ（見送りのために馬の鼻を行く方向へ向けること）」のように「むま」と表記した例が多く見られます。

　馬のことを「こま」とも言いました。和歌に詠まれる場合は「うま」ではなく「こま」です。『日本書紀』（推古）の歌謡に「馬ならば日向の古摩（こま）太刀ならば呉の真鋤」、『古今和歌集』（春歌下）に「こまなめていざ見に行かむ（馬をつらねて、さあ見に行こう）」とあります。現代方言では「雄馬」の意味で東北、中部、中国、四国、九州で「こま」が使われています。　　　　　　　　（木部）

いのしし [猪]

● 用法

山野に住む、体長1～1.5メートルの動物。黒褐色で、長い口先で植物の根やミミズなどを掘り出して食べる。肉は古くから賞味された。ブタの原種。

● 語の由来

　「猪」を古くは「ゐ」と言っていました。平安中期の『和名類聚抄』（二十巻本）（一八）の「猪」の項に「和名井（ゐ）」と出ています。平安時代には「ふすゐの床」という言葉が使われました。猪が枯れ草を敷いて寝た跡のことで、『後拾遺和歌集』（恋歌四）に「苅藻かきふすゐの床のいを安み、さこそ寝ざらめかからずもがな（枯れ草をかぶって猪は床に臥してゆっくり寝る。それほど深くはなくてもこのように眠れずに思い悩む事が無かったらなあ）」と詠まれています。この「ゐ」に「けものの肉」をあらわす「しし」（「肉」参照）がついたのが「ゐのしし」です。平安時代の『日本書紀』の写本（図書寮本）に、「山猪を献ること有り」（崇峻）の「山猪」の読みとして「ヰノシシ」がつけられているので、平安時代にはすでに「ゐのしし」が使われていたようです。　　　（木部）

ぶた［豚］

● 用法

イノシシを飼いならした家畜。よく太っていて、食肉用として飼育されている。

● 語の由来

平安中期の『和名類聚抄』(二十巻本)(一八)の「猪」の項に「猪」の別名として「豕」「豚」があげられています。和名はありません。「ぶた」という名称が出てくるのは、室町中期の『文明本節用集』「家猪 ブタ」が最初です。江戸初期の『日葡辞書』には「Buta（ブタ）。イエノ イノシシ」とあり、ここでも「猪」の一種と捉えられています。ただし、ブタが日本で飼育されるようになるのは、17世紀に渡来中国人が長崎でブタを飼い始めるようになってからで、ブタが日常的に食されるようになるのは明治以降のことです。語源は南洋語、朝鮮語、蒙古語に由来するとする説や「ゐぶと（猪太）」とする説などがあります。

沖縄では、古くからブタを飼育し、食していました。従来、14世紀末に中国から伝来したと言われていましたが、近年、伊是名村の具志川貝塚（弥生後期）で豚の骨が発掘され、ブタの飼育がかなり古く遡ることが明らかになりました。沖縄の方言ではブタのことを「ヮワー」（ヮは喉の奥を詰める発音）と言います。語源は鳴き声から来たという説、中国から伝わったという説などがあります。

(木部)

しか [鹿]

● 用法

シカ科に属する哺乳類の総称。

● 語の由来

　鹿は狩って食用とする動物として古くから身近であり、奈良時代には「しし」「か」「かのしし」「しか」「かせぎ」と、多数の呼び名がありました。
　「しし」は、元々「肉」を意味する語でしたが（「肉」参照）、特に食することの多かった猪と鹿を「しし」と言うようになりました。「か」は鹿を指す古名で、「鹿」を古くは単独で「か」と言いました。この「鹿」に「肉」がついたのが「かのしし」で、後に「鹿」自体を指すようになりました。「猪」も同じような変遷をたどり、現代語の「ゐのしし」に繋がっています（「猪」参照）。「しか」の語源は、「女鹿（めか）」に対し雄じかを「夫鹿（せか）」と呼び、それが変化したものという説や、「ししか（肉鹿）」の意とするものなど諸説ありますが、定かではありません。「かせぎ」は木の枝をＹの字形に切ったものを「かせぎ（桛木）」と言い、鹿の角がそれに似ていることから転じた呼び名と考えられます。
　『万葉集』84番の歌には「秋さらば今も見るごと妻恋ひに鹿鳴かむ山そ高野原の上（秋になったら私がありありと思い浮かべているように妻を恋しがって鹿が鳴く山ですよ。この高野原の上は）」とあり、ここでは「鹿」が「か」と呼ばれています。それに対し『古今和歌集』215番の歌の「奥山に紅葉ふみわけ鳴く鹿のこゑきく時ぞ秋はかなしき（奥山で紅葉した落ち葉を踏み分けて歩いていると、どこかから鹿の声が聞こえてくる。そんな時こそ秋の悲しさが身に染みるのです。）」では、5拍であるべき第3句に「鳴く鹿の」とあるので、「しか」と読まれていたことが分かります。『平家物語』（巻一一）には「猪のしし、鹿のししは知らず、いくさはただ平攻めにせめて、かったるぞ心地はよきと宣へば（猪だか鹿だか知らないが、戦はただひたすらに攻めに攻めて、勝ったのが気持ちはよいぞと仰っると）」とあり、「かのしし」の例が見られます。
　「しし」が鹿を指す例は、江戸初期の『日葡辞書』の「Xixi（シシ）〈訳〉鹿、あるいは猪、あるいは獅子」に見られます。また「かせぎ」も同辞書に「Caxegui（カセギ）〈訳〉猪や鹿のごとき動物、野性の獣」とあります。
　方言には「かのしし」という呼び名が、東北地方から九州地方までの広い地域で見られます。また、「しし」という呼び名で、鹿を指す例も各地に見られますが、こちらは猪を指すことの方が多く、鹿を指す地域は「かのしし」ほど多くありません。

(中西)

さる［猿］

● 用法

霊長目のうちヒト科を除いた哺乳類の総称。

● 語の由来

　「さる」の他に「まし（ら）」という名称もあります。『万葉集』344番の大伴旅人の歌に「あな醜賢しらをすと酒飲まぬ人をよく見ば猿にかも似る（ああみっともない、偉そうにして酒を飲まない人を良く見たら猿に似ているかな）」とあります。「さる」の語源は、獣の中では知恵が勝っていることから「まさる（勝）」の意とする説など多くの説があります。「まし（ら）」も「まさる（勝）」の意とする説や梵語マカタ（摩期吒）の転とする説等がありますが、定かではありません。平安時代以降「まし（ら）」は歌語として和歌の中で使われています。

　方言では様々な呼び名があります。その理由は「さる」が同音の「去る」に通じ、山仕事に入ったまま帰ってこないことを思わせる不吉な言葉であるため、「忌み言葉」として別の言葉に言い換える習慣があったためです。言い換えのパターンには「あんにゃ（兄）」「おんじ（伯父）」「やまの人」「やえんぼ（野猿坊）」のように猿を人に例えたもの、「去る」の反対の「得る」の意の「えて（得手）」「えてこう（得手公）」とするものなどがあります。

(中西)

うさぎ［兎］

● 用法

ウサギ科の哺乳類の総称。ノウサギ類と飼いウサギの原種であるアナウサギ類とに分けられる。耳が長く、肉は食用に、毛皮は襟巻きなどにする。

● 語の由来

　古くは「兎」を「う」と言っていました。『日本書紀』（斉明）の蝦夷（北海道）の地名「問菟」に「此云塗毘宇（此をとひうと云う）」という註があり、「菟」の字が「う」と読まれています。これに「さぎ」がついたのが「うさぎ」です。「さぎ」は梵語で兎をあらわす「舎舎迦（ささか）」に由来するという説（大言海）があります。平安中期の『本草和名』では「兎頭骨」に「和宇佐岐（うさぎ）」とあります。そのほか「をさぎ」とも言っていました。『万葉集』3529番（東歌）に「等夜の野に乎佐芸（をさぎ）狙はりをさをさも寝なへ児ゆゑに母に嘖はえ（とやの野で兎〔をさぎ〕を捕まえようと狙う、そのをさではないが、おさおさも〔少しも〕寝ていないのにあの娘の母親に叱られた）」とあり、「をさぎ」と「をさをさ」が掛詞になっています。「をさぎ」は東国方言と云われ、現代でも秋田県河辺、富山県、新潟県秋山郷、島根県などで使われています。

(木部)

ねずみ [鼠]

● 用法

人家にすむドブネズミ・クマネズミなどの家ネズミと、野外にすむハタネズミ・アカネズミなどの野ネズミとに分けられる。農作物・食料品・樹木などを食い荒らしたり、病原菌を媒介したりするなど、害獣として扱われる。

● 語の由来

古くから「ねずみ」が使われています。平安中期の『和名類聚抄』(十巻本)に「鼠(中略)禰須美(ねずみ)」とあります。『古事記』(上)には、根の国を訪れた大国主命が、須佐之男命の与えた3つの難題の一つ、野原に放たれた鳴鏑(飛ぶ時に大きな音のする矢)を探し出してくるという課題を解決するために野に入ったところ、須佐之男命が野に火を放ち、大国主命は火に囲まれてしまいます。そのとき鼠がやってきて、「内はほらほら、外はすぶすぶ(穴の内側は広い、穴の入り口はすぼまって狭い)」と言って大国主命を地面の穴に導いて助けたという話が出てきます。鼠が七福神の大黒天(大国主命と同一視された)の使いとされるのは、この神話によっています。

「鼠」はまた、「嫁」の名で呼ばれました。平安中期の『和泉式部集』(下)には、「よめのこの子鼠いかがなりぬらん、あな美しと思ほゆる哉」という歌が載っています。藤原道長の息子の嫁、小式部内侍が出産したときに、道長が小式部内侍の母である和泉式部にあてて詠んだ歌です。おもての意味は「鼠が産んだ子鼠はどうなったかなあ。ああかわいいと自然に思われますよ」、裏には「よめのこ」に息子の嫁が、「子鼠」に生まれた子供(孫)が隠されています。

江戸時代には「よめがきみ(嫁君)」という言葉も使われています。俳諧『山の井』に「都而正月は、世のつねにかはる事のみぞおほき。鼠を、よめがきみとよび(一般に正月はいつものやり方と変わることが多い。鼠を「よめがきみ」と呼び)」とあります。江戸中期の『物類称呼』には「鼠 ねずみ、関西にて、よめ、又よめが君といふ」とあり、関西の言い方だったようです。現代方言では、八丈島で「よめどの」、鹿児島で「よめじょ」が使われています。

沖縄本島では「鼠」を「うぇんちゅ(上の人)」と言います。「2階や天井裏に居る人」の意という説がありますが、柳田国男によると、このような解釈は新しいもので、本来は「祖先」の意だと言います。南琉球の八重山諸島や与那国島では「鼠」を「うやんちゅ、うやんとぅ(親の人)」と言い、鹿児島県与論島や沖縄県宮古島では「ゆむぬ(忌むもの)」と言います。ここから、鼠はただちに名前を呼ぶことが忌みはばかられるようなもの、つまり畏敬の対象であり、それが「祖先」の名称をもって呼ぶことにつながったのだと言います(『海上の道』所収「鼠の浄土」)。鼠と人との間には、日常生活の中で生まれた歴史がたくさんあるようです。

(木部)

いぬ［犬］

● 用法

①嗅覚・聴覚が鋭く、古くから猟犬・番犬・牧畜犬などとして家畜化されてきた。種類が多く、大きさや体形、毛色などはさまざまである。②他人の秘密などをかぎ回って報告する者。スパイ。「官憲のいぬ」③名詞の上に付けて、軽んじる気持やよく似ているが、実は違っているもの、役にたたないこと、むだであることなどを表わす。「犬侍」「いぬたで」「犬死に」

● 語の由来

「犬」は『万葉集』886番の歌に「世の中はかくのみならし伊奴（いぬ）じもの道に伏してや命過ぎなむ（世の中はこのようなものらしい。犬ころのように道に伏して死んでゆくのか）」とあり、古くから使われていました。『枕草子』（うへにさぶらふ御猫は）に、宮中で飼われていた「翁丸」という犬が「命婦のおとど」という猫を追いかけたために宮中から追放される話が出てきます。最後には宮中にもどり、おとがめも許されて元のように宮中で飼われることになります。この話から、宮中では昔から犬と猫が愛玩用として飼われていたことがわかります。平安時代には野犬も多くいたようで、『源氏物語』（浮舟）には宇治の様子が「里びたる声したるいぬともの出できてののしるもいと恐ろしく（里めいた声をした犬どもが出て来て吠え立てるのも、たいそう恐ろしく）」と描かれています。

「小犬」を古くは「ゑぬ」と言っていました。平安中期の『和名類聚抄』（二十巻本）（一八）では「狗」の字に「和名恵沼（ゑぬ）又与犬同」という註があり、「犬子也」という説明がつけられています。また、「ゑぬのこ」の変化した「ゑのこ」という語形も、『平家物語』（一二）「白いゑのこの走り出でたるをとらんとて」、江戸前期の『毛吹草』（二）「ゑの子みちしる（犬は子犬でも自分の家に帰る道を知っている）」のように見られます。「ゑのこ」は、現代では「えのころぐさ」（ねこじゃらし。花が子犬の尾に似ている）に残っています。

用法の②は、匂いを嗅ぐという犬の習性から生じた意味です。江戸時代中期の『冥途の飛脚』（下）に「こなた（あなた）のことで此の在所は、大坂からいぬが入」のような例が見られます。③は「犬」を畜生と見下すところから生まれた意味で、『平家物語』（九）に「御敵すでに河原までせめ入て候ふに、犬死（いぬじ）にせさせ給ひなんず」とあります。

ところで、犬の鳴き声は、現在は「わんわん」ですが、古くは「びよ」でした。平安中期の『悉曇要集記』に「吠 犬之音也 ヘイヒヨ」という記述があります（山口2008参照）。「わんわん」は室町時代の『虎明本狂言』（犬山伏）の「いぬ、わんわんといふて噛みつかふとする」が古い例です。

（木部）

ねこ［猫］

● 用法

①ネコ科に属する家畜化されたネコのこと。奈良時代に中国から渡来した。皮は三味線の胴張りに用いられる。

● 語の由来

「ねこ」の語源は、鳴き声の「ねー」に親愛の気持を表わす「こ」が付いたものと言われます。他に「ねずみを好む」「寝るを好む」などの説がありますが、いずれも語呂合わせ的なもので、根拠はありません。

「猫」は、古くは「ねこま」と言っていました。「ま」の由来はわかりませんが、平安中期の『本草和名』では「家狸」の字に「禰古末（ねこま）」と和名がつけられています。「ねこま」のもとになった「ねこ」もこの時代、使われています。平安中期の『枕草子』「うへにさぶらふ御猫は」の段は、宮中で飼われていた「命婦のおとど」という猫が「翁丸」という犬に追いかけられる話です（「犬」参照）。また、『源氏物語』「若菜」では、柏木が源氏の正妻である女三宮と密通する場面で、唐猫が重要な役割を果たしています。鎌倉時代の『名語記』（四）には「ねずみとる獣をねことなづく、如何」のように、「鼠を採る」という性質が注目されています。猫は昔から人間の生活に近い存在だったようです。

「猫」は比喩や諺にもたくさん使われています。例えば、「猫なで声（猫が人になでられる時に出すような、媚びを含んだ声音）」は、室町時代の『人天眼目抄』（一）に「猫撫声になる時もあり」とあり、「猫背（猫のように丸く曲がった背中）」は、江戸前期の『かた言』（五）に「煙管に火を点けて煙にむせぶ様子を猫ぜをたて」とあります。また、「猫に小判（どんな貴重なものでも価値がわからない者にとっては何の役にも立たないこと）」は、江戸前期の評判記『野良立役舞台大鏡』に「猫に小判を見せたやうで良いやら悪いやらひとつも合点まいりませぬ」、「猫も杓子も（なにもかも、だれもかれも）」は、江戸前期の『一休咄』に「生れては死ぬるなりけり、をしなべて釈迦も達磨も猫も杓子も」、「猫に鰹節（猫に鰹節の番をさせるように、不適任な者に物事を任せて危険な状況にあること）」は、江戸前期の『甲陽軍鑑』（品五一）に「取たる国郡を人の方へ渡すといふ儀は、下劣の喩に猫に鰹の節を預たると申も（戦で手に入れた領土を他人に渡すということは、下品な喩えでは『猫に鰹節を預ける』と言う）」とあります。「猫」を使った比喩や諺には、「媚びへつらう」「取るに足りない」「価値がわからない」など、あまりいい意味の表現がありませんが、これらは江戸時代に生まれ、現代でも使われ続けています。

（木部）

くじら [鯨]

● 用法

哺乳類のうち海で生活し、外形が魚に似ている。一般に体長4メートル以上の種類をクジラ、それ以下の種類をイルカとよんでいる。

● 語の由来

　海、浜、灘などにかかる枕詞に「いさなとり」という語があります。この「いさな」が鯨をあらわします。例えば、『日本書紀』（允恭）の歌謡に「異舎儺等利（いさなとり）海の浜藻の寄る時時を（海の浜藻が時々しか岸に寄らないように、時々しかお会いできない）」と歌われています。奈良時代には「くぢら」もありました。『古事記』（中）の歌謡に「鴫は障らずいすくはし久治良（くぢら）障る（〔鴫を獲ろうと罠を張って待っていると〕鴫は掛からず、りっぱな鯨が掛かった）」とあります。鴫と鯨は大きさがまったく違うので奇妙に思いますが、この歌は、神武天皇が奈良の宇陀の地を征服したときに詠んだ歌で、敵を鯨に喩えたものです。平安後期の言葉を反映する『観智院本類聚名義抄』には「クヂラ」「クジラ」のように第2拍目が「ヂ」のものと「ジ」のものが書かれています。この時代にはまだ「ヂ」と「ジ」の区別がありましたが（第Ⅰ部参照）、発音が揺れていたようです。

（木部）

11. 鳥

とり［鳥］ ………………………… 192
にわとり［鶏］ …………………… 192
とさか［鶏冠］ …………………… 193
すずめ［雀］ ……………………… 194
はと［鳩］ ………………………… 194
からす［烏］ ……………………… 195
たか［鷹］ ………………………… 195
うぐいす［鶯］ …………………… 196
ほととぎす［時鳥］ ……………… 196
たまご［卵］ ……………………… 197

とり [鳥]

● 用法

①鳥類。身体が羽毛でおおわれ、翼で空中を飛ぶ動物。②にわとり。

● 語の由来

　語源は、「とびかけり（飛翔）」の中略とするものや、「とびをり（飛居）」「とびゐる（飛集）」の意とするものなどがあり、「と」が飛ぶに由来することは有力と言えますが、全体としての語源は定かではありません。

　①の例としては、『古事記』（上）に「八千矛の神の命　萎え草の女にしあれば我が心浦渚の登理（とり）ぞ（八千矛の神の命よ。萎え草の女ですから私の心は入江の中の砂地の鳥です）」とあります。②の例としては『伊勢物語』（二二段）に「秋の夜の千夜を一夜になせりともことば残りてとりや鳴きなん（長い秋の夜を千夜、これを一夜にしましても、まだまだ愛の言葉が尽きないで、夜明けを告げる鶏が鳴くことでしょう）」とあります。

　鳥類の総称としての鳥にはあまり方言が見られませんが、個々の鳥の呼び名には方言が豊富です。

（中西）

にわとり [鶏]

● 用法

キジ科の鳥。

● 語の由来

　語源は、庭の鳥を意味する「にはつとり（庭つ鳥）」から変化したものとされます。古くから広く家畜として飼育され、庭先にいる鳥と認識されていたためです。そういう事情で人の生活と密接に結びついた鳥であるため、「とり」と言えば鶏を指すこともあります。別名も多く、「いえつとり（家つ鳥）」「かけ」「くたかけ・くだかけ」「ながなきどり（長鳴鳥）」などとも呼ばれます。「かけ」の語源は、「かけろ」と鳴く声からとする説が有力です。それに「くた・くだ」がついたのが「くたかけ・くだかけ」です。「くた・くだ」の語源ははっきりしませんが、古代、東国で家を「くだ」と言っていた（『和訓栞』）ところから「くだかけ（家鶏）」とする説もあります。『万葉集』の1413番の歌には「庭つ鳥可鶏（かけ）の垂尾の乱尾の長き心も思ほえぬかも（庭つ鳥　鶏の垂れ尾の乱れ尾のように長くのんびりした気持ちにはなれないことだ）」とあり、「かけ」とその枕詞であった「にはつとり（庭つ鳥）」が見られます。

　さらに、鶏は早朝に鳴く習性があるために、夜明けを告げて男女の仲を邪魔する憎い鳥として描かれることもあります。平安中期の『和泉式部日記』には、「殺してもなほあかぬかなにはとりの折ふし知らぬ今朝のひと声」とあり、朝を告げた鶏への憎しみを歌っています。

（中西）

とさか［鶏冠］

● 用法

鶏などの頭の上にある冠状の肉質の突起物。

● 語の由来

　古来「さか」で、鶏冠を表していました。平安中期の辞書『和名類聚抄』(十巻本)に「冠読佐賀（さか）（冠は佐賀と読む）」とあり「冠」を「さか」と呼んでいたことが分かります。「さか」の語源は不明ですが、「とさか」の語源は、「さか(冠)」に「とり(鳥)」をつけた「とりさか」からだと考えられます（第Ⅰ部参照）。『和名類聚抄』から少し時代が経って編まれた平安後期の辞書『色葉字類抄』には「冠 トサカ」とあります。

　方言の分布には、これらの変化の名残が見られます。「さか」は関東地方・東海地方にまばらに分布しながら四国東部や中国地方にも見られ、中央を挟んで周辺部に同じ語形が存在する周圏的な分布を示しています。「とりさか」、それが変化した「とっさか」は北陸地方にまとまった分布が見えるほか、近畿、東北地方の三陸沿岸にも分布が見られます。このような分布からも「さか」が「とりさか」より古い形であることが分かります。また、「さか」の前に「け(毛)」を付けたものもあるようで、「けさか(毛冠)」は「け(っ)ちゃか」という形で岩手県北部に見られます。新潟県北部には「とかさ」という言い方がまとまって見られます。これは「とさか」の「～さか」の意味が不明となり、語形や、頭の上に位置するものという意味の近さから、「かさ(笠・傘)」という類推が働いて、「とかさ」という形に変化したのではないかと推測できます。

　中国地方と南九州に分布する「えぼし、よぼ(ー)し」は、古来成人した男子がかぶっていた帽子「烏帽子」からの連想です。この「えぼし」類に挟まれるようにして四国西部から九州中部に「かぶと」が分布します。「かぶと」は武士がかぶる兜のことですから、この地域では「烏帽子」からの連想で「かぶと」という呼び名を付けたと思われます。

　一方、宮城県、山形県や香川県に見られる「やま(こ)」は、鶏冠の形が山に見えることからのごく自然な連想で、それぞれの地域で別々に発生したものと思われます。また、同じく形からの連想という点では、青森県、秋田県の「きのこ」も同様で、鶏冠の形が「きのこ」に似ているため、そのような名前を付けたと考えられます。

（中西）

すずめ [雀]

● 用法

ハタオリドリ科の鳥。

● 語の由来

「すずめ」の「すず」は鳴き声から、「め」は「むれ（群）」の変化したものとする説があります。雀の鳴き声は中世まで「しうしう」と表現されていました（亀井1970、第Ⅰ部参照）。例えば平安後期の辞書『色葉字類抄』には「啾啾　シウシウ　雀声」とあります。この鳴き声が「すす」と変化し、「すず」につながったと解釈できます。なお、その後、近世から雀の鳴き声は「ちゅうちゅう」とあらわされるようになり（「生まれながら忠をつくすや雀の子」『俳諧三部抄』）、大正時代に「ちゅんちゅん」が一般化したということが分かっています（山口2008参照）。

平安時代の『蜻蛉日記』（下）には「屋のうへをながむればすくふすずめども、瓦のしたをいでいりさへづる（屋根の上をじっと見ていると、巣を作っている雀たちが、瓦の下を出たり入ったりして、さえずっている）」とあります。　　（中西）

はと [鳩]

● 用法

ハト科に属する鳥の総称。

● 語の由来

語源は、速い鳥の意味からとするものや、羽音「はたはたと」の略とするものなどがありますが、定かではありません。

『古事記』には、「天廻む軽の嬢子いた泣かば人知りぬべし波佐の山の波斗（はと）の下泣きに泣く（あまだむ〔枕詞〕軽の乙女は、ひどく泣けば人に分かってしまうだろう、波佐の山の鳩のように声を忍ばせて泣いている）」と歌にあります。

方言では、中国地方や東北地方に「ててっぽっぽ」というような呼び名が見られます。これは鳴き声が呼び名に転じたものと考えられます。街中などで見かける鳩の鳴き声とは似ていないかもしれませんが、「やまばと」などと呼ばれる雉鳩の鳴き声から付けられたものです。なお、同じ地域で「ありじごく（蟻地獄）」や地中の「けら（螻蛄）」を「ててっぽっぽ」と呼ぶこともありますが、これは雉鳩の鳴き声を、それらの鳴き声と混同して付けられたものと考えられます。

（中西）

からす［烏］

● 用法

カラス科の鳥のうち、カラス属およびそれに近縁な属に含まれる鳥の総称。全身黒色で大形の陸鳥。

● 語の由来

　語源は、その鳴き声からとする説が有力です。『万葉集』3521番の東歌(あずまうた)に「可良須(からす)とふ大軽率鳥(おほをそどり)の真実(まさで)にも来まさぬ君を児ろ来とそ鳴く(烏という大慌てものの鳥が本当にはいらっしゃらない我が君を「児ろ来〔我が君が来た〕」と鳴くことよ)」とあります。この「ころく」は、烏の鳴き声を意味のある言葉として人が聞きなしたものです。つまり、鳴き声からkやrに類する音を聞き取っていたことが分かります。このうち「ころ」の聞きなしが母音を変えて「から」となり、鳥に添える言葉の「す」(「うぐいす」「ほととぎす」など)が付いて「からす」となったとされます。

　烏の鳴き声は、『枕草子』「あさましきもの」に「烏のいと近く、かかと鳴くに(烏がたいへん近くで、かあと鳴くので)」とあり、中世には「こかこか」と聞きなされ、現代と聞きなしが異なることが分かっています。現代に一般的な鳴き声の「かあかあ」は、江戸時代から見られます。　　　　　　　　　　(中西)

たか［鷹］

● 用法

タカ目タカ科の鳥のうち、小形ないし中形のものの総称。

● 語の由来

　語源は、高く飛ぶところからとする説や、「たけき(猛)」の意からとするものなどが主たる説としてありますが、鷹の性質から考えて「たけき(猛)」の方が有力です。ただし、どちらも「鷹」とはアクセントが合いません。

　『万葉集』の4155番の歌に「矢形尾(やかたを)の真白の鷹(たか)を宿に据ゑかき撫で見つつ飼はくし良しも(矢形尾で真っ白な鷹を家に置いてかき撫で見ながら飼うのはよいものだ)」とあります。

　また、鷹は古来、威厳のある鳥とされ、鷹狩りに用いられました。そのような背景から、『源氏物語』(行幸(みゆき))にも「親王たち上達部(かむだちめ)などもたかにかかづらひ給へるは、珍らしき狩の御装どもを設け給ふ(親王たちや上達部なども、鷹狩りに加わられる方は、どなたも珍しい狩の御装束を用意しておられる)」とあり、「たか」が鷹狩を意味することもありました。　　　　　　　(中西)

うぐいす [鶯]

● 用法

①スズメ目ウグイス科ウグイス属の鳥。夏は山地で繁殖し、冬は平地に降りる。鳴き声を楽しむために古くから飼育された。②声の美しい女性。「うぐいす嬢」

● 語の由来

「うぐひす」の語源は、鳴き声の「うぐひ」に鳥をあらわす「す」(カラス、カケス、ホトトギスなどの「す」)がついたものです。古くはハ行子音がpだったので（第Ⅰ部参照）、「うぐひ」は「ugupi」のような発音でした。鶯の鳴き声の中には、「ウ～～グピッ」と聞こえるものがあり、これが語源です。

「うぐひす」は、古くから歌に詠まれてきました。『万葉集』824番「梅の花散らまく惜しみ我が園の竹の林に于具比須（うぐひす）鳴くも」のように、梅の花と一緒に詠まれています。平安時代には、鶯の鳴き声を「ひとく（pitoku）」と聞き、「人来」の掛詞として使われました。『古今和歌集』（雑体）に「梅の花みにこそきつれ鶯のひとくひとくといとひしもをる（梅の花を見に来ただけなのに鶯が人来人来と私を厭っている）」のような歌があります。鶯の鳴き声を「ほーほけきょ」と聞きなすようになったのは、江戸時代のことです（山口1989参照）。

(木部)

ほととぎす [時鳥]

● 用法

カッコウ科の鳥。初夏に日本に渡来し、初冬に東南アジアへ渡る。ウグイスなどの巣に托卵する。子規、杜鵑、不如帰、郭公、杜魂、蜀魂などの漢字表記がある

● 語の由来

「ほととぎす（時鳥）」は、『万葉集』4084番に「暁に名告り鳴くなる保登等芸須（ほととぎす）」とあり、「自分の名を名告って鳴く」と言われています。「ほととぎ」が鳴き声で、「す」は鳥をあらわす接尾語（カラス、ウグイスなどの「す」）です。現在の鳴き声の「テッペンカケタカ（天辺掛けたか）」や「トッキョキョカキョク（特許許可局）」とだいぶ違いますが、おそらく、促音のはさまった「ポットットギッ」のような聞きなしで、これが名前になったのではないかと思います。方言では「ホンゾンカケタカ（本尊掛けたか）」、「ホッチョカケタ（包丁かけた）」、「オトットコイシ（弟恋し）」のように聞きなすところがあり、それにまつわる民話も残っています（柳田1990参照）。

漢字表記の種類が多く、『万葉集』では「霍公鳥」が使われ、『新撰字鏡』（巻八）では「郭公鳥」に「保止ゝ支須（ほととぎす）」の訓があります。「子規」「杜鵑」「不如帰」などは中国での表記で、蜀王の故事によっています。

(木部)

たまご ［卵］

● 用法

①動物の雌が産む、発育すると幼体となる主に球形の物体。特に鶏卵のこと。「卵を産む」「卵の黄身」②物事の起こりはじめ。また、未熟なもの。「台風の卵」「学者の卵」

● 語の由来

　「たまご」は「たま（玉）」＋「こ（子）」という語構成で、玉のように丸いことから生じた語形だと思われます。②は①が動物の一生のはじまりであることから派生した意味です。①は江戸初期の『日葡辞書』に「Tamago（タマゴ）」の用例が見られ、②の意味も江戸時代に入ってから見られます。このように、「たまご」という言葉が現れるのは比較的新しい時代になってからで、それ以前は「卵」は「かひご」あるいは「かひ」と呼ばれていました。「かひ」は「貝」と同語源で、「卵」のほかに「殻」も表しましたが、「貝」との区別のために「かひご」と言うようになったと思われます。ところが、中世になると「かひこ（蚕）」が「かいご」と発音されるようになり、「卵」の「かひご（かいご）」と紛らわしくなったことから「たまご」という言葉が新たに作られたと言われています。

　方言を見ると、「卵」には「たまご」以外にもいくつかの語形が確認できます。与那国の「かいぐ゚（゚は鼻濁音をあらわす）」のように「かひご」に対応する語や、八重山の「けー」のように「かひ」に対応する語のほか、鹿児島や琉球の「こが」（訛りとして「くーが、ふが」などとも）、南琉球の「とぅなか」などがあります。「とぅなか」は「とりのこ（鳥の子）」の転じたものと言われていますが、「むしぅぬ　とぅなか（虫の卵）」のように鳥以外の卵にも使われます（平山［編］1983参照）。「こが」の語源は不明ですが、もしかしたら「睾丸」かもしれません。あるいは、「かひご」の転じた語の可能性もあります。「すまひ＞すもう」（相撲）、「むかひ＞むこう」（向こう）のように「かひ」は「こう」に転じることがあり、また九州の「ちょか」（土瓶）は「ちょこ」（猪口）の転じたものだとすれば「こ＞か」のような変化が九州で起きたことになります。したがって、「かひご＞こうが」となる可能性があります。鹿児島では長母音が短くなるので「こうが＞こが」となります。ただし琉球の「こが」は奄美から与那国まで広く分布し、琉球祖語に遡ると考えられます。鹿児島で「かひご」が「こが」に変化してから沖縄に伝わったとすると、「こが」が琉球祖語に遡ることと年代的に矛盾するという問題があります。

（中澤）

12. 虫

むし [虫] …………………… 200	なめくじ [蛞蝓] …………………… 207
あり [蟻] …………………… 200	へび [蛇] …………………… 208
か [蚊] …………………… 201	まむし [蝮] …………………… 209
くも [蜘蛛] …………………… 201	むかで [蜈蚣] …………………… 210
くものす [蜘蛛の巣] …………… 202	のみ [蚤] …………………… 210
ちょうちょ [蝶々] …………… 202	しらみ [虱] …………………… 211
はち [蜂] …………………… 203	かいこ [蚕] …………………… 211
はえ [蠅] …………………… 203	かまきり [蟷螂] …………………… 212
うじ [蛆] …………………… 204	とんぼ [蜻蛉] …………………… 213
みみず [蚯蚓] …………… 204	ばった [飛蝗] …………………… 214
かえる [蛙] …………………… 205	せみ [蝉] …………………… 215
かたつむり [蝸牛] …………… 206	

むし［虫］

● 用法

①人・獣・鳥・魚・貝など以外の小さな動物。主に昆虫類をさす。②人間の体内にいるとされて、身体や感情などに影響を与えると考えられていたもののたとえ。「腹の虫が収まらない」③一つの事に熱中する人。「本の虫」④他の語に付き、そのようなことをする人やそのような性質の人をあざけっていう。「泣き虫」

● 語の由来

①がもとの意味で、②、③は①からの派生、それが人の性質に転じて④の意味につながったと考えられます。

語源は「六脚（むつあし）」などと言われますが、定かではありません。『万葉集』348番の歌には、「この世にし楽しくあらば来む世には虫に鳥にも吾れはなりなむ（この世で　酒さえ飲んで楽しかったら、あの世では　虫にでも鳥にでも私はなってしまおう）」と有名な歌人、大伴旅人も歌っています。

また、「虫」は「鈴虫、松虫、こおろぎ」など、秋に鳴く虫の総称としてもよく用いられます。『枕草子』の「春はあけぼの」に「日入り果てて、風の音、虫の音など、はた言ふべきにあらず（日がすっかり沈んでしまって、風の音や虫の音などが聞えるのもやはり言い表しようもなくよいものである）」と書かれるように、風流なものとして捉えられ、秋の季語にもなっています。　　　　　　（中西）

あり［蟻］

● 用法

アリ科に属する昆虫の総称。

● 語の由来

語源は、多く集まる虫であるから「あつまり」の中略という説や、よく「あり（歩）く」ものであるから、などと言われますが、定かではありません。

『枕草子』（虫は）には「ありは、いとにくけれど、かろびいみじうて、水の上などを、ただあゆみにあゆみありくこそをかしけれ（蟻はとても嫌だけれど、身軽さは大変なもので、水の上などをひたすらさっさと歩きまわるのが趣深い）」と書かれています。俗な言い方で「ありんこ」と言いますが、諸方言でも「ありこ、ありっこ、あいこ、あーこ、ありご」など、似た形が見られます。これらに通じる「こ」は「子」の意味ではなく、ある語について「小さい」、あるいはそこから転じてそのものへの「親愛」などの意を添える「指小辞」と呼ばれる言葉です。共通語でも「わんこ」などがあります。他に、「ありんぼ」「ありんどん」「ありめ」などの呼び方も各地にありますが、それぞれ「ぼう（坊）」「どの（殿）」「め」など、各地で同じ働きをする指小辞がついたものです。その呼び名の多彩さや、指小辞がつくことから、身近な生き物であると言えます。　（中西）

か [蚊]

● 用法

ハエ目カ科に属する昆虫の総称。

● 語の由来

奈良時代の『新訳華厳経音義私記』に「蚊蚋蚊蠅〈略〉上二字加安（かあ）」とあり、また平安中期の『金光明最勝王経音義』に「加阿」とあることから、「かー」と伸ばして発音したと考えられます。

『枕草子』の「にくきもの」には「ねぶたしと思ひて伏したるに、かのほそ声にわびしげに名のりて、顔のほどに飛びありく（眠たいと思って横になっている時に、蚊が細いかすかな声で心細そうに『ぶーん』と名乗って、顔のあたりに飛びまわる）」とあります。この「名のりて」は羽音のことで、「蚊」の音読「ぶん」から「ぶーん」とする説、「かー」とする説があります。「蚊」の語源は「かま（喧）」（うるさいこと。「あなかま」の「かま」）の略、「かむ（嚙）」（嚙むこと。食らいつくこと）の下略とする説などがあり、どれも有力です。　　（中西）

くも [蜘蛛]

● 用法

クモ目に属する節足動物の総称。

● 語の由来

『日本書紀』に「我が夫子が　来べき宵なり　ささがねの　区茂（くも）の行ひ　今宵著しも（今宵は私の夫がきっと来る夜です。ささがねの蜘蛛の振る舞いが今夜は特別目立つもの）」と歌われていて、奈良時代から「くも」の名があったことが分かります。この歌に見える、蜘蛛が巣を張ると親しい客が来訪するという俗信は、中国の荊州の俗信に通じているとされ、そこでは「くも」が「喜母」と呼ばれていたとされます。

全国の方言を見ると、「くも」類と「くぼ」類に大きく二分されています。この2つは2音目がマ行音とバ行音の交替を起こしたもので、他にも「けむり」と「けぶり」のように、よく起きる音変化です（第Ⅰ部参照）。「くぼ」類は、文献には見出すことができないものの、「くも」類を囲むように、「くぼ」（東北・北陸）、「こぶ」（九州）、「くぶ」（沖縄）が分布していることから、「くも」類よりも古いと考えることもできます。他に「きぼ、けーぼ」（石川・富山）などもあります。

「くも」の語源は、網を組む虫ということから「くむ（組む）」の転とするものや「こもり（籠り）」に由来するなど諸説ありますが、方言や、上代に浸透していた俗信との関わりから「きぼ（喜母）」の転、ということも考えられます。

（中西）

くものす［蜘蛛の巣］

● 用法

蜘蛛が糸を張ってつくった網。

● 語の由来

語源は、『大言海』に糸で簣のように作る意から「蜘簣（くものす）」となったと言われています。簣とは、竹や木を編んで作ったものや簣の子のことを指しています。

『万葉集』892番には、山上憶良が貧窮問答歌と題して「甑（こしき）には 久毛能須（くものす）懸きて 飯炊（いひかし）く 事も忘れて（甑には蜘蛛が巣を作り、米を蒸すすべも忘れて）」と歌っています。この歌は憶良が貧窮者同士の対話という形を借りて、庶民の苦しい生活を中央の高官に訴えたものとされています。このように、蜘蛛の巣は、貧しさを表現するときや、朽ちこぼれたさま、落ちぶれたさまなどをたとえるときに多く用いられていました。

(中西)

ちょうちょ［蝶々］

● 用法

チョウ目に属するガ類以外の昆虫の総称。

● 語の由来

「ちょうちょ」は「ちょうちょう」の変化したもので、繰り返しのない「ちょう」と同義です。「ちょう」の語源は「蝶」の漢字の読み、「字音（じおん）」から来ています。「字音」とは、固有の文字を持たなかった日本に、書くための道具立てとして漢字が取り入れられた時、それぞれの漢字に伴う中国語の発音を同時に取り入れて、日本語のなかに定着させたもののことです。

現代中国語では「ちょう」を「蝴蝶（フーディエ）」と言い、2文字目の「蝶」の漢字のつくり部分には「薄くてひらひらするもの」の意があります。ここから、「蝶」の漢字が日本に入って、虫の名称の表記として採用され、その当時の中国語の読み（漢音）が、虫の呼び名「ちょう」になったということです。

平安時代、「蝶」は仮名で「てふ」と表記されました。『宇津保物語』（藤原の君）には「我袖はやどとるむしもなかりしをあやしくてふのかよはざるらん（私の袖は宿をとる虫もなく寂しいのにどうして蝶が飛んできて遊ばないのでしょう）」と書かれ、求愛相手を蝶にたとえています。

(中西)

はち［蜂］

● 用法

ハチ目のうちアリ科を除いた昆虫の総称。

● 語の由来

　語源は「はりもち（針持）」「はりさし（針刺）」の中略などがありますが、定かではありません。

　平安時代末期の説話集『今昔物語集』（巻二九）には「然れば蜂そら物の恩は知けり。心有らむ人は人の恩を蒙りなば必ず酬き也。（されば蜂さえももの恩は知っていたのだ。心ある人は、人から恩を受けたなら、必ず恩に報いなければならない）」とあります。この説話では、普段から蜂に酒を飲ませ手懐けていた商人が、商いの道中で盗賊に財物を奪われたとき、蜂たちがやってきて盗賊を皆殺しにしてしまったという逸話のあとに、教訓として述べられています。

　蜂は多く恐ろしいものとして描かれていますが、悪者とばかりは限らない例と言えます。

(中西)

はえ［蠅］

● 用法

ハエ目の昆虫。

● 語の由来

　語源は「ははへ（羽延）」の略とするものや、「ははひ（羽這）」、「はえ（這）」の意とするものなどがあります。上代では虫一般を「はふむし（這虫）」と言っていたことから、代表格として蠅を位置づける「はへ（這）」が有力です。

　平安時代の『枕草子』（虫は）には「はへこそにくき物のうちにいれつべく、愛敬なきものはあれ（蠅こそはにくらしい物のうちに当然入れてしまうべきもので、愛敬がないといったらない）」とあります。この後にも蠅のわずらわしさが語られるのですが、最後に「人の名につきたる、いとうとまし（人の名前に「蠅」とついているのは、とてもいやだ）」とあります。『古事記』（安寧天皇）に「蠅伊呂泥」「蠅伊呂杼」という、今は見られない「蠅」を使った人名が見えています。この時代にも身分の低い者などに「蠅」が入った名があったことを示しています。

(中西)

うじ [蛆]

● 用法

昆虫、ハエ、アブ類などの脚のない幼虫の総称。

● 語の由来

語源は、うずくまって集まる意の「うずすまる」の転、「うじむし」の略とするものと、「むし（虫）」と同語源の「うし」が語幹で、濁ったものとする説があります。

『日本書紀』（神代上）には「膿沸き虫流れたり」と書かれていますが、この部分は『古事記』（上）に、万葉仮名で「宇士多加礼」と書かれており、『日本書紀』の「虫」が「うじ」であることが分かります。このように「うじ」に「虫」の漢字が当てられていることを考えると、「むし（虫）」と同語源とする説が有力であるかもしれません。

また、方言を見ても、「うじ」という語形で「虫」の意味を表す地域があり、「むし」と「うじ」の関係が密接であったことを示唆しています。　　　　　　　（中西）

みみず [蚯蚓]

● 用法

貧毛目に属する環形動物の総称。

● 語の由来

語源は、「めみず（目不見）」とする説、鳴き声からとする説（「みみ」は鳴く声。「ず」は「きりぎりす」などの「す」と同じで動物の名の下に付する「す」に由来するもの）などがあります。「みみず」は鳴きませんが、「みみず鳴く」という成句や「みみずの歌」などの表現があるように、昔は地中の「けら（螻蛄）」などの鳴き声をみみずのものと聞き違えていたようです。したがって後者も否定はできません。方言にも、鳴くと信じられている大きなみみずを「うたうたみみず（歌歌蚯蚓）」と呼ぶ地域が北関東（群馬や栃木の一部）にあります。

平安前期の歌謡『催馬楽』には「力なき蝦 力なき蝦 骨なき美々須（みみず）骨なき美々須（みみず）」とあります。みみずが「腹の突き出た威張り屋だ」とかえるをからかえば、かえるが「おまえこそ芯がない細い奴よ」と返す、お互いを皮肉る風刺の歌とされます。　　　　　　　　　　　　　　　　　（中西）

かえる［蛙］

● 用法

両生綱無尾目に属する動物の総称。

● 語の由来

　語源は、元のところへ必ず「かへる（帰る）」ところから、鳴き声からなど諸説あり、どれとも言えません。

　奈良時代の『日本書紀』には「毎に山の菓を取りて食ふ。赤蝦蟆（かへる）を煮て上き味と為（いつも山の木の実を取って食い、また蛙を煮てうまい味付けにする）」とあります。一部の地域では食用とされることもあったようです。

　方言には「び（っ）き」という呼び名があります。これは中国、四国地方に見られる「ひき」と同源です。また、沖縄本島では「あたびち、あたびちゃー」と言いますが、この「びち、びちゃー」は「ひき、び（っ）き」の変化です。これらは、東北地方や九州、そして沖縄本島まで含めて、周辺部に分布し、その中間の「かえる」を取り囲むように周圏的分布を示しています。このような分布から、「ひき、び（っ）き」が「かえる」より古い語と考えられます。

　蛙の一種にヒキガエルがいますが、カエルの方言と重ねると、次のような呼びわけの歴史が分かります。かつては両者を区別せず「ひき」と呼んでいましたが、その後ヒキガエルを「ふるた、ひきだ」、カエルを「ひき、び（っ）き」などと区別するようになり、さらに「かえる」という語が生じると、カエルを「かえる」と呼び、ヒキガエルを「ひき」と「かえる」をつないだ「ひきがえる」と呼ぶようになりました。

　なお、カエルを指す語に「かわず」もありますが、「かえる」が日常語であるのに対し、「かわず」は古く歌語であったとされています。ただ、長野、東海、北陸地方の方言では「かわず・がわず」が使われており、ある時から日常語になったと推定できます。

（中西）

かたつむり ［蝸牛］

● 用法

軟体動物、有肺類に属する大形陸貝の総称。

● 語の由来

　かたつむりの語の歴史は、柳田国男の『蝸牛考』で有名です。柳田は全国の「かたつむり」の方言を「なめくじ」系（A）、「つぶり」系（B）、「かたつむり」系（C）、「まいまい」系（D）、「で（ん）で（ん）むし」系（E）とその他に分類しました。その分布は、京都を中心とする「で（ん）で（ん）むし」系（E）を囲んで、ほぼABCDEDCBAの順に並んでいます。このような分布は京都でABCDEの順にことばが誕生し、そのつど古い方の語が外側に押し出され、地方に伝播していったために形成された結果だと柳田は考えました。「かたつむり（蝸牛）」は方言の分布に語の歴史が反映された「方言周圏論」の典型的な例とされています（第1部参照）。

　それぞれの語の成り立ちについては、（A）「なめくじ」系は「蝸牛」と「蛞蝓」を区別していなかった昔の名残り、（B）「つぶり」系は「つぶり」がうずまき状の丸いものを意味しており、「蝸牛」の形状による名づけ、（C）「かたつむり」系は「つぶり」に「堅し」の「かた」がついて変化したもの、（D）「まいまい」系は「巻き巻き（つぶり）」の変化したもの、（E）「で（ん）で（ん）むし」系は子供が「蝸牛」に呼びかける「出よ出よ」が「でんでん」に転じたものとされています。

(中西)

なめくじ［蛞蝓］

● 用法

ナメクジ科コウラナメクジ科等の、殻を持たない陸産腹足類の総称。方言で蝸牛を指すこともある（「蝸牛」参照）。

● 語の由来

　現在では、「なめくじ」の呼び名が定着していますが、方言や古典文献には「なめくじ」「なめくじり」「なめくじら」が主に見られ、語源もそれぞれについて数種類存在します。

　文献では、平安前期の辞書『新撰字鏡』に「蜒　奈女久地（なめくぢ）」とあり、これが最も古い例です。次に、平安中期の経典『石山寺本法華経玄賛平安中期点』に「蝮ナメクヂリは㢈にして博さ三寸なり」とあり「なめくじり」が見られます。「なめくじら」は、時代が下って室町時代の講義録『玉塵抄』に「なにたる虫やらなめくじらのやうの類か」という記述が見られ、これが初出になります。文献からは、「なめくじら」が他に比べ、新しいということが言えますが、同時代に出てくる「なめくじ」と「なめくじり」については、先後を見極めることが困難です。歴史推定の助けになる方言の分布を見ても、「なめくじり」が「なめくじら」より周辺部に分断されて分布していて「なめくじり」が古いということが分かりますが、「なめくじ」と「なめくじり」についてはどちらが先か分かりません。

　「なめくじ」の語源は、「なめ」が滑の意で、「くじ」も滑る物の意の組み合わせとする説があり、「なめくじり」の語源は「なめくりたり（滑転垂）」の意とする説があります。これについてもどちらが先か定まりません。後からできた「なめくじら」に関しては、「なめくじり」をもとに「くじり」が「くじら（鯨）」という語に引かれて変化した可能性があります。現代方言では、「なめくじら」の近くに「まめくじり」が見られます。それが小さな鯨の意の「豆鯨」を想起させるため、「（なめ）くじら」への変化につながったと解釈できます。

　「なめくじ」の呼び名は「かたつむり（蝸牛）」の呼び名とも密接な関係があります。「蝸牛」の方言の分布からは、古く「蝸牛」を「なめくじ」と呼んで「蝸牛」と「蛞蝓」を区別していなかったことが分かっています（「蝸牛」参照）。一方、「蛞蝓」の方言を見てみると「はだかなめくじ」、「はだかめーめー」、「はだかだいろ」などの形が各地に見られます。これらは「蝸牛」の呼び名（「なめくじ」、「まいまい」、「だいろ」など）を基本として、それに殻を取ったことを示す「はだか（裸）」という表現を付けて「なめくじ」を示したものと考えられます。

（中西）

へび［蛇］

● 用法

爬虫類有鱗目ヘビ亜目に属する動物の総称。

● 語の由来

　現代の標準語では「へび」ですが、古く、上代には「へみ」と呼ばれていました。仏教歌謡『仏足石歌』には「四つの閇美（へみ）五つの鬼の 集まれる穢き身をば 厭ひ捨つべし 離れ捨つべし（四つの蛇、五つの物が集まってできた汚れた身など、厭い出家してしまおう。別れ出家してしまおう）」とあり、「へみ」の言い方が確認できます。その後、平安中期の辞書『和名類聚抄』には「蛇 孫愐曰虵 食遮反倍美一云久知奈波日本紀私記云乎呂知（蛇 孫愐の言うには、蛇食遮反、倍美、一に久知奈波と言う。日本紀私記に蛇は乎呂知と言う）」とあり、この時代「へみ」と「くちなわ」がともに使われていたことが分かります。「へび」の形が見られるのはもっと時代が下ってからです。このような背景から「へび」の語源は「へみ」の音が変化したものと捉えるのが妥当です。mとbの音が交替する現象は、多数の言葉に見られます（第Ⅰ部参照）。「へみ」の語源は、「はひむし（這虫）」の意とするものなど諸説ありますが、どれと定めがたい所です。「くちなわ」は「口縄」、「朽ち縄」などに由来するとも言われますが、民俗学者の柳田国男は、有害な蛇を指す「くち」と、無害な蛇を指す「なぶさ」がつながった「くちなぶさ」の転という説を示しており、いずれがよいか定かではありません。

　現代方言では、全国的に「へび」が広がっていますが、特に近畿地方以西の地域では「くちなわ（お）」と呼ぶ地域が多く見られます。石川県から福井県にかけての県境地域には「へみ」の呼び方も見られます。これらは古典文献に現れる呼び名に通じるものです。沖縄などに生息する毒蛇「はぶ」も、「はみ（蝮）」の転、あるいは「へび（蛇）」の転とする説があり、「へび」との関連が考えられます。

　また、中国地方西部の沿岸や鹿児島県の薩摩半島や五島列島などには「むし」、「おおむし」、「やむし」、「ながむし」などの呼び方が見られます。これらは「忌詞」という、縁起がよくないことを連想させることばを避ける習慣から生まれた表現と考えられます。その対象の名前を直接口にすることによって、対象を呼び寄せると考えられていたのです。そのため、「ながむし（長虫）」「むし（かつては小動物の総称であった「虫」）」など、間接的に「へび」を示す呼び名になったと考えられます。その他の方言でも「へび」の呼び名には忌詞が発達しています。例えば、滋賀、岐阜、大阪などには、「みーさん」という形を使う地域があります。「巳様」に由来し、霊威ある存在として「蛇」が敬われているようです。

(中西)

まむし［蝮］

● 用法

有鱗目クサリヘビ科の毒ヘビ数種の総称。

● 語の由来

　現代の標準語では「まむし」という名称で知られる毒蛇ですが、平安末期の公卿の日記『玉葉』に「凡昔も今も真虫海より打上るる事は（ほぼ昔も今も蝮が海より打ち上げられることは）」とあるのが、古典文献に「まむし」が現れる最初の例です。それ以前は、平安中期の辞典『本草和名』に「蝮虺〈略〉和名波美（はみ）」とあり、「はみ」と呼ばれていました。さらにさかのぼると奈良時代には『古事記』に出てくる天皇の名「蝮水歯別命」が『日本書紀』で「多遅比瑞歯別天皇」と読まれていることから「蝮」を「たぢひ」と呼んでいたと推定できます。

　「たぢひ」の語源は「たちばみ」の略とする説、「はみ」の語源は「（人を）はむ（食）」や「はみ（這身）」の意からとする説がありますが、定かではありません。一方、「まむし」には「はみむし（喰虫・蝮虫）」の転とする説、「まむし（真虫）」の意からとする説などがあります。「はみ」との関連を考えると前者のように思えますが、「へび」の項目で解説した通り、蛇類の名称には、直接呼ぶことを避ける「忌詞」が多く見られ、「へび」の方言でも「ながむし（長虫）」などと直接的に呼ぶことを避けた表現が見られます。したがって、忌詞の一種として捉えた「真虫」を語源とする説の可能性が考えられます。「まむし（真虫）」は、狼を畏怖して「真神」と呼び変えるときと同じ「ま（真）」と、小動物の総称としての「むし（虫）」の組み合わせと考えられます。

　なお、時代が下ると、鎌倉時代の辞書『名語記』に「くちはみといへる虫を、ただはみともいへり。はみ如何。答はみは蝮也。（「くちはみ」と言う虫をただ「はみ」とも言う。「はみ」とは何か。答え「はみ」は蝮である）」とあり、「くちはみ」とも呼んでいたことが分かります。その後の時代の辞書には「くちはめ」、「くちばみ」という形も見られます。これらの「くち」は、蛇一般を指す「くちなわ」の「くち」で、それに「はみ」がついたものでしょう。

　方言では、『日本言語地図』第228図に「まむし」の名称を尋ねた全国調査の結果があり、「くちはみ」類が東北地方の岩手県南部から宮城県、関東地方の東部、中国地方の一部に見られ、「はみ」類が近畿地方から中国・四国にかけて広がっていることが分かります。九州西北部には「ひらくち」、九州東部には「まへび」という呼び名がありますが、「くち」、「ま」は、それぞれ蛇一般に通じる「くち」、畏怖して呼び変えるときにつける「ま（真）」と同じものと考えられます。他に東北地方で「くそへび」と呼ぶ地域がありますが、蔑称することで「まむし」を遠ざけようとする忌詞の一種と捉えられます。

（中西）

むかで [蜈蚣]

● 用法

ムカデ綱（唇脚類）のうちゲジ類を除く節足動物の総称。

● 語の由来

語源は、手が向かい合っているところから、「むかで（向手）」とする説があります。

古来、大むかでなど、怪異な動物として伝承に登場することが多く、毘沙門天の使いとされることもありました。『太平記』（巻一五）には、平将門を討った英雄俵藤太秀郷が島のように巨大なむかでに立ち向かって退治した物語が次のように書かれています。「嶋の如くに見えつる物の、倒るる音、大地を響かせり。立ち寄りてこれを見るに、果して百足の蚣なりけり」

「百足のあだ転び」（足が多くて簡単に倒れないむかででも、誤って倒れることがある。大丈夫と思っていても、油断すれば時には失敗するというたとえ）や、「百足は鞍馬の使者」（むかでは毘沙門天の使者である）など、むかでに関する故事俗信も多くあります。

（中西）

のみ [蚤]

● 用法

ノミ目に属する昆虫の総称。

● 語の由来

語源は、「のむ（飲む）」の意で、人の血を飲むところからとするものや、飛び跳ねるの意で「のむし（伸虫）」の約とする説がありますが、定かではありません。

平安中期の『和名類聚抄』（十巻本）には「蚤　説文云蚤　音早　乃美　齧人跳虫也（蚤　説文〔『説文解字』という中国の辞書〕が言うには、蚤　音は早、乃美　人を噛み飛び跳ねる虫である）」とあります。

また、『枕草子』「にくきもの」には、「のみもいとにくし。衣のしたにをどりありきて、もたぐるやうにする（蚤もひどく憎らしい。着物の下で踊りまわって着物を持ち上げるようにする）」とあります。古来より「蚤」がわずらわしいものとして捉えられていたことが分かります。

（中西）

しらみ [虱]

● 用法

シラミ目に属する昆虫の総称。

● 語の由来

　語源は、「しらむし（白虫）」の略とする説が有力です。「しら」が「白」で、「み」は「虫」の意です。

　平安前期の仏教説話『日本霊異記』には「衣の虱は頭に上りて黒く成り、頭の虱は衣に下りて白く成るといふ。是くの如き譬有り（衣につく虱は頭に上れば黒くなり、頭の虱は衣におりてくると白くなると言う。誰でもその位置にあれば、その能力が生まれる。このようなたとえがある）」とあります。衣の「しらみ」はコロモジラミ、頭の「しらみ」はアタマジラミで、ヒトジラミの亜種の関係ですが、ここでは同一のものが環境に適合するたとえとして説かれています。

(中西)

かいこ [蚕]

● 用法

カイコガ科のガ。または、絹糸をとるために飼育されるその幼虫。

● 語の由来

　語源は、人が飼育する「飼ひ蚕」の意からとされます。古く「蚕」は「こ」と読み、「こ」だけで「かいこ」を意味していました。『万葉集』2991番の歌には「たらちねの母が養ふ蚕の繭隠りいぶせくもあるか妹に逢はずして（〔たらちねの〕母が飼う蚕の繭ごもりのようにあの娘にあわずにいて）」とあり、ここでは「蚕」が「かいこ」を示しています。この「かふこ（飼ふ蚕）」が「かひこ（飼ひ蚕）」を経て、「かいこ」になったと考えられます。平安時代の『宇津保物語』(吹上上)には「蚕飼ひ」、『本草和名』には「白彊蚕 和名加比古（かひこ）」とあり、「かいこ」への一般化が窺えます。

　律令制度のもと、貢物として絹が珍重され、養蚕が重要な産業として広まったこともあって、「かいこ」を尊称する地域も各地に少なくありません。例えば、福島県や、富山県から島根県にかけての沿岸部、長崎県などでは「かいこさま」のように「様」を付けています。そして、「おかいこ」のように「御」を付ける地域も中部地方にあります。さらに、「おかいこさま」のように両方を付ける地域が東日本に広く分布します。このほかに、「ひめ（っ）こ」など、「姫」に由来するものもあります。

(中西)

かまきり [蟷螂]

● 用法

カマキリ目の昆虫の総称。

● 語の由来

　かまきりの前足は鎌状になっており、その前足で虫を捕食します。したがって、「かま」の語源は、鎌に見立てた腕と考えられます。「きり」の部分は、腕を斧のように振るうからとする説と、「かみきり（髪切り）」との混交だとする説があります。

　なお、古い文献に見られる「蟷螂（蟷蜋）」の呼び名は、「かまきり」ではありませんでした。最も古いものでは、平安中期の辞書『和名類聚抄』に「蟷蜋 兼名苑云蟷蜋〈略〉一名蟷蠰 当餉二音 以保无之利（いぼむしり）」とあり、「いぼむしり」であったことが分かります。その語源は、いぼをむしり食う虫とされています。それ以降は「とうろう」が見られるようになります。鎌倉時代の説話集『十訓抄』には「園の楡の上に、蟬、露を飲まむとす。うしろに蟷螂のをかさむとするを知らず。（庭園の楡の上に蟬がいて、露を飲もうとしている。後ろから蟷螂が蟬を襲おうとしているのに気が付かない）」とあります。「かまきり」という語が見られるのはそれより後で、例えば、江戸時代の辞書『日葡辞書』に「Camaqiri（カマキリ）」とあります。また、江戸時代の俳文集『風俗文選』にも「かまきりに降参したるふくべ哉（〔鎌切り／蟷螂〕の小さな鎌に大きなひょうたんが負けてしまったことよ）」という句が見られます。

　方言にも多彩な呼び名があります。「いぼむしり」の系統である「いぼくい、いぼじり、いぼむし」は東北地方や関東周辺部、四国地方に分布しています。「とうろう」の系統である「とうろう（むし）、とうろんぼう、ちょうらんまい」は関東地方や、九州地方などに見られます。「とうろう」は、「かまきり」の意の漢語ですが、同時に各地で方言として用いられています。さらに方言特有のものとして、「お（ん）がめ」という呼び名が九州地方や四国南西部、関西周辺や関東の一部などにあります。鎌の形の前足をすりあわせるようにするこの虫の動きを拝礼に見立てたところからの名づけだとされます。千葉、神奈川、埼玉、群馬などに見られる「はらたち」は、ちょっと触れただけで、立腹したように、前足を振り立てて立ち向かってくるこの虫の性質に由来します。茨城や栃木、福岡に見られる「かまぎっちょ」は、鎌を持った「ぎっちょ（きりぎりす）」ということからの名づけだと考えられます。四国地方では「へんぼ」と呼ぶ地域もありますが、この「へんぼ」という形は、九州地方では「蜻蛉（とんぼ）」を指す方言として使われています。なぜ「へんぼ」が別の虫を指すようになったかは定かではありません。

(中西)

とんぼ［蜻蛉］

● 用法

トンボ目に分類される昆虫のこと。

● 語の由来

　語源は「飛び坊」、あるいは「飛び棒」に由来するという説や「飛び羽（は）」の変化だとする説、「飛ぶ」に継続を表す「ふ」のついたものとする説、「飛ばむ」説がありますが、いずれにせよ、前半が「飛ぶ」であることは一致しています。

　もっとも有力なのは「飛ばむ」説で、子供たちがこの虫を見て「飛ばむ、飛ばむ（飛べ、飛べ）」と言っていたのが、虫の名前になったと言われます。その語形の変化は「とばむ＞とうばう＞とんばう＞とんぼう＞とんぼ」のように考えられます。ただし、文献で確認できるのは「とんばう」からで、例えば室町時代の『花屋抄（かおくしょう）』に「かげろう三色有。一つはとんばうのかたちしてはねの色みの色」とあります。

　虫の「とんぼ」の名称として、最も古くは『古事記』に「あきづ」という呼び方がありました。次いで、平安時代頃に「かげろふ」と「えんば」が出てきて、少し遅れて「とんばう」が登場します。現在では、これらの語形が各地の方言に見られます。その分布は京都を中心に「とんぼ（とんばう）」系、九州北部に「えんば」系、東北地方と九州南部から沖縄にかけて「あきづ」系といった状況です。さらに江戸時代には茨城県に「えんば」という表現があったとされます（『新編常陸国誌』）。つまり、日本の周辺部から中心に向けて方言の語形をたどると、その分布はあきづ＞えんば＞とんぼのように、ほぼ文献での出現順序に一致します。これは文化の中心地である京都で新たに語形が誕生し、それが周辺部に伝わっていくことで同心円状分布ができた、周圏的分布と考えられます（「蝸牛」参照）。

　なお、「かげろふ」は方言にあらわれませんが、これは「かげろふ」という言葉が上層階級の人々に使われる文芸語であったためではないかと考えられます。

(中西)

ばった [飛蝗]

● 用法

バッタ目バッタ科に属する昆虫の総称。

● 語の由来

　語源は、飛んだ時に立てる羽音に由来する「はたはた（波太波太）」の転じたものという説が有力です。「はたはた」は「ばった」の別名としても使われ、平安時代の辞書『和名類聚抄』（十巻本）には、「蜙蚸」という語を「はたはた」と読み、「蚱蜢（中国語の「ばった」）」に似て、長く細く、色は黄、飛ぶ時に声を作し、荒れたる田野に在る者なり」と書かれています。この時代には「はたはた（蜙蚸）」は、特に「しょうりょうばった（精霊飛蝗）」を指していたようです。その他の「ばった」を何と呼んでいたのかは分かりません。

　その後、江戸中期の各地の方言を集めた『物類称呼』に「蜙蚸　はたはた　江戸にて、がち又、ばった又、しゃうれうばったと云」とあります。この記述から、この頃には、「はたはた」が「ばった」類の総称で、辞書の見出しに載るような言葉であったこと、「ばった」は江戸の方言で、「ばった」類の総称ではなかったことが確認できます。

　その後、総称としての地位が入れ替わり、「はたはた」に替わって「ばった」が総称になりました。その背景には、当時の文化的中心地である江戸の言葉の威信があったと言ってよいでしょう。

　一方「はたはた」は、東北地方や中部地方、関西地方、四国地方などの一部の地域では「ばった」を指し、また一部の地域では「いなご」や「きりぎりす」を指す方言として、使われています。

（中西）

せみ ［蟬］

● 用法

カメムシ目セミ科に属する昆虫の総称。

● 語の由来

　『万葉集』3617番の歌に「石走る滝もとどろに鳴く蟬の声をし聞けば都し思ほゆ（岩の上をほとばしり流れる 滝にもまして響き 鳴く蟬の 声を聞いていると都が思い出される）」とあります。また、『奥の細道』にも「閑さや岩にしみ入蟬の声」という松尾芭蕉の有名な句があります。「蟬」は夏の季語として親しまれてきました。

　語源は、「蟬」の字音「せん」の転とする説や、「せみせみ、せんせん」という鳴き声からとする説があります。「せん」の「ん」から「み」に転じると考えるのは難しいと思われますが、大阪・香川の古い方言では「蟬」のことを「せびせび」と言い、三重の古い方言では「せんせん」と言います。「せびせび」は「せみせみ」に通じる形でmとbの交替が起きたものです（第Ⅰ部参照）。これらが鳴き声だったと断定はできませんが、他にも「みんみんぜみ」「つくつくほうし」など、鳴き声を「蟬」の名とする類例があることを考えると、「蟬」の語源が鳴き声である可能性は否定できません。　　　　　　　　　　　　　　　　　　（中西）

13. 植物

まつ［松］ ……………………… 218
たけ［竹］ ……………………… 219
うめ［梅］ ……………………… 220
もも［桃］ ……………………… 221
さくら［桜］ …………………… 222
はぎ［萩］ ……………………… 222
たちばな［橘］ ………………… 223
とげ［棘・刺］ ………………… 223

まつ [松]

● 用法

マツ科マツ属の常緑高木の総称。樹皮はひび割れするものが多い。

● 語の由来

古くから「まつ」の形が使われています。『日本書紀』（景行・歌謡）の「尾張に直に向かへる一つ麻菟（まつ）あはれ一つ麻菟（まつ）人にありせば衣着せましを太刀佩けましを（尾張にまっすぐに向かって生える一本松、人だったら服を着せ、太刀を佩かせてやりたいのだが）」、『万葉集』4439番「麻都（まつ）が枝の地に着くまで降る雪を」などの歌があります。「松」は、脂の多い部分を束ねて「たいまつ」として使われました。「たきまつ」が変化した語です。『大和物語』（125）「御階のもとに、まつともしながらひざまづきて」は、「たいまつ」の意味です。また、松は常緑で落葉しないことから、永久、不変のたとえとして用いられました。例えば、『土左日記』（五）「千代経たる松にはあれどいにしへの声の寒さは変はらざりけり」のように使われています。さらに、「松」は「待つ」の掛詞として使われました。『小倉百人一首』にもとられている『古今和歌集』（別離歌）「立ち別れいなばの山の峰におふる松（待つ）とし聞かばいま帰り来む」などの歌があります。

（木部）

たけ［竹］

● 用法

イネ科植物のうち、大形の稈（かん）を持つものの総称。小形のものを一般に笹（ささ）ともいう。

● 語の由来

　生長が速いところから、「たけ（丈）」「たか（高）」を語源とするという説がありますが、「竹」と「丈」「高」はアクセントが異なるので、何とも言えません。古くから「さすたけの」「なよたけの」の形で枕詞に用いられていました。「さすたけの」は「君・皇子・大宮人」の枕詞で、『日本書紀』（推古・歌謡）に「佐須陁気能（さすたけの）君はや無き飯に飢て臥せるその旅人あはれ（仕える主君はすでに無いのか、飯に飢えて倒れているその旅人よ、いたわしい）」のような歌があり、「なよたけ」は「とをよる（なよなよとする）」の枕詞で、『万葉集』217番「秋山のしたへる妹奈用竹乃（なよたけの）とをよる子らは（秋山のように美しい乙女、なよなよとしたあの娘たちは）」のような歌があります。

　「たけ」単独の例も古くからあります。『万葉集』824番には、「梅の花散らまく惜しみわが園の多気（たけ）の林に鶯鳴くも」とあり、竹の林が鶯の住みかとなっています。「たけ」と言えば、何と言っても『竹取物語』です。「たけとりの翁・・・野山にまじりて竹をとりつつ、万の事につかひけり」とあるように、「たけ」は生活に身近な植物でした。また、「竹」は神事に欠くことのできない植物でした。『万葉集』379番の「神を祭る歌」に「斎瓮を斎ひ掘り据る竹玉（たかたま）をしじに貫き垂れ（斎瓮を地面に据え、竹玉をいっぱいに貫き垂らして）」とあります。「斎瓮」は酒を盛って神に供える壺、「竹玉」は細い竹を輪切りにして、緒を通したもの（一説に、竹につけた玉）のことです。現代でも七月七日の七夕祭や正月の門松、正月14日・15日の左義長（どんど焼き）などで竹が使われています。

　「たけ」によく似た植物に「ささ（笹）」があります。一般に丈が低く、茎が細いものを「ささ」と呼んでいますが、「たけ」と「ささ」の区別は、それほど明確ではないようです。『万葉集』では「ささ」の葉の擦れ合う音が歌に詠まれ、4331番「佐左（ささ）が葉のさやぐ霜夜に七重着る衣に増せる児ろが肌はも（笹の葉がさやぐ霜夜に七重重ねて着る衣にも増す暖かさだ。妻の柔肌は）」などの歌があります（奈良時代、「ささ」が [tsatsa] と発音されていたことについては第Ⅰ部参照）。「ささ」は「しの（篠）」とも呼ばれました。『日本書紀』（神代上）には「篠 小竹也 此云斯奴（篠は小竹なり。此を斯奴［しの］と云ふ）」という注釈があります。『和名類聚抄』（十巻本）（一〇）では「篠」の字に「之乃（しの）小竹 散々（ささ）細々小竹也」と和訓が示されています。
　　　　　　　　　　　　　　　　　　　　　　　　　　　　　　　　（木部）

うめ［梅］

● 用法

バラ科の落葉高木。中国原産で奈良時代以前に渡来したといわれる。花は香りが高く、白、紅、淡紅などがある。実は梅干し、梅酒などにする。

● 語の由来

「梅」の字音「メ」が変化したものと言われています。『万葉集』では「烏梅」(818番)、「宇米」(845番)、「有米」(850番)、「宇梅」(4041番)のように、最初の音が「う」に当る万葉仮名で表記されています。平安時代になると、「むめ」と記されることが多くなります。例えば、『古今和歌集』(仮名序)には「むめをかざすよりはじめて（梅を髪に挿す春の歌を始めとして）」とあります。一方、「うめ」という表記も見え、同（物名）に「うめ あなうめにつねなるべくも見えぬかな恋しかるべき香はにほひつつ（梅 ああつらいことに、いつまでも美しくあるとは見えない。美しさがあせても恋しいと思わせるいい香がしているのに）」とあります。「物名」では「梅」と「憂目」が掛詞になっているために、「うめ」という表記になっているのだと思われます。鎌倉時代以降も多くの場合、「むめ」と書かれています。ただし、江戸初期の『日葡辞書』では「Vme（ウメ）」と書かれているので、実際の発音は「ume」に近かったようです。

江戸中期の『蕪村句集』に「梅咲きぬどれがむめやらうめじゃやら」という句があり、その詞書きに、「あらむつかしの仮名遣ひやな。字儀に害あらずんば、アヽまゝよ（意味に支障がないのなら、どっちでもいいよ）」と書かれています。現代方言では、「mme」のような発音が各地で聞かれるので、おそらく、このような発音を「うめ」と書いたり「むめ」と書いたりしたのではないかと思われます。似たような語に「うま・むま（馬）」があります（「馬」参照）。

「梅の花」は、『万葉集』では「萩」に次いで多く詠まれています。すべて白梅を詠んだと言われていますが、平安時代になると、『後撰集』（春歌上）「紅に色をばかへて梅の花 香ぞことごとに匂はざりける（梅は白から紅に変えても、香は別々ではなく、白梅と同じようによい香である）」のように、紅梅が詠まれるようになります。『枕草子』（木の花は）には「木の花は濃きも薄きも紅梅（木の花で美しいのは、濃いのも薄いのも紅梅がすばらしい）」とあり、清少納言の個人的な意見かもしれませんが、紅梅がいいと言っています。『枕草子』（にげなきもの〔似つかわしくないもの〕）の「歯もなき女のむめ食ひて酸がりたる（歯もない老女が梅干しを食べて酸っぱがっている様子）」の「むめ」は「梅干し」のことです。

(木部)

もも [桃]

● 用法

バラ科の落葉小高木。4月ごろ淡紅色、濃紅色、白色の花が咲き、夏に球形の実がなる。種子は桃仁といい、漢方で薬に用いる。

● 語の由来

　「もも（桃）」は中国黄河上流地域原産で、日本へは古くに渡来していたようで、弥生時代の遺跡から桃の核がたくさん出土しています。中国では、桃は魔を払う力を秘めた仙木と考えられ、正月に桃板（桃の木で作った札）を門口に掛ける習慣がありました。また、不老長寿や多産の象徴とする考え方もあります。

　日本でも、「桃」は邪を払う力があると考えられていました。『古事記』『日本書紀』の神話では、伊弉諾命が伊邪那美命に逢いに黄泉の国（死者の国）へ行き、そこから逃げ帰るときに、黄泉の国と地上との境である黄泉比良坂に生えていた桃の子を3個取って黄泉軍に投げつけ、退散させたという話があります。平安時代の宮中の追儺の行事（12月晦日に疫病や疫神を追い払う行事、鬼遣らい）では桃の杖と弓が使われました。現代でも住吉神社や平安神宮などの節分の行事で桃の杖と弓が使われています。

　「桃」は、『万葉集』1356番「向つ峰に立てる桃の樹成らめや（向こうの山に生えている桃の木は実が成らないだろう）」、4192番「桃の花 紅色ににほひたる」、4139番「春の苑紅にほふ桃の花」のように詠まれています。そのほかに「毛桃」という形で、1358番「はしきやし我家の毛桃本繁み花のみ咲きて成らざらめやも」、2834番「大和の室生の毛桃本繁く言ひてしものを成らずは止まじ」と詠まれています。これらが中国から渡来した「桃」を指すのか、日本在来種の「ヤマモモ」を指すのか、諸説ありますが、4192番と4139番では鮮やかな紅色の花が詠まれているので（「にほふ」は色が鮮やかである意をあらわします）、ヤマモモではなく渡来種の桃を指すと思われます。それに対し、1356番、1358番、2834番では本が繁り、実が成らないと言っているので、雌雄異株のヤマモモではないかと思われます。

　平安時代以降は、3月3日の桃の節句との関連で「桃」が描かれることが多くなります。『蜻蛉日記』（上）に「待つほどの昨日すぎにし花の枝は今日折ることぞかひなかりける（用意してお待ちしていましたお酒は昨日飲んでしまいました。昨日を過ぎた桃の花の枝は今日折っても、何のかいもありません）」という歌があります。3月3日の桃の節句には、桃の花を酒に浮かべて飲む習慣がありました。3月4日になってやってきた兼家への恨みを述べた歌です。

　「もも」の語源は「まみ（真実）」、「もえみ（燃実）」等の説があります。

(木部)

さくら [桜]

● 用法

バラ科サクラ属の落葉高木。日本の代表的な花として、広く親しまれている。

● 語の由来

　日本には野生種のヤマザクラ、エドヒガン、オオシマザクラなどが古くから自生していました。語源は「さく（咲く）」と関係があると思われます。『万葉集』には3967番「山峡に咲ける佐久良（さくら）をただひと目君に見せてば何をか思はむ（山間に咲いている桜を一目あなたにお見せできたら何を不足に思いましょう）」、1395番「竜田山見つつ越え来し佐久良波奈（さくらばな）（竜田山を越えながら見てきた桜花）」のように詠まれています。ただし、『万葉集』では「萩」や「梅」に比べて「桜」が歌に詠まれることは、あまり多くありません。それに対し、平安時代には「桜」が多く詠まれるようになり、『古今和歌集』では「梅」の歌が約30首、「桜」の歌が約55首と、数が逆転しています。また、『古今和歌集』（春下）「久方の光のどけき春の日にしづ心なく花の散るらむ」や『山家集』の「願はくは花の下にて春死なむその如月の望月のころ」のように、単に「花」で「桜」をあらわすようになりました。

(木部)

はぎ [萩]

● 用法

マメ科ハギ属の落葉低木または多年草の総称。秋の七草の一つ。

● 語の由来

　「はぎ」の語源は「はえぎ（生え芽）」と言われています。漢字でも、古くは「芽、芽子」と書かれ、『万葉集』では「芽花、芽子花」の表記で「はぎの花」が多く詠まれています。「はぎ」が地上部の一部を残して枯れ、毎年新しい芽を出すという性質を持っていることに由来しています。「萩」の漢字は、中国語では元来、キク科の植物をあらわしましたが、日本では「はぎ」が秋の花の代表であることから、平安時代以降、「萩」の字が使われるようになりました。『万葉集』1538番には、「秋の七草」の元となった山上臣憶良の「芽（はぎ）の花 尾花 葛花 なでしこが花 をみなへし また藤袴 朝顔が花」の歌が見えています。平安時代になると、「はぎ」は鹿、雁などとペアで使われるようになります。『源氏物語』（匂宮）に「小牡鹿の妻にすめるはぎの露にも（小牡鹿が妻として親しむ萩に置く露にも）」とあり、「萩」は「鹿の妻」と言われました。『倭名類聚抄』（十巻本）（一〇）では「鹿鳴草」に「波岐（はき）」の訓がつけられています。「鹿鳴草」も日本独自の表記です。

(木部)

たちばな ［橘］

● 用法

ミカン科の常緑小高木。日本固有のカンキツ類。枝にとげがあり、葉は小さい。6月ごろ、白い花が咲く。実は小さく、酸味が強いので食用には向かない。

● 語の由来

『日本書紀』『古事記』に、垂仁(すいにん)天皇が田道間守(たぢまもり)を常世国(とこよのくに)に遣わし、「登岐士玖能迦能木実(時じくの香の木の実。時節によらず熟す香のよい木)」を求めさせたという話があり、「時じくの香の木の実」は「橘」のことだという説明が書かれています。ここから「タチマバナ（田道間花）」が「橘」の語源と言われています。『万葉集』4063番「常世物この多知婆奈(たちばな)のいや照りにわご大君は今も見るごと（常世の物であるこの橘がさらに輝いているように、我が大君は今見ているごとく将来も輝くだろう）」は上の神話を踏まえたものです。また、「橘」はホトトギスと一緒に詠まれたり、『古今和歌集』（夏）「五月待つ花たちばなの香をかげば昔の人の袖の香ぞする」のように、香を詠まれたりしました。鎌倉時代の『古事談』に「左近の桜、右近の橘」の記述があります。平安時代、紫宸殿(ししんでん)の南階下の東側に桜、西側に橘が植えられていたことを記述したものです。

（木部）

とげ ［棘・刺］

● 用法

①植物や動物の体表から突出した、硬くて先の尖ったもの。「薔薇には刺がある」
②竹や木、骨などの尖った小片。またはそれが肌に刺さったもの。「刺を抜く」

● 語の由来

「とげ」という言葉は比較的新しく、江戸中期の『書言字考節用集』に「刺 トゲ トギ」のように見られます。古くは「刺」のことを「いら」と言い、稲や麦などのイネ科植物にある針状の突起物や魚の小骨を「のぎ」と言いました。また「はり（針）」にも刺の意味がありました。室町時代には「いぎ」や「いげ」という言葉も見え、また「刺のある植物」をあらわす「いばら」が「刺」にも使われるようになります。江戸時代になると、京都や大阪では②の意味で「そげ」という言葉が使われるようになります。「そげ」は「削げる」という動詞が名詞化したものですが、同じように、「とげ」は「とがる（尖る）」という動詞に由来し、「尖ったもの」という意味をあらわしたと考えられます。

東日本では方言のバリエーションが少なく、「とげ」と言いますが、西日本ではイガ・イゲ・クイ・スイバリ・ソゲ・ソビラ・バラ・ハリのように多様な形式が見られます。また、①と②で言い方が変わる地域があるなど複雑です。 （中澤）

14. 色彩

色彩語彙の体系 226
あか [赤] 227
あかい [赤い] 228
あかるい [明るい] 228
あお [青・碧] 229
あおい [青い・碧い] 230
あわい [淡い] 230
くろ [黒] 231
くろい [黒い] 231
くらい [暗い] 232
しろ [白] 232
しろい [白い] 233
しるし [著し] 233
みどり [緑] 234
き・きいろ・きいろい [黄色] ... 235
むらさき [紫] 235

色彩語彙の体系

● 基本的な色彩語

古くは「赤、青、白、黒」の4語が日本語の基本的な色彩語でした。この4語は、「あかし、あをし、しろし、くろし」のように形容詞にも使われます。色を表す形容詞は、他に「黄色い、茶色い」があります。この2語は「〜色」という色名に「い」をつけて、後から形容詞化させたもので、「黄色い」は江戸時代半ば以降の造語、「茶色い」は明治以降の造語です。

● 色彩語の意味的な対立構造

「赤、青、白、黒」の4語は、古代には「あか」と「くろ」が「光の明るさ」の点で対立し、「しろ」と「あを」が「鮮やかさ」の点で対立していました。例えば、形容詞「あかし」は、古くは「明るい」という意味を持ち、「くろし（黒）」と同源の「くらし（暗）」と「光の明・暗」を二分していました。また、「しろし（白）」は「しるし（顕）」と相通じ、「あはし（淡）」と相通じる「あをし（青）」と「はっきりとした色・漠然とした色」という対立を作っていました（佐竹1955参照）。『古事記』（上）には「下枝に白丹寸手（しらにきて）、青丹寸手（あをにきて）を取り垂でて」のように、「白」と「青」が対になった例があります。「にきて」は「和幣（ぬさ）」のことで、「白の幣と青の幣を垂らした」という意味です。

一方、「白」と「黒」が対になることもありました。例えば、『枕草子』の「たとしへなきもの（比べようがないほど違っているもの）」の段では、「白きと黒きと（白いものと黒いもの）」が対になっています。また、時代を通じて「黒い髪が白くなる」という表現が使われます。現代語では「真実を明確にする」という意味で「白黒はっきりさせる」と言います。

また、運動会などの白組vs赤組、紅白の幕、紅白饅頭などでは「赤（紅）」と「白」が対立し、赤鬼・青鬼、赤信号・青信号では「赤」と「青」が対立しています（信号機の色については「緑」参照）。どの色とどの色が対立関係にあるかは、普遍的な部分と時代や状況によって変わる部分とがあります。

● 五行説と色彩語

中国では、この4色に黄を加えた5色が五行説と結びつき、「木－青－春－東－青竜」「火－赤（朱）－夏－南－朱雀」「土－黄－土用－中－麒麟」「金－白－秋－西－白虎」「水－黒（玄）－冬－北－玄武」のような関係が作られました。五行説は日本に取り入れられ、ここから「青春」「玄冬」「白秋」などの言葉が生まれています。詩人、北原白秋の雅号は、五行説の「白秋」から採られたものです。

(木部)

あか［赤］

● 用法

①色の名。三原色の一つで、新鮮な血のような色。「赤の絵の具」②（赤ペンで修正するところから）校正・添削の文字や記号。「赤を入れる」③（革命旗が赤色であるところから）共産主義・共産主義者の俗称。④「あかの」で、全くの、明らかな。「赤の他人」

● 語の由来

　色名の「あか」は、古くは単独で使われた例がなく、「あけ」が使われています。『日本霊異記』の平安時代の訓釈本で「緋」の漢字に「アケ」という読みがつけられています。また、平安後期の『観智院本類聚名義抄』には「緋 アケ　アカシ　絳 アカイロ　アケ　茜 アカネ　アケ」のように、単独形には「アケ」、複合語形には「アカ」が使われています。『日葡辞書』には「Aqe（アケ）Aqeni naru（アケ ニナル）〈訳〉朱になる」の項目がありますが、Aca（アカ）はありません（『日葡辞書』増補版に「小豆」の意味でACA〔アカ〕が出ています）。色名に「あか」を使うようになるのは、江戸中期のことです。なお、『日葡辞書』には④の意味の「あかの」が、「Acafadaca（アカファダカ）Acano no fadakani naru（アカノ ファダカニ ナル）」のように出ています。

　その他、「赤色」の範疇に入る語に、「に（丹）」「くれなゐ（紅）」「あかね（茜）」「すはう（蘇枋）」がありました。「に（丹）」は、もとは「赤い色の土」のことで、『和名類聚抄』（十巻本）（五）に「丹（中略）邇（に）」とあり、「似朱砂而不鮮明者也（朱に似た砂だが鮮やかでないもの）」という説明があります。

　「くれなゐ（紅）」「あかね（茜）」「すはう（蘇枋）」は、もとは赤い染料をとる植物名をさし、それが染料の名称や色名に変化したものです。「紅」は「呉の藍（べにばな）」のことで、植物名として『和名類聚抄』（十巻本）（六）に「紅藍（中略）久礼乃阿井（くれのあゐ）」と出ています。「茜」は『本草和名』に「茜根（中略）和名阿加禰（あかね）」とあり、根から紫色を帯びた赤黄色の染料を取りました。「蘇芳」は木材の中心部から赤色、紫色の染料を取ります。古代には、これらの染料で布を染めて楽しんだり、進物品として贈ったりしていました。文献にはその例がたくさん出てきます。例えば、『万葉集』861番「松浦川川の瀬速み久礼奈為（くれなゐ）の裳の裾濡れて鮎か釣るらむ（松浦川は瀬が速いので、紅色の裳の裾を濡らして娘たちは鮎を釣っているだろうか）」、『落窪物語』（二）「よき帛、糸、綾、あかね、蘇枋、くれなゐなど、おほく奉り給へれば」、『枕草子』（小白河といふ所）「こき一重がさねに、ふたあゐの織物、すはうのうす物のうはぎなど」のような例があります。

（木部）

あかい [赤い]

● 用法

赤色をしていること。「赤い靴」

● 語の由来

「あかし」は、古くは「赤い」と「明るい」の意味をあらわしました。「赤し」の例は、奈良時代には見えませんが、平安時代には『伊勢物語』(九段)「白き鳥の嘴と脚とあかき、鴫の大きさなる、水のうへに遊びつつ魚をくふ(白い鳥でくちばしと脚とが赤い、鴫ほどの大きさのものが水の上で遊びながら魚を食べている)」など、多数の例が見えます。いずれも散文の例です。『源氏物語』(若紫)では女童(若紫)の様子が「顔はいと赤くすりなして立てり(顔は手でこすってひどく赤くして立っている)」と表現されています。

「明るい」の意味の「あかし」は、奈良時代から例が見え、『万葉集』892番「日月は安可之(あかし)といへど(日月は明るいが)」、『新古今和歌集』(秋歌上)「秋の夜の月の光しあかければくらぶの山もこえぬべら也(秋の夜の月の光が明るいので、昼でも暗い鞍馬山もこえられそうだ)」、『蜻蛉日記』(中)「月いとあかければ、格子などもおろさで(下ろさないで)」のように、和歌、散文の両方に使われています。

(木部)

あかるい [明るい]

● 用法

①光線が十分にさして、物がよく見える状態である。「空が明るくなってきた」 ②将来に希望がもてる状態である。「明るい未来」 ③性格や表情などが朗らかである。「明るい性格」 ④物事に通じている。「過去の事情に明るい」

● 語の由来

古くは「あかし、あかい」が「明るい」の意味をあらわしました。「あかるい」が使われるようになるのは、江戸前期の俳諧『曠野』「木ばさみにあかるうなりし松の枝(木ばさみで払ったので明るくなった松の枝が)」あたりからです。江戸時代には、「あかるい」が江戸で使われ、「あかい」が大坂で使われる傾向があります。例えば、近松(大坂)の浄瑠璃『曾根崎心中』には「吊行灯の灯は明し」とあります。ジャンルが違うので、江戸と大坂の違いかどうか、さらに検討が必要ですが、江戸では儒学書『駿台雑話』(室鳩巣)のような固い文章にも「あかるき」が使われていて、注目されます。現代の西日本方言では、「明るい」を「あかい」と言うので西日本では、古代から一貫して「赤い・明るい」の両方を「あかい」と言っていることになります。

(木部)

あお [青・碧]

● 用法

①色の名。三原色の一つで、晴れた空のような色。藍（あい）系統の色から緑系統の色まで幅広い色を指す。「空の青」「信号の青」 ②馬の毛色で、青みがかった黒色。また、その馬。 ③接頭語として、人や木の実などが十分に熟していないこと。「青二才」「青びょうたん」

● 語の由来

　古くは、2拍目がワ行の「を」で、「あを」でした。江戸時代に起きた「を＞お」の変化により、「あお」になります。古代には「あを」が単独で使われた例がほとんどなく、『東大寺諷誦文』の平安初期点の「青珠赤をば沙土と斉しくせり」や「青香具山」「青菅山」（万葉集）、「青海原」（万葉集、土左物語）、「青朽葉（襲の色目で、表は青、裏は黄または朽葉色）」（枕草子、源氏物語）のように複合語の前部要素として使われています。「あを」の単独例は、江戸初期の『日葡辞書』に②の意味で「Auo（アヲ）〈訳〉馬の毛色で、全体に黒くて青みがあり…」と出ています。色名の「あお」の単独例が見えるのは、江戸中期になってからになります。

　「あを」は、古代には「鮮やかさ」の点で「しろ」と対立し、「漠然とした色」をあらわしていました。「あを」がカバーする範囲はかなり広く、上にあげた複合語では、山、海原、襲の色に「あを」が使われ、形容詞「あをし」は、山、松、葉、紙、衣などの色をあらわすのに使われています。山の色、松・葉の色、海の色をあらわす点では、「みどり」と意味範疇がかなり重なり、両者の関係が問題になります（「緑」参照）。また、②の馬の毛色は灰色に近い色で、これも「あを」に入ります。

　その他、「あゐ（藍）」も「あを」の範疇に含まれます。「あゐ」は、もとはタデ科の植物で、葉から藍色の染料を取り、布を染めることから、染料の名前や色名に使われるようになりました。『新撰字鏡』（平安前期）の「藍 阿井（あゐ）」は植物としての「藍」、『世俗諺文』（平安中期）の「青きこと之を藍に取りて、藍よりも青し」は色名の「藍」です。『世俗諺文』の例は『荀子・勧学』の一節「青、取之於藍、而青於藍」に基づくもので、「出藍の誉（弟子が師よりまさっていること）」として広く知られています。また、「あさぎいろ（浅葱色）」「はなだいろ（縹色・花田色）」も青の範疇に入ります。「浅葱色」は薄いネギの葉の色で、明るい青緑色のことです。平安時代には、六位の者が着る衣の色でした。「縹色」は、浅葱色よりも濃く、藍に近い色で、露草の色と言われています。『日本書紀』（持統）に衣の色として「追の八級には深縹（こきはなだ）、進の八級には浅縹（あさはなだ）」とあり、その他、薄様（和紙）の色として古代には多く使われました。

（木部）

あおい [青い・碧い]

● 用法

①青色をしている。緑系統の色にもいう。「青い空」「葉っぱが青い」②顔に血の気がない。「顔が青い」③人格・技能などが未熟である。「考えが青い」

● 語の由来

「あを」に同じく、「あをし」も藍色から緑色、灰色までの幅広い色の様子をあらわしました。例えば、『万葉集』16番「秋山の木の葉を見ては 黄葉をば取りてそしのふ 青（あをき）をば置きてそ歎く」、『枕草子』（五月ばかりなどに）「草葉も水もいと青く見えわたりたるに」、『枕草子』「薄様、色紙は白き。紫。赤き。刈安染。青きもよし」、『宇津保物語』（俊蔭）「鞍置きたるあをきむま出できて」のように、木の葉、水、薄様（和紙）、馬などに「あをし」が使われています。

②の意味では、平安時代から用例が見え、『宇津保物語』（国譲下）に「宮、いと御けしきあしくて、あをくなり赤くなり」、『大鏡』（左大臣師尹）に「悔しく思すに、御色も青くなりてぞおはしける」のように使われています。③の意味では、『日葡辞書』に「Auoi cotouo yu（アヲイ コトヲ ユウ）〈訳〉つまらぬこと、または経験の浅いことを言う」と出ています。だいたいにおいて、現代語の「あおい」と同じように使われています。

（木部）

あわい [淡い]

● 用法

①色、味、調子などが薄い。「淡い色合い」②執着心が少なく、あっさりしている。「淡い恋心」

● 語の由来

「あわし」は「あをし」と相通じて、「漠然とした色」をあらわしました。平安時代は、語幹「あわ」に「に、の、と」がついた形で「ぼんやりしている」「あっさりしている」の意味で使われています。例えば、『大和物語』（145）に「雲立つ山をあはとこそ見れ（雲が立っている山を淡路と思ってぼんやり見ています）」、『枕草子』（宮の五節いださせ給ふに）「うは氷あはにむすべる紐なれば（水面の水は淡く凍っている紐〔氷〕なのだから）」、『源氏物語』（竹河）に「あわの御ことわりや（あっさりとした御裁きですね）」のように使われています。「あわし」の例は、『徒然草』（172段）の「老いぬる人は精神おとろへ、淡く疎かにして（あっさりとして、いい加減で）、感じ動く所なし」とあります。これは②の意味です。

（木部）

くろ [黒]

● 用法

①墨・木炭のような色。「黒のズボン」②碁石の黒いほう。また、それを持つ方。「黒が先手」③犯罪などの容疑が濃いこと。「きわめて黒に近い」

● 語の由来

「赤」と同じく、「くろ」は古代には単独で使われず、「黒髪（くろかみ）」、「黒土（くろつち）」など複合語に使われました。単独で黒色をあらわしたのは「くり（涅・皁）」です。「くろ」の交替形で（第Ⅰ部参照）、本来は黒土のことでしたが、平安後期の『観智院本類聚名義抄』では「皁頭巾　クリノカウフリ」のように「黒色」の意味で使われています。

「くろ」の単独例が、平安後期の『金葉和歌集』「田には食むこまはくろにぞありける」や『宇治拾遺物語』「黒勝つ時は我が煩悩勝ちぬと悲しみ、白勝つ時は菩提勝ちぬと悦ぶ」などに見えますが、いずれも色名ではなく、「黒毛の馬」「碁石の黒（②）」の意味です。「くろ」が色名として単独で使われるようになるのは江戸前期からで、『虎明本狂言集』（富士松）「最前、青黄赤白黒五色をなされた、三王のお使者はおさる殿でござる」などの例があります。 (木部)

くろい [黒い]

● 用法

①墨のような色をしている。汚れて黒ずんでいる。「髪の毛が黒い」「壁が黒くなっている」②黒みがかっている。「日に焼けて肌が黒い」③心がよこしまである。「腹が黒い」

● 語の由来

「くろし」は古くから、衣、髪、琵琶、数珠などの色をあらわすのに用いられました。『古事記』（上・歌謡）「ぬばたまの久路岐（くろき）御衣をま具に取り装ひ（黒い御衣を入念に身に着けて）」、『万葉集』1740番「若かりし膚も皺みぬ黒有（くろかり）し髪も白けぬ」、『枕草子』（上の御局の御簾の前にて）「いと黒うつややかなる琵琶に」、『源氏物語』（須磨）「御手つき、くろき御数珠に映え給へる」などがその例です。②や③の意味でも古くから使われています。例えば、鎌倉時代の『古今著聞集』（五）「人にもしられず久しく籠り居て、色をくろく日にあたりなして」は②の例、『蜻蛉日記』（下）「はらくろう、消えぬとも の給はせで（意地悪く、灯火が消えたともおっしゃらないで）」は③の例です。「黒し」は「暗し」と同語源で、「くる（暮）」とも関係しています。 (木部)

くらい［暗い］

● 用法

①光が少なく、物がよく見えない状態である。「部屋が暗い」②希望がもてない。期待できない。「見通しが暗い」③気持ちが晴れない。「暗い気分」④その方面の知識が乏しい。「事情に暗い」

● 語の由来

　古語の「くらし」は「くろし（黒）」と同語源で、「光の明・暗」の点で「明かし」と対立していました。『竹取物語』「屋のうちはくらき所なくひかりみちたり」のように、光が少ない状態が「くらし」です。江戸前期に「明るい」が誕生してからは、「暗い」と「明るい」が対立するようになり、現在に至っています。
　④の意味は平安時代から用例があり、仏教関係の書物など、説教的な色彩の強い資料に多く見られます。吉田兼好の『徒然草』（193段）には「くらき人の、人をはかりて、その智を知れりと思はん、さらに当るべからず（知識が乏しい人が他人の知識の程度を推し測って、その智の程度がわかったと思うのは、全く当っていない）」とあります。現代にも通じる戒めです。
　　　　　　　　　　　　　　　　　　　　　　　　　　　　　　　　　（木部）

しろ［白］

● 用法

①雪のような色。「白のワンピース」②碁石の白いほう。また、それを持つ方。「白が後に打つ」③犯罪の事実がないと認められること。「白であることを証明する」④何も書き入れてないこと。空白。「真っ白のノート」

● 語の由来

　「しろ」の例は奈良時代から見え、『古事記』（下・歌謡）に「泥土漏能 斯漏多陀牟岐（ねしろの しろただむき）（大根のように白い腕）」という表現があります（「ただむき」については「腕」参照）。また『万葉集』3922番には「降る雪の之路（しろ）髪までに大君に仕へ奉れば（降り積もった雪のように髪が白くなるまで陛下にお仕え申したので）」という例があります。②の例は、碁が宮中で盛んになった平安時代から見えますが、④の例が見えるのは、江戸後期になってからです。
　「しろ」は、複合語では「しらなみ（白波）」「しらたま（白玉）」「しらゆき（白雪）」のように、母音が交替して「しら」になります。複合語にあらわれる「しら」が古い形だったと思われます（第Ⅰ部参照）。
　　　　　　　　　　　　　　　　　　　　　　　　　　　　　　　　　（木部）

しろい ［白い］

● 用法

①雪のような色をしている。「白い壁」②何も書き込みがない。「白いカンバス」③明るい。鮮やかである。

● 語の由来

　「しろし」は古くから、露、霜、雪、波、髪、腕、衣、紙、鳥、花などの色をあらわすのに用いられてきました。『古事記』（上・歌謡）「栲綱の斯路岐（しろき）腕」、『万葉集』785番「我がやどの草の上白久（しろく）置く露の」、『伊勢物語』（七段）「浪のいと白くたつを見て」、『後撰和歌集』（春歌上、詞書）しろきおほうちきをたまはりて（白い大袿を賜って）」、『源氏物語』（夕顔）「かのしろく咲けるをなむゆふかほと申侍」などの例があります。③の意味では、『宇津保物語』（祭の使）の「まいて、日などしろくなれば、窓に向ひて、光の見ゆるかぎり読み」、『枕草子』（春はあけぼの）の「やうやうしろくなりゆく山ぎは、すこしあかりて、紫だちたる雲のほそくたなびきたる」などの例があります。どちらも日の光の明るさ、輝かしさを表現しています。　　　　　　　　　　　　　　　　（木部）

しるし ［著し］

● 用法

目だってはっきりしている。明白である。顕著である。

● 語の由来

　古代には、「しろし（白し）」に通じる語として、「しるし（著し）」がありました。『日本書紀』（允恭・歌謡）に「我が夫子が来べき宵なり ささがねの蜘蛛のおこなひこよひ辞流辞（しるし）も（今宵は私の夫がきっと来る夜です。蜘蛛の振る舞いが今夜は特別目立つもの）」という歌があります。古代には「蜘蛛が巣をかけると待ち人が来る」、「朝グモは縁起がいい」という俗信がありました。この歌はそれを踏まえたものです（「蜘蛛」参照）。

　「いちしろし」も「しろし（白し）」と通じる語です。現代語の「著しい」に当たります。『万葉集』3935番に「隠り沼の下ゆ恋ひ余り 白波の伊知之路久（いちしろく）出でぬ人の知るべく（隠れ沼の底の下から〔心の底から〕恋しさが湧きあふれ、白波のように明らかに出てしまいました。人が知るほどに）」の歌があります。現代語と同じ「いちじるしい」という語形は、鎌倉時代ごろから見えています。　　　　　　　　　　　　　　　　　　　　　　　　　　　　　（木部）

みどり [緑]

● 用法

①色の名。青と黄色の中間色。草木の葉の色。また、草木。「緑の葉っぱ」「この辺りは緑が多い」②海水のような深い藍色。「緑の海」③黒くつややかな色。「緑の黒髪」

● 語の由来

　「みどり」は、もとは新芽をあらわし、そこから色名に転じたと言われています。『古今和歌集』（春上）「わがせこが衣春雨ふるごとに野辺のみどりぞ色まさりける（私の夫の衣を張る季節になった。その「はる」ではないが、春雨が降るごとに野辺の緑が色を増していく）」の「緑」は、新芽の緑です。③も新芽のみずみずしさから生じた意味で、『将門記』に「布冠を緑髪に着て（喪冠をつやのある髪につけて）」（平安中期訓）とあります。三歳ぐらいまでの幼児を「みどりご」といいますが、これも新芽から生じた語です。古くは連濁せずに「みどりこ」と言い、『万葉集』4122番「彌騰里児（みどりこ）の乳乞ふがごとく 天つ水仰ぎてぞ待つ（嬰児が乳を求めるように、天を仰いで恵の雨を待つ）」の例があります。これらから、語源は「みづ（瑞）」ではないかと思われます。

　「みどり」で問題となるのは、「あを（青）」との関係です。「みどり」も古くから使われ、『万葉集』2177番「山を詠む」に「春は萌え夏は緑に紅の綵色に見ゆる秋の山かも（春は草木が萌え、夏は緑、紅がまだらに見える秋の山だ）」の歌があります。この「みどり」は生い茂った草木の緑です。空を「みどり」といった例は、『枕草子』（関白殿、二月二十一日に）に「日はいとうららかなれど、空は緑に霞みわたれるほどに」、『千載和歌集』（雑歌下）に「むなしき空はみどりにて」などの例があり、海を「みどり」と言った例は、『日葡辞書』の「Midorino vmi（ミドリノ ウミ）」などがあります。

　一方、「あを・あをし」も、山、松、葉、海の色をあらわしました（「青」参照）。平安後期の『観智院本類聚名義抄』では、「碧」「翠」の漢字に「アヲシ」「ミドリ」の2つの訓があり、江戸初期の『日葡辞書』には「Auoi（あをい）」に「濃い青色の（もの）。また緑色の（もの）」という説明があります。「あを」と「みどり」は、かなりの部分、意味が重なっていました。現代語では、海や空を「みどり」とは言いませんが、山や葉を「あお」ということは、今も残っています（表参照）。「青信号」については、当初、法令で「緑色」と表記されましたが、1947年制定の「道路交通取締法」では信号機の色が「青・黄・赤」と表現され、現在も「青色」が使われています。

（木部）

対象	江戸時代まで	現代語
山	あを、みどり	あお、みどり
葉	あを、みどり	あお、みどり
空	あを、みどり	あお
海	あを、みどり	あお

き・きいろ・きいろい ［黄色］

● **用法**

三原色の一つで、卵の黄身などのような色。「黄色のハンカチ」

● **語の由来**

　古くは「なり」を伴って、「きなり」の形で使われました。例えば、「黄なる単衣」(蜻蛉日記)、「黄なる葉」(枕草子)、「黄なる紙」(更科日記)などの例があります。「き（黄）」は複合語になると、「くがね（黄金）」のように「く」と交替します。「つき（月）」が複合語で「つくよ（月夜）」となるのと同じで、複合語にあらわれる「く」が古い形です。「き（黄）」の語源は「き（木）」、「くち（朽）」等の説がありますが、いずれもアクセントが合いません。

　「きいろ」は、『宇津保物語』(吹上上)に「きいろの小袿かさねたる女のよそひ」と見えますが、これ以外、平安時代に「きいろ」が使われた例が見えません。「きいろ」がそのあと文献に登場するのは、室町時代の『中華若木詩抄』(上)「草木もことごとく枯て、黄色になるぞ」あたりです。江戸後期になると、これが形容詞化して、「黄色い」が使われるようになります。

　現代方言では、「黄色い」を「きない」という地域が石川、岐阜、愛知、四国、九州にあります。これは「きなる」が「きな＞きない」と変化したものです。

(木部)

むらさき ［紫］

● **用法**

①ムラサキ科の多年草。根は古くから染料や皮膚病・火傷の薬に用いられてきた。「紫が生えている野」②紫色の略。「紫の帯」③（色が紫色であるところから）醬油の異称。「紫を足す」

● **語の由来**

　「むらさき（紫）」は、もとは植物名で、根からこの色の染料が取れることから、染料の名前や色名に使われるようになりました。植物の「むらさき」は『万葉集』3500番「牟良佐伎（むらさき）は根をかも終ふる人の児のうら愛しけを寝を終へなくに（紫草の根は果てしもないが、愛しい娘とは寝尽くしてはいない）」などの例があります。「むれさき（群咲）」が語源という説がありますが、定かではありません。色名の「むらさき」は『万葉集』2974番に「紫の帯の結びも解きも見ずともなや妹に恋ひ渡りなむ（紫の帯の結びを解きもせずに、やたらとあの娘に恋し続けることか）」のように出ています。③は明治以降の意味です。

　江戸時代に、それまでのくすんだ紫に対して明るい紫が開発され、これを江戸紫と呼び、古い紫を古代紫と呼んで区別しました。歌舞伎『助六廓夜桜』に「江戸紫の鉢巻に、髪は生締め」とあり、「江戸紫」は粋な色とされました。

(木部)

15. 形容詞

おおきい [大きい] ･･････････････ 238
ちいさい [小さい] ･･････････････ 239
おおい [多い] ･･････････････････ 239
すくない [少ない] ･･････････････ 240
たかい [高い] ･･････････････････ 240
ひくい [低い] ･･････････････････ 241
ふとい [太い] ･･････････････････ 242
ほそい [細い] ･･････････････････ 243
こまかい [細かい] ･･････････････ 243
あらい [粗い] ･･････････････････ 244
ながい [長い] ･･････････････････ 244
みじかい [短い] ････････････････ 245
まるい [丸い] ･･････････････････ 245
しかくい [四角い] ･･････････････ 246
あつい [暑い・熱い] ････････････ 246
さむい [寒い] ･･････････････････ 247

あたたかい [暖かい・温かい] ･･･ 248
すずしい [涼しい] ･･････････････ 248
つめたい [冷たい] ･･････････････ 249
たのしい [楽しい] ･･････････････ 249
かなしい [悲しい] ･･････････････ 250
うれしい [嬉しい] ･･････････････ 250
つらい [辛い] ･･････････････････ 251
うつくしい [美しい] ････････････ 251
きれいだ [綺麗だ] ･･････････････ 252
きたない [汚い・穢い] ･･････････ 252
おそろしい [恐ろしい] ･･････････ 253
こわい [怖い] ･･････････････････ 254
はやい [早い・速い] ････････････ 254
おそい [遅い] ･･････････････････ 255

おおきい [大きい]

● 用法

①容積や量、数、程度などが大である。「大きい家」「声が大きい」「差が大きい」 ②心が広い。「度量が大きい」③大げさである。「大きい顔をする」

● 語の由来

　古くは、形容動詞「おほきなり」が使われていました。『万葉集』には「おほき」だけで名詞を修飾した「大き御門（おほきみかど）（大きい立派な御門）」の例があります。平安時代には、各活用形の例が次のように見えます。「おほきなる河」（伊勢物語）、「すくすくとおほきになりまさる」（竹取物語）、「そこにあらむ子は…大きなりや」（蜻蛉日記）。『徒然草』（四五段）の「坊の傍に大きなる榎の木のありければ、人、榎木僧正とぞ言ひける」はよく知られた例です。

　平安時代には、「おほきなる」のイ音便形「おほいなる」も使われました。例えば、『枕草子』（なほめでたきこと）「おほいなる木どものもとに、車を立てたれば」、『源氏物語』（帚木）「なえたる衣どもの厚肥えたる、おほいなる籠にうちかけて（柔らかく厚手の衣を大きな伏籠にうちかけて）」などの例があります。この形は、現代語の「おおいなる」に続いています。また、連用形「おほきに」のイ音便形「おほいに」も、鎌倉時代の『十訓抄』に「おほいにくやしきことも出で来るなり」などの例があり、これも現代語の「おおいに」に繋がっています。

　形容詞「おおきい」は、『日葡辞書』に「Vôqij（ヲーキイ）」とあり、室町時代から使われていたと思われます。江戸前期の『虎明本狂言』には、「相撲といふ物は、大きい小さいにはよらぬ」（飛越（とびこえ））、「久しうこなんだまに大きうなつたが」（腰祈）のような例があります。それまで、「大／小」が「（形容動詞）おほきなり／（形容詞）ちひさし」であらわされていましたが、この時代に形容詞「おおきい／ちいさい」となり、均衡がとれるようになりました。形容詞「おおきい」の誕生には、形容詞「ちいさい」の影響があったと思われます（表）。その後、「おおきなり」は使われなくなりますが、連体形「おおきな」が連体詞として現代でも使われています。また、連用形「おおきに」は、お礼の言葉として現在も関西で使われています（表）。

（木部）

	平安時代	室町時代
（終止）	おほきなり／ちひさし	（終止・連体）おおきい／ちいさい
（連体）	おほきなる／ちひさき　おほいなる	（連体詞）おおきな／ちいさな　おおいなる
（連用）	おほきに・おほいに	（副詞）おおいに　（謝辞）おおきに

第Ⅱ部　身近な日本語の起源　239

ちいさい [小さい]

● 用法

①容積や量、数、程度などが小である。「小さい家」「声が小さい」「差が小さい」②心が小である。「気が小さい」③金銭の単位が小である。「小さいお金がない」

● 語の由来

　奈良時代には「ちひさし」の例がありません。『万葉集』1023番「大崎乃神之小浜者雖小」の「雖小」が「大崎の神の小浜はちひさけど」と読まれていますが、確例ではありません。平安時代になると、「ちひさし」の例が多数見られるようになります。例えば、『枕草子』（うつくしきもの）「ちひさきものはみなうつくし」、『蜻蛉日記』（上）「いとちひさく書いつく」、『紫式部日記』「いとささやかに、ちひさしと」など。室町時代に「ちひさき」が「ちいさい」となり、現在語に繋がっています。

　江戸中期には、新たに「小さな」という連体詞が生まれます。対となる「おほきなり」が江戸初期に「おおきい」に変化しましたが、旧来の連体形「おおきな」がその後も継続して使われたので、それに類推したものです（「大きい」参照）。

（木部）

おおい [多い]

● 用法

数や量、程度が大である。「品数が多い」「ご飯の量が多い」

● 語の由来

　古くは、和文脈で「おほかり」「おほかる」、漢文脈で「おほし」「おほき」が使われました。「おほかり」は『土左日記』の「くさぐさのうるわしき貝、石など多かり」、『源氏物語』（桐壺）の「憎みたまふ人々多かり」など、「おほかる」は『万葉集』4475番の「恋しくの於保加流（おほかる）我は見つつ偲はむ（恋しさの多い私は〔積もる雪を〕見つつあなたを偲びましょう）」、『古今和歌集』（秋歌上）の「女郎花おほかる野辺に宿りせば」などの例があります。「おほき」は和文脈でも使われますが、ほとんどが係り結びの文末として、「思ひわぶれて寝る夜しそ於保伎（おほき）（万葉集3759番）のように使われています。一方、「おほし」は『今昔物語集』（巻一七）の「家大きに富て、財極て多し」、「おほき」は『平治物語』（頼朝遠流に宥めらるる事）の「兄弟多き中に」のように漢文体の文章で使われています。現代語と同じ「おおい」の形は室町後期あたりから見られます。特に、キリシタン資料『天草版伊曽保物語』には、「vouoi（ををい）」の例がたくさん出てきます。

（木部）

すくない [少ない]

● 用法

数や量、程度が小である。「品数が少ない」「ご飯の量が少ない」

● 語の由来

「多い」が和文脈と漢文脈で活用形式が異なっていたのに対し、「少ない」はそのような違いはなく、どちらでも「すくなし」「すくなかり」が使われています。例えば、『古今和歌集』(仮名序)に「僧正遍昭は歌のさまはえたれども まことすくなし(僧正遍昭は歌の形はよいが真実味が少ない)」、『万葉集』3875番に「音の少寸(すくなき)道に逢はぬかも(物音の少ない静かな道で逢えたらいいのになあ)」、『古今和歌集』(仮名序)に「春の花匂ひすくなくして」のような例があります。「すくなかり」は後ろに助動詞が続く場合に「逢世の数のすくなかるらむ」(『千載和歌集』)、「寝る夜のかずぞすくなかりける」(『古今和歌集』)のように使われています。

「すくない」の形は、『平家物語』に「などすくないぞ(どうして少ないのか)」(勝浦付大坂越)、「おほいやらうすくないやらうをば知り候はず(多いやら少ないやらわかりません)」(富士川)の例がありますが、一般的になるのは室町時代のころからです。

(木部)

たかい [高い]

● 用法

①基準よりも位置、量、数値、音域、程度などが大である。「高い山」「背が高い」「気温が高い」「高い音」「値段が高い」「プライドが高い」 ②広く知れわたっている。「悪名が高い」

● 語の由来

山を意味する「岳(たけ)」と同語源です。奈良時代から用例があり、『万葉集』4006番「入江漕ぐ梶の音多可之(たかし)」、同4003番「多可吉(たかき)立山」、同3627番「沖つ波多可久(たかく)立ち来ぬ」など、各活用形の例があります。平安時代にも『伊勢物語』(八三段)「比叡の山の麓なれば、雪いとたかし」、『古今和歌集』(仮名序)「官位高き人をば」、『源氏物語』(若菜上)「たかき心ざし深くて」、『十訓抄』(第十)「年高くなりて」などの例があります。「高し」の対となる語は、古くは形容動詞「ひきなり」ですが(「低い」参照)、「背」「身分」の場合は「みじかし」でした(「短い」参照)。他にも、『伊勢物語』(九三段)「たかきいやしき苦しかりけり(身分が高い者と低い者の恋は苦しいものだ)」、『千載和歌集』(序)「たかきもくだれるも」(身分が高い者も低い者も)のような対の例があります。

(木部)

ひくい [低い]

● 用法

①下の方に位置している。「天井が低い」「評価が低い」「気温が低い」 ②垂直方向への伸びぐあいが小さい。「背が低い」 ③音量が少ない。音程が下である。「ボリュームを低くする」「声が低い」

● 語の由来

　古くは形容動詞「ひきなり」で「低い」をあらわしました。平安中期の『作庭記』に「高き滝必しも広からず。ひきなる滝必しも狭からず」、平安後期の『観智院本類聚名義抄』(仏上)に「僥 ミシカシ　ヒキナリ」とあります。「ひきやかなり」という形容動詞もあり、鎌倉時代の『閑居友』(上)に「いとひきやかに、たそ、といらへられけり(たいそう低い声で、誰ですか、とご返事なさった)」と見えています。鎌倉時代には、形容詞「ひきし」が生まれます。『三国伝記』(一一)「山下しと云へ共」、『宇治拾遺物語』(巻二)「よき程に高からず低からずもたげて粥をすすらすれば」、『平家物語』(巻八)「顔大きに、せいひきかりけり(背が低かった)」などの例があります。現代語と同じ「ひくい」という語形は、室町時代の『玉塵抄』(二三)に「下はひくいとよむか、ひきいことを云には川や沢を云ぞ、川さわよりひくい所はないぞ」と用例が見えています。

　このように、「低い」をあらわす言葉は、「ひきなり＞ひきし＞ひくい」と変化しました。一方、対となる「高い」は、古代から形容詞「たかし」だったので、平安時代には上に引用した『作庭記』のように、「(形容詞)高し／(形容動詞)ひきなり」が対になっていました。鎌倉時代に形容詞「ひきし」が生まれると、形容詞「たかし／ひきし」が対になり、室町時代に「たかい／ひくい」となりました(表)。「大／小」も、古くは、「(形容動詞)おほきなり／(形容詞)ちひさし」が対となっていました。現代のように形容詞「おおきい／ちいさい」となったのは、室町時代のことです(「大きい」参照)。　　　　　　　　(木部)

	平安時代	鎌倉時代	室町時代
高／低	たかし／ひきなり	たかし／ひきし	たかい／ひくい
大／小	おほきなり／ちひさし		おおきい／ちいさい

ふとい［太い］

● 用法

①棒状のもの、線状のものの径や幅が大きい。「首が太い」「太い線」②量が豊か、また、低く重々しい。「太い声」「つながりが太い」③心や気持が豊かで大きい。また、ずうずうしい。「肝が太い」

● 語の由来

　上代には、「ふと」がほめ言葉の接頭語として使われました。例えば、『日本書紀』（神代上）「布斗能理斗（ふとのりと）」、『日本書紀』（神代下、13世紀写本）「太手繦（ふとたすき）」の「ふと」は「祝詞」「襷」を美化する言葉、また、『万葉集』36番「宮柱太敷（ふとしき）ませば」は「宮殿を壮大に造営すること」です。形容詞「ふとし」も古くから使われました。『宇津保物語』（藤原の君）「ふとき縄ひきて」、『枕草子』（社は）「ほそき糸をつけて、また、それにいますこし太きをつけて」のような例があります。『万葉集』190番「真木柱太（ふとき）心はありしかど」は、「太い柱」（①の意味）と「太い心」（③の意味）が掛詞になっています。

　古語の「ふとし」の特徴は、「体が大きい、太っている」の意味に使われることです。例えば、『宇治拾遺物語』（巻七）に「黒栗毛なる馬の（中略）身太く肥えたる」、『平家物語』に「黒き馬のふとうたくましい」という表現があります。馬に対して使うことが多いのですが、人に対して使われた例に、『今昔物語集』（巻一二）「十七八歳許の童の、長短にて身太くて力強げなる」があります。「身」も腕や足と同じように「棒状のもの」と考えれば、①の意味に合っていますが、それだけでなく、「体が大きくて、たくましい」という意味で使われています。

　「体がふとい」という言い方は、現在、兵庫県から四国・九州にかけての地域に残っています。おじいさんが、久しぶりに会った孫に「ふとーなったね」と言ったとすると、それは「体が大きくなったね」という意味です。これと並行して、これらの地域では「体が小さい」ことを「こまい」と言い、「線が細い」ことを「線がこまい」と言います。さらに、これらの地域では、篩などの「目が粗い／細かい」ことも「ふとい／こまい」と言います。共通語の「おおきい、ふとい、あらい／ちいさい、ほそい、こまかい」が「ふとい／こまい」であらわされているわけです（表）。

(木部)

	共通語	九州方言
体が	おおきい／ちいさい	ふとい／こまい
腕が	ふとい　／ほそい	
篩の目が	あらい　／こまかい	

ほそい［細い］

● 用法

①棒状のもの、線状のものの径や幅が小さい。「首が細い」「細い道」②やせている。「細いからだ」③量が少ない。弱々しい。「細い声」「食が細い」④気が小さい。繊細である。「神経が細い」

● 語の由来

　古代には「ほそ」だけで名詞を修飾した例が見られます。例えば、『万葉集』1102番に「ほそ谷川の音のさやけさ」という表現が出てきます。「ふと（太）」がほめ言葉の接頭語として使われたことと並行しています。形容詞「ほそし」も『万葉集』4192番「青柳の細（ほそき）眉根を」、『枕草子』（春はあけぼの）「紫だちたる雲の細くたなびきたる」、『源氏物語』（帚木）「頼もしげなく頸細しとて」のように使われています。②の意味では、『源氏物語』（橋姫）に「身細く萎えばめる童一人（細く痩せてよれよれの着古した衣装を身にまとった女童が一人）」とあり、③の意味では、『堤中納言物語』（貝合）に「いと細き声にて」とあります。また、④の意味は①②③の意味に含まれることがあります。例えば、上の例でも繊細である意味が含まれています。　　　　　　　　　　　　　　（木部）

こまかい［細かい］

● 用法

①ひとまとまりになっているものの、一つ一つが非常に小さい。「こまかい粒」「こまかい雨」②些細である。綿密である。「こまかい話」「芸がこまかい」③金銭に対してうるさい。「金にこまかい」

● 語の由来

　奈良時代には「細かい」の例がなく、平安時代には、「こまかに御覧ずるに」（宇津保物語）、「こまかなる灰」（枕草子）などの例が見られます。この例からわかるように、平安時代には形容詞ではなく、形容動詞「こまかなり」でした。平安後期になると、『観智院本類聚名義抄』（仏中）に「こまかし」の例が見られます。これはシク活用で、「こまかしう」（室町時代『玉塵抄』）、「こまかしき事」（江戸前期、評判記『赤烏帽子』）と活用しました。江戸中期になると、「こまかい」「こまかくもない」（洒落本『当世左様候』）のように、現代語と同じク活用となります。一方、江戸初期の『日葡辞書』には、「Comacana（コマカナ）」と同時に「Comai（コマイ）」の例が見えます。「こまい」は現在、兵庫県から四国・九州にかけての地域で、「細かい、小さい、細い」の意味で使われています（「太い」参照）。　　　　　　　　　　　　　　　　　　　　　　　　（木部）

あらい [粗い]

● **用法**

①すきまが大きい。粒が大きい。「布の目があらい」「豆をあらく挽く」②手触りがなめらかでない。「きめがあらい」③粗雑である。「文章があらい」

● **語の由来**

　平安時代には、「筬をあらみ」という表現で和歌に詠まれています。「筬」は機織りで、横糸をきっちりと詰めるための道具です。例えば、『古今和歌集』(恋歌五)「須磨の海人の塩焼衣筬をあらみ間遠にあれや君が来まさぬ（須磨で塩を焼く海女の着物は筬の詰め方が粗いので布目が離れている。そのように私たちの仲も遠く離れてしまったのだろうか。あの人はちっとも来てくれない）」のような歌があります。『小倉百人一首』の「秋の田の仮庵の庵の苫をあらみ（小屋の覆いの目が粗いので）」も類似の表現です。江戸初期の『日葡辞書』には、「Arai furui（アライ　フルイ）〈訳〉目の粗い篩」「Arai nuno（アライ　ヌノ）〈訳〉粗くて目のつまっていない麻の布」のように、「篩」や「布」の例があがっています。③の意味では、室町時代の『中華若木詩抄』(上)に「時によりて詩があらいと云ことあり」のような例があります。
　　　　　　　　　　　　　　　　　　　　　　　　　　　　　　　　（木部）

ながい [長い]

● **用法**

①一方の端から他方の端までのへだたりが、相対的に大きいこと。「長い棒」「時間が長い」②比喩的に、のんびりしたさま。「気が長い」

● **語の由来**

　奈良時代から「ながし」が使われ、活用形も揃っています。例えば、『万葉集』2109番「我がやどの萩の末長（ながし）（わが家の萩の枝先が長く茂っている）」、同123番「たけばぬれたかねば長寸（ながき）妹が髪（束ねると解け、束ねないと長すぎるあの子の髪）」、同3775番「あらたまの年の緒奈我久（ながく）逢はざれど（長い年月あなたに逢っていませんけれど）」などの例が見えます。②の意味では、同1548番「咲く花も、をそろはいとはし晩なる長（ながき）心になほ及かずけり（咲く花も、せっかち〔早咲き〕なのは厭わしい。おくて〔遅咲きの花〕の気長な心にはかないません）」のような例があります。
　「ながい」の形は、『日葡辞書』に「Nagai（ナガイ）」が見えるので、室町時代から使われていたと思われます。「ながる（流）」と同語源という説がありますが、定かではありません。
　　　　　　　　　　　　　　　　　　　　　　　　　　　　　　　　（木部）

みじかい [短い]

● 用法

①一方の端から他方の端までのへだたりが、相対的に小さいこと。「短い棒」「時間が短い」 ②短気。「気が短い」

● 語の由来

　奈良時代から「みじかし」が使われています。例えば、『万葉集』2303番に「秋の夜を長しと言へど積もりにし恋を尽くせば短有（みじかかり）けり（秋の夜を長いと言うけれど、積もった恋を果たし尽くすとすれば短いものです）」、同3744番に「たまきはる美自可伎（みじかき）命も惜しけくもなし（短い命も惜しくはありません）」とあります。平安時代には「みじかし」の用例が増えますが、特色は、「低い」の意味でも使われていることです。例えば、『枕草子』（うちの局）に「たけの高く、短からむ人などやいかがあらむ（背が高い人と低い人だったらどうだろう）」、『源氏物語』（帚木）に「もとの品高く生まれながら、身は沈み位みじかくて（もとは高い家柄に生まれながら、今は落ちぶれて位も低く）」とあります。平安時代には「低」をあらわす語が形容動詞「ひきなり」だったため、「高し」の対義語として「みじかし」が使われたと言われています（「高い」参照）。鎌倉時代に「ひきし（低）」という形容詞が生まれてからは、「みじかし」が「低い」の意味で使われることがなくなりました。
　　　　　　　　　　　　　　　　　　　　　　　　　　　　　　（木部）

まるい [丸い]

● 用法

①円形である。球形である。「リンゴは丸い」 ②穏やかである。「丸く納める」

● 語の由来

　古くは「まろし」でした。『宇津保物語』（蔵開上）に「赤くまろきもの」、『十訓抄』（第五）に「入れもの…まろければ、すなはちまろくなる」とあります。「まろなり」という形容動詞もあり、『源氏物語』（宿木）に「まろに美しく肥えたりし人の」、鎌倉時代の『塵袋』（七）に「銭をまろと云ふはすがたのまろなればよしばみて云ふ歟（姿が丸いので気取って「まろ」というか）」と出ています。
　「丸い」に関連する語に「まり（鞠）」「まり（椀）」「もる（盛）」があります。「鞠」は球状の遊び道具、「椀」は丸形の器（「椀」参照）、「盛る」は丸く積み上げることで、いずれも奈良時代から用例があります。これらの例から、日本語では「m-r」の音の組み合わせが「丸い」という意味をあらわしていたことがわかります。
　「まるい」という形は室町時代ごろから使われています。江戸前期の『虎明本狂言集』（目近籠骨）に「爰をまるうして」、『四河入海』（五）に「石磨（いしうす）はまるい物なる程に輪と云ぞ」とあります。
　　　　　　　　　　　　　　　　　　　　　　　　　　　　　　（木部）

しかくい [四角い]

● **用法**

①四角の形をしている。「四角い箱」②まじめで堅苦しいこと。「四角い態度」

● **語の由来**

　「しかく（四角）」は漢語で、四隅に角（かど）がある形のことです。室町時代の『運歩色葉集』に「四角　シカク」とあります。『信長公記』（一五）に「御笠、少し上へ長く四角なり」、『日葡辞書』に「Xicacuna mono（シカクナ　モノ）〈訳〉四角いもの」、洒落本『辰巳之園』に「元結（もとゆひ）を四角に巻」とあり、最初は形容動詞でした。江戸後期の雑俳『柳多留』（六八）の「四角なるやつも女に丸められ」は②の意味の例です。明治時代の雑誌『太陽』には、「丸い卵も切りやうで四角だ」のように、「―だ」の形が出ています。

　形容詞「しかくい」が文献資料にあらわれるのは、20世紀に入ってからのことです。それ以降、終止形では「四角だ／四角い」、連体形では「四角な／四角い／四角の」、連用形では「四角に／四角く」が併存しています。ただし、過去形は「四角だった」で、「四角かった」は文章には出てきません。

（木部）

あつい [暑い・熱い]

● **用法**

①外気や物・身体の温度が著しく高く感じられる。体全体で感じる場合は「暑い」、体の一部で感じる温度は「熱い」を使う。「暑い夏」「熱い風呂」②感情が高まった状態である。「熱いエールを送る」

● **語の由来**

　漢字では「暑」と「熱」を書き分けますが、和語ではどちらも「あつし」で、区別がありません。『万葉集』1753番には「熱尓（あつけくに）汗かきなけ（暑い時に汗をかいて泣き）」のように、「暑」の意味に「熱」の字を当てています。『万葉集』3034番「我妹子に恋ひすべながり胸を熱（あつみ）（あの子が恋しくてどうしようもなく、胸が熱くて）」は②の例です。

　奈良時代には「あつし」ではなく、語幹「あつ」に「け」や「み」が付いた形で使われていますが、平安時代には形容詞「あつし」の形が使われるようになります。例えば、『蜻蛉日記』（中）「風はいみじう吹けども、木陰なければ、いとあつし」、『伊勢物語』（四六段）「時は六月のつごもり、いとあつきころほひに」、『宇津保物語』（嵯峨院）「あつき火の中に住まふここちして」、『大鏡』（太政大臣道長）「湯をたぎらかしつつ、御膳を入れて、いみじうあつくてまゐらせ渡したるを」などの例があります。「あつい」という形は室町時代から見え、キリシタン資料の『天草版平家物語』では、もっぱら「atçui（アツイ）暑い」が使われています。

（木部）

さむい［寒い］

● 用法

①外気の温度が著しく低く、不快に感じられる。「寒い冬」②恐ろしさなどで震え上がる。「背筋が寒くなる」③内容や中味が貧弱である。「おさむい内容」④面白くない。「寒いだじゃれ」⑤金銭が不足している。「ふところが寒い」

● 語の由来

　現代語では、「涼しい」が心地よい温度をあらわすのに対し、「寒い」は不快なほど温度が低いことをあらわします。また、「冷たい」が外部の低い温度の「もの」に触れたときの感覚をあらわすのに対し、「寒い」は外気の温度に対して体で感じる感覚をあらわします。

　古典ではどうかというと、『万葉集』では「さむし」という語が、「夜」「暁」など外気の温度に対して体で感じる感覚（「寒い」と訳すのがよい例）と、「風」「露霜」「雁が音」「衣手」など、外部の「もの」に触れたことによる感覚（「冷たい」と訳すのがよい例）の両方に使われています。それぞれ、次のような例があります。〈寒い〉892番「雪降る夜はすべもなく寒（さむくし）あれば」、3945番「秋の夜は暁左牟之（さむし）」。〈冷たい〉3666番「秋風左牟思（さむし）」、3691番「露霜の佐武伎（さむき）山辺に」、3591番「衣手佐牟伎（さむき）ものにそありける」。

　平安時代も、『枕草子』（春はあけぼの）「冬はつとめて…またさらでもいとさむきに」、『古今和歌集』（冬歌）「みよしのの山の白雪つもるらし故郷さむくなりまさるなり」のように現代語の「寒い」に当たる例と、『古今和歌集』（羇旅歌）「風さむし」、『古今和歌集』（冬歌）「夕されば衣手さむし」のように「冷たい」に当たる例があります。中世以降、「寒い」と「冷たい」の棲み分けが行われるようになり、現代語のような意味区別となりました。

　②の意味では、平安後期の『観智院本類聚名義抄』（法中）に「悽　サムシ」という例があり、⑤の意味では、江戸中期の『世間胸算用』（五）に「酒は呑たし、身はさむし」、『俚言集覧』に「寒　貧乏を云」のような例があります。

（木部）

あたたかい ［暖かい・温かい］

● 用法

①寒すぎもせず、暑すぎもせず、ちょうどよい温度である。「あったかい」とも。「暖かい地域」「暖かいご飯」 ②思いやりがある。「温かいもてなし」 ③金銭が十分にある。「ふところが暖かい」

● 語の由来

奈良時代には「あたたか」の用例が見えませんが、平安時代になると「あたたかなり」という形容動詞の形が見えます。例えば、『宇津保物語』（俊蔭）に「そのあたたかなるほどは、かく、しありきて（暖かい間はこのように歩き回って）」とあります。平安中期の『金光明最勝王経音義』には「暑」の字に「阿太々加奈リ（あたたかなり）」の訓が付けられ、また、『蜻蛉日記』（下）では「暖かにもあらず、寒くもあらぬ風」のように「暖かに」と「寒く」が対になって使われています。古くは「あたたかなり」が「暑い」の意味でも使われていたようです。形容詞「あたたかい」は、江戸時代になってあらわれます。例えば、俳諧『続寒菊』に「暖うなりてもあけぬ北の窓」、人情本『仮名文章娘節用』に「けふは南であつたかいに」とあり、「暖い」の意味で使われています。　　　　　　　　　　　　（木部）

すずしい ［涼しい］

● 用法

①温度や湿度がちょうどよくて気持ちがいい。「涼しい風」 ②心がさわやかである。「心が涼しい」 ③すがすがしい。「目元が涼しい」 ④平然としている。「涼しい顔」

● 語の由来

古くは、風が吹いた時の心地よさをあらわす例が多く、『万葉集』4306番「初秋風須受之伎（すずしき）夕」、『古今和歌集』（夏歌）「夏と秋とゆきかふ空のかよひぢはかたへずすずしき風や吹らん」、『古今和歌集』（秋歌上）「かは風のすずしくもあるか」などの例があります。「風」以外には、『後拾遺和歌集』（夏）「夏の夜もすずしかりけり」のように「夏の夜」を「涼しい」といった例や、『枕草子』（小白川といふ所は）「青鈍の指貫、白き袴も、いと涼しげなり」のように「指貫、袴などの衣装」の例、『源氏物語』（蓬生）「前栽の本立ちも涼しうしなしなどして」のように「植込みの根元」の例などが見られます。②の意味では『源氏物語』（澪標）「御心地涼しくなむ思しける（ご気分がさわやかにおなりになる）」などの例を見ることができます。　　　　　　　　　　（木部）

つめたい ［冷たい］

● 用法

①外部のものに触れたときに、温度が非常に低く感じられる。「冷たい水」「風が冷たい」②思いやりがない。「あの人は冷たい」

● 語の由来

　「つめたし」は奈良時代には用例がなく、平安時代から例が見えます。『落窪物語』（巻一）「単もなくて、（姫君の肌が）いとつめたければ」、『枕草子』（なほめでたきこと）「打ちたる衣もつめたう」、『更級日記』（上洛の旅）「出づる水の清くつめたきことかぎりなし」、『大鏡』（太政大臣道長）「北風はいとつめたきに」などの例があり、「姫君の肌」「打衣」「水」「北風」といった外部のものに触れたときの感覚をあらわしています。一方で平安時代には、『枕草子』（宮にはじめてまゐりたるころ）「いとつめたきころなれば」のように「寒い・冷える」の意味をあらわす例もあり、現代語の「冷たい」よりもやや意味が広かったようです。語源は「つめいたし（爪痛）」と言われています。②の意味では、近松浄瑠璃『心中天網島』「ごくにもたたぬ（役にも立たない）父めを持ってかはいや（かわいそうだ）、冷たい目をするな」のような例があります。　　　　　　　　　（木部）

たのしい ［楽しい］

● 用法

①満ち足りた気持ちである。「楽しい曲」「楽しく過ごす」②富裕である。金持ちである。物が豊富である。

● 語の由来

　奈良時代には精神的な満足感をあらわしましたが、鎌倉時代に物質的に裕福であるという意味が加わり、室町時代にはさらに、金持ちの意味が加わりました。現在はもっぱら、もともとの精神的な満足感の意味で使われています。例えば、『古事記』（下・歌謡）の「山県に蒔ける菘菜も吉備人と共にし摘めば多怒斯久（たのしく）もあるか（山の畠に蒔いた青菜も吉備の人と一緒に摘めば、心楽しいことだ）」、『万葉集』4300番の「霞立つ春の初めを今日のごと見むと思へば多努之（たのし）とそ思ふ（霞立つ春の初めを今日迎えたように、毎年見ると思うと楽しいことです）」は精神的な満足感ですが、『今昔物語集』（巻一六）「家など儲て楽しくぞ有ける」は、物質的な豊かさをあらわしています。江戸初期の『日葡辞書』には「Tanoxij fito（タノシイ　フィト）〈訳〉金持ちで裕福な人」とあり、「金持ち」の意味があがっています。　　　　　　　　　　　　　　　　（木部）

かなしい [悲しい]

● 用法

①泣きたくなるような気持ち。「祖母が亡くなって悲しかった」②自分以外の人の気持ちを言う場合は「悲しがる」を使う。「親が知ったら悲しがるだろう」

● 語の由来

　古代語の「かなし」は、いい意味でも悪い意味でも、自分ではどうしようもない気持ちをあらわし、「～しかねる」の「かね」と同源と言われています。『万葉集』4106番「妻子みれば加奈之久（かなしく）めぐし」は「どうしようもなく愛おしい」、『万葉集』33番「荒れたる都見ればかなしも」は「どうしようもなく切ない」の意味です。『源氏物語』（桐壺）「かぎりとてわかるる道のかなしきに」の「かなし」は今の「悲しい」に近い意味で使われています。「かなし」は次第に「悲しい」の意味に限定されていって、現代に至っています。

　奄美方言では、「愛らしい」ことを「かなしゃん」、「恋人」を「かな」と言います。これは古語の「かなし（愛おしい）」に通じるものです。また、「うやがなし（親）」「てぃんとがなし（お天道様・太陽）」「とーとがなし（感謝をあらわす言葉）」のように、尊敬する人や感謝すべき相手に「かなし」をつけることがあります。「愛おしみ」をもって敬う気持ちをあらわしています。

（木部）

うれしい [嬉しい]

● 用法

物事が望みどおりになって、喜ばしい。満足である。「試験に合格して嬉しい」「嬉しい知らせ」

● 語の由来

　「うれし」は、「心」をあらわす「うら」と関係があると思われます。「うら」は、他の語の上について、『万葉集』3752番「春の日の宇良我奈之伎（何となく悲しい）」、同3993番「宇良具波之（うらぐはし）（心にしみて美しい）」、同3973番「宇良呉悲（うらごひ）すなり（心の内で恋しく思っている）」のように使われています。それが形容詞化した「うれし」は、事柄に対して生じる喜ばしい気持ちをあらわし、『万葉集』4284番では「新しき年の初めに思ふどち い群れて居れば宇礼之久（うれしく）もあるか（新しい年の初めに仲間たちで集まっていると嬉しく感じる）」のように使われています。『枕草子』の「うれしきもの」の段には、「一巻だけ見て続きを読みたいと思っていた物語の残りを見つけたこと」「立派な人が歌の上の句や下の句を尋ねたときに、ふっとそれが頭に浮かんできたこと」などが「うれしきもの」としてあがっています。

（木部）

第Ⅱ部　身近な日本語の起源　251

つらい [辛い]

● 用法

①肉体的、精神的にがまんできないくらい苦しい。「練習がつらい」「つらい別れ」　②非情である。むごい。「人につらくあたる」

● 語の由来

　古くは、「つらい（辛）」ことをあらわす語に「うし（憂）」「つらし（辛）」がありました。「うし」は、「物事が思いのままにならないことを嘆く気持ち」をあらわし、『万葉集』893番「世の中を宇之（うし）とやさしと思へども（世の中をいやだ、消えてしまいたいと思うけれども）」、『古今和歌集』（雑歌下）「みよし野の山のあなたに宿もがな世のうき時のかくれがにせん（奥深い吉野の山のかなたに宿があったらいいのに。世の中がいやになった時の隠れ家にするのに）」のように、「世の中」に対して使われた例が多くあります。一方、「つらし」は「非情であることを嘆く気持ち」で、『万葉集』4214番では、身近な人の死に際して「世の中の獣家口（うけく）都良家苦（つらけく）（世の中のいやなこと、非情なこと）」と言い、『伊勢物語』（七五段）では、まったく会ってくれない女性に対して「世の人のつらき心（あなたの冷淡な心）」と言っています。中世以降、「うし」がだんだんと使われなくなり、「つらい」が「うし」の意味も含むようになりました。

(木部)

うつくしい [美しい]

● 用法

色・形などの調和がとれていて、快く感じられる。「きれいだ」とも言う。「美しい女優さん」「富士山は美しい」「美しい友情」

● 語の由来

　「うつくし」は、古くは妻、子、親などの肉親に対する愛情をあらわしました。現代語では「いとおしい」に当ります。『日本書紀』（斉明・歌謡）「于都倶之枳（うつくしき）吾が若き子を置きてか行かむ（いとおしい私の幼い子を置いて行くのか）」、『万葉集』800番「妻子見ればめぐし宇都久志（うつくし）（妻子を見ると、いとおしくかわいい）」のような例があります。平安時代には、小さいものを「かわいい」と感じる気持ちをあらわすようになり、だんだんと美一般をあらわす意に変化しました。『竹取物語』「三寸ばかりなる人いとうつくしうてゐたり」や『枕草子』（うつくしきもの）「何も何も小さきものはみなうつくし」は小さいものに対して使われた例、『大和物語』（155）「大納言の、むすめいとうつくしうてもちたまうたりけるを（大納言がたいそう美しい娘を持っていらっしゃったのを）」は現代と同じような「美しい」の意味で使われた例です。

(木部)

きれいだ［綺麗だ］

● 用法

①美しくはなやかなさま。「きれいな女優さん」「空がきれいだ」　②よごれがなく清潔なさま。「きれいな空気」

● 語の由来

　「きれい（綺麗）」は漢語で、「美しく華やかなさま」をあらわします。南北朝時代の『太平記』（一〇）に「今朝までは奇麗なる大廈高墻の構忽に灰燼と成りて（今朝までは美しく華やかだった立派な建物や高い垣がにわかに灰や燃え殻となって）」、室町時代の『看聞御記』（応永二七年）に「御堂造営奇麗也（御堂の造りは美しく華やかだ）」のように、漢文脈で使われています。その後、和文脈でも使われるようになり、江戸前期の『虎明本狂言集』（引敷聟）「いつもよりも一段きれいなが、どこへぞゆくか」では、「顔形が美しい」の意味で使われています。②は日本で生じた意味で、室町時代の『中華若木詩抄』（上）に「岩下より出る泉の（中略）いかにも奇麗なるを汲むぞ」、『虎明本狂言集』（萩大名）に「ふだん掃除をめさるると見えて、きれひなよな」と見えています。　　　　（木部）

きたない［汚い・穢い］

● 用法

①汚れている。不潔である。「川がきたない」　②乱雑である。下品である。見苦しい。「言葉がきたない」　③心、気持などがいやしい。卑劣である。「きたない手を使う」「金にきたない」

● 語の由来

　語源は「きだなし（段無）」で、「段（わかれめ）がない」の意という説があります。『竹取物語』では「穢き所に、いかでか久しくおはせむ（こんな穢い所になぜ長くいらっしゃるのですか）」のように、月世界に対して人間世界が「穢き所」と表現されています。『枕草子』には「いみじうきたなきもの」という段があり、「なめくぢ（蛞蝓）、えせ板敷の帯の末（粗末な板敷を掃く箒の先）、殿上の合子（宮殿のふた付きの使いふるした容器）」があがっています。「きたなげ」という語もあり、『大和物語』（134）「きたなげなき童（感じの悪くない女の子）」のように、「きたなげなし（悪くない）」の形で使わることが多かったようです。②の意味も古くから例があり、平安前期の『続日本紀』（第四三詔）に「岐多奈久（きたなく）悪しき奴どもと相結びて謀りけらく」とあります。　　　　（木部）

おそろしい［恐ろしい］

● 用法

①身に危険が感じられて、不気味である、不安である。「こわい」とも言う。「おそろしい話」　②程度がはなはだしい。「おそろしく頭がいい」

● 語の由来

　奈良時代に「性格が強く激しい」という意味の「おずし」という形容詞があり、その変化形「おぞし」が「恐ろしい」の意味にも使われるようになりました。「性格が激しい」と「その人が恐ろしい」は意味が通じる部分がありますが、平安時代の「おぞし」は、人の恐ろしさだけでなく、物事の恐ろしさにも使われています。例えば、『源氏物語』（蜻蛉）では、女君（浮舟）が身投げをしたという巷の噂に対して「おどろおどろしくおぞきやうなり（気味が悪くて恐ろしいようだ）」と言っています。同語源の動詞「おず」は「恐れる」という意味で、『仏足石歌』「雷の光の如きこれの身は死の大王常にたぐへり於豆（おづ）べからず（雷光のように短い私の一生は常に死と共にあるようなものです。恐れてはいけません）」、『竹取物語』（燕の子安貝）「人のあまたのぼりゐたるにおぢて巣にものぼり来ず」のように使われています。

　一方、「おそろし」は、もともと恐怖の意味をあらわし、平安時代から用例が見えます。同語源の動詞「おそる」は、「恐怖を感ずる」と同時に「畏敬する、恐れ多い」の意味を持つので、形容詞「おそろし」にも畏敬の感情が含まれていました。『土左日記』（御崎といふところ）「海のまた恐ろしければ、頭もみな白けぬ（海もまた恐ろしいので、頭もみな白くなってしまった）」、『蜻蛉日記』（中）「もののいと恐ろしかりつる陵のわたり（もの恐ろしい天皇陵のあたり）」には、「海」や「陵」を「畏れる」気持ちが含まれています。②の意味では、室町時代の『史記抄』（一二）に「不化とは、きえもはていで霊魂をそろしう怒るぞ（「不化」というのは、霊魂が消え果てずにひどく怒ることだ）」、江戸中期の洒落本『甲駅新話』に「泉水（庭に作った池）もあるが畑もある。おそろしく広いよ」などの例があります。これらは現代語の副詞「おそろしく」に繋がっていきます。

　現代方言では、「おぞし」の流れを汲む「おぞい」が出雲と九州の東側で使われています。九州の西側は「えずい、えずか」ですが、これも「おぞし」が変化した語と考えられます。一方、「おそろしい」とその変化形「おとろしい」は、北陸、南紀、兵庫、四国、南九州といった西日本の周辺部で使われています。沖縄も「おそろしい」の変化形「うとぅらさん」です。近畿の中心部では「こわい」が使われていますが、これは新しく広まったものと思われます。　　　　（木部）

こわい [怖い]

● 用法

①危害を加えられそうで不安である。「おそろしい」とも言う。「お化けがこわい」「夜道がこわい」　②不思議な力がありそうだ。「思い込みがこわい」

● 語の由来

　形容詞「こわし」には、「強い、強情だ、固い」の意味と「怖い」の意味があります。「強い」の意味では、『竹取物語』(かぐや姫昇天)「此の幼き者は、こはく侍る者にて（この幼い者〔かぐや姫〕は強情者でして）」など平安時代から用例がありますが、「怖い」の意味では、江戸初期のキリシタン資料『日葡辞書』の「Couai（コワイ）〈訳〉固くてこわばった（もの）（中略）恐怖を感じさせる（もの）」が早い例です。江戸時代以降は、『虎明本狂言』「山のかみがこはひか、身共がこはひか（妻が怖いか、私が怖いか）」（花子）など「怖い」の例が多くなり、それ以前から使われていた「恐ろしい」と併用されるようになります。

　現代方言では、近畿の中心部で「こわい（怖い）」が使われています。一方、「怖い、恐ろしい」の意味で「おぞい」や「おそろしい、おとろしい」を使う出雲、九州、南紀では、「こわい」が「固い」や「疲れた」の意味で使われています。

（木部）

はやい [早い・速い]

● 用法

①速度が大である。すみやかである。「足が早い」「流れが速い」　②時間的に先である。時機がまだ来ていない。「早い時間に出発する」「結婚はまだ早い」

● 語の由来

　奈良時代から「はやし」と「とし」の２語が使われました。「はやし」は『万葉集』4023番「婦負川の波夜伎（はやき）瀬ごとに」、『詞花和歌集』（恋上）「瀬をはやみ岩にせかるる滝川の」のように、川の流れの速いことや、『万葉集』3646番「浦廻より漕ぎ来し船を風波夜美（はやみ）（海岸沿いに漕いできた船だが、風が速いので）」のように、風の動きの速いことに使われた例が多くあります。

　一方、「とし」は『古今和歌集』（春歌下・詞書）「春のとく過ぐるをよめる」、『大和物語』(120)「おそくとくつひに咲きける梅の花（遅い、早いの違いはあったが、ついに梅の花が咲いた）」のように、時間的な早さの意味で多く用いられました。現代では「とい」という形容詞は使われませんが、連用形の「とく」は、「とく絶え果てにけり（源氏物語〔夕顔〕）のように副詞として使われ、室町時代には「とっくに」という形があらわれて、現代でも使われています。

（木部）

おそい ［遅い］

● 用法

①速度が小である。のろい。動作・進行などに時間がかかる。「足が遅い」「仕事が遅い」　②かなり時がたっている。時機が過ぎている。「遅い時間に申し訳ありません」「帰りが遅い」

● 語の由来

　「おそし」は、古くは物事の速度の鈍いことを非難する気持ちで使われました。例えば、『万葉集』126番「みやびをと我は聞けるを宿貸さず我を帰せり於曾（おそ）のみやびを（あなたは風流人だと聞いていたけれど宿も貸さないで私を返した。間抜けな風流人だ）」、『源氏物語』（帚木）「頭の君、まめやかにおそしと責め給へば（頭中将が真剣に「遅い」とせき立てられるので）」などがその例です。②の意味では、『万葉集』981番「猟高の高円山を高みかも出で来る月の遅（おそく）照るらむ（猟高の高円山が高いので出てくる月が照るのが遅い）」、『拾遺和歌集』（雑賀・詞書）「夜、おそくまうできけるほどに（夜遅く参上してきたので）」のような例があります。このように、「おそし」は速度・時間の両方の意味に使われたので、古くは「はやし・とし」の２語に対応していましたが、「とし」が使われなくなった現代では「おそい／はやい」の対立になっています（「速い」参照）。

（木部）

引用文献一覧（五十音順）

「名称(よみ)」「成立年」「解説」は主に「ジャパンナレッジ」を参考にして作成した。「時代区分」は「文化庁重要指定目録」の基準に従って作成された「前近代日本史時代区分表」に従った。
(chrome-extension://efaidnbmnnnibpcajpcglclefindmkaj/https://wwwap.hi.u-tokyo.ac.jp/ships-web-help/images/periodization.pdf)

名称（よみ）	時代区分	成立年
『赤烏帽子』 （あかえぼし）	江戸前期	1663年
『明烏後の正夢』 （あけがらすのちのまさゆめ）	江戸後期	1821～ 1824年
『吾妻鏡』 （あづまかがみ）	鎌倉時代	1180～ 1266年
『天草版平家物語』 （あまくさばんへいけものがたり）	室町時代	1592年
『曠野』 （あらの）	江戸前期	1689年
『石山寺本法華経玄賛平安中期点』 （いしやまでらぼんほけきょうげんさんへいあんちゅうきてん）	平安中期	平安中期
『和泉式部日記』 （いずみしきぶにっき）	平安中期	1004年
『和泉式部集』 （いずみしきぶしゅう）	平安中期	11世紀中頃
『伊勢物語』 （いせものがたり）	平安中期	955年頃
『一話一言』 （いちわいちげん）	江戸中期	1775～ 1822年頃

解説
歌舞伎評判記。歌舞伎役者に対する芸評の書。
人情本。5編14冊。初～3編は滝亭鯉丈（りゆうていりじよう）・二世楚満人（為永春水）作、4・5編は駅亭駒人（浜村輔）・二世楚満人作。歌川国直・渓斎英泉画。角書『浦里時次郎』。新内節『明烏夢泡雪』の後日譚として書かれたもの。
鎌倉幕府が編纂した歴史書。52巻のうち、巻45が欠ける。治承4年（1180）の源頼政の挙兵から、文永3年（1266）に惟康（これやす）親王が将軍になるまでの87年にわたる幕府の歴史を日記体に記述。
天草で刊行されたキリシタン版の一つ。日本人修道士不干（ふかん）ハビアン編。日本語と日本の歴史の学習用に『平家物語』を当時の口語体に直し、ローマ字で表記したもの。大英博物館蔵本。
俳諧撰集。3冊。荷兮（かけい）編。芭蕉をはじめとする179人の発句735句を集め、連句10巻を収める。『冬の日』『春の日』に続く俳諧七部集の第三集の一つ。
妙法蓮華経の注釈書。唐の慈恩大師基（632～682）撰。石山寺本は平安中期に書写された古写本。
日記。1巻。和泉式部の自作、他作両説がある。長保5年（1003）から翌年正月までの、敦道（あつみち）親王との恋愛の初期の経過を贈答歌を中心に物語風にしるす。『和泉式部物語』とも。
和泉式部の家集。902首からなる正集、647首の続集があり、重出歌が70首ある。すべて他撰である。
歌物語。作者不明。「古今集」以前に存在した業平の歌物語を中心にして、しだいに他の章段が付加され、『後撰和歌集』以降に現在の形になったかという。『在五が物語』『在五中将日記』『在中将』とも。
随筆。56巻。大田南畝（なんぽ）著。安永4年（1775）ごろから文政5年（1822）ごろまでに筆者が見聞した風俗・流行・事件・天災・幕府の文書などを書き留めたもの。

名称（よみ）	時代区分	成立年
『一休咄』 （いっきゅうばなし）	江戸前期	1668年
『出雲風土記』 （いづもふどき）	奈良時代	733年
『異本郭中奇譚』 （いほんかくちゅうきたん）	江戸中期	1772年
『色葉字類抄』『伊呂波字類抄』 （いろはじるいしょう）	平安後期	1177～ 1181年
『岩淵本願経四分律平安初期点』 （いわぶちぼんがんぎょうしぶりつへいあんしょきてん）	平安初期	平安初期
『浮世親仁形気』 （うきよおやじかたぎ）	江戸中期	1720年
『浮世風呂』 （うきよぶろ）	江戸後期	1809～ 1813年
浮世草子 （うきよぞうし）	江戸中期	1682～ 1781年頃
『宇治拾遺物語』 （うじしゅういものがたり）	鎌倉時代	1220年頃
『宇津保物語』 （うつぼものがたり／うつほものがたり）	平安中期	970～ 999年頃
『運歩色葉集』 （うんぽいろはしゅう）	室町時代	1548年

解説
咄本（はなしぼん）。4巻4冊。作者未詳。一休宗純和尚を主人公とした狂歌咄集。当時流布していた、一休俗伝中の奇行を集めたもの。
地方誌。編纂者は出雲臣広島。出雲国九郡の地理、産物、古伝承などを各郡ごとに記す。現存する5つの風土記のうち唯一の完本。
洒落本。近世期に刊行された小説。当時の口語を反映している。臼岡先生作。岷江画。
辞書。二巻本、三巻本を『色葉字類抄』、十巻本を『伊呂波字類抄』と表記しわけている。橘忠兼（たちばなただかね）著。最も古い体裁と見られる二巻本の原本は伝わっていない。三巻本は治承（1177〜1181）の頃増補、十巻本は鎌倉時代の大増補による。単語を頭音によりいろは47篇に分類し、各篇の内を天象、地儀、植物など21部門に分ける。わが国最初のいろは引き辞書。
「四分律」（ブッダ入滅後、法藏部が伝えた教団規律を集成したもの）の平安初期の写本。岩淵悦太郎（1905〜1978）が収集した文庫に所蔵されている。
浮世草子。5巻15話。江島其磧（きせき）作。八文字屋（はちもんじや）八左衛門・江島屋市郎左衛門刊。老人特有の頑固・吝嗇・息子自慢などを描いたもの。
滑稽本。4編9冊。式亭三馬著。銭湯に集まる江戸庶民の会話を通して、当時の生活の諸相を描く。
近世小説の一種。天和2年（1682）出版の井原西鶴作「好色一代男」以降、安永（1772〜1781）頃までの約百年間、上方を中心に出版された庶民文学。
説話集。2冊。刊本15巻。作者不明。貴族説話、仏教説話、民間説話など197編を収める。『今昔物語集』『古本説話集』『古事談』などと同文的同話が多い。
物語。20巻。作者未詳。源順作とする説などがある。わが国最初の長篇物語。幻想的、伝奇的な『竹取物語』から写実的な『源氏物語』に展開していく過渡期の作品。
国語辞書。著者未詳。国語をいろは順に集めたもの。いろは各部をさらに下位分類していない点で『節用集』とは異なるが、収載語が多い。

名称（よみ）	時代区分	成立年
『栄花物語』 （えいがものがたり）	平安中期	1028〜1092年頃
『英和対訳袖珍辞書』 （えいわたいやくしゅうちんじしょ）	江戸後期	1862年
『易林本節用集』 （えきりんぼんせつようしゅう）	室町時代	1597年
『犬子集』 （えのこしゅう）	江戸前期	1663年
『延喜式』 （えんぎしき）	平安中期	927年
『大鏡』 （おおかがみ）	平安後期	11世紀後半〜12世紀前半
『大上臈御名之事』 （おおじょうろうおんなのこと）	室町時代	16世紀前か
『奥の細道』 （おくのほそみち）	江戸中期	1702年
『小倉百人一首』 （おぐらひゃくにんいっしゅ）	鎌倉時代	13世紀前半
『落窪物語』 （おちくぼものがたり）	平安中期	10世紀末
『御伽話』 （おとぎばなし）	江戸中期	1773年

引用文献一覧（五十音順） 261

解説
歴史物語。作者は正編については赤染衛門、続編については出羽の弁とする説などがあるが未詳。正編30巻は長元年間（1028〜1037）、続編10巻は寛治6年（1092）以後間もない頃の成立とされる。正編は藤原道長の栄華を中心に、宮廷に関するできごとをかな書きで物語風に記す。
日本における最初の英和辞書。堀達之助編集。オランダ人のピカードによる"A New Pocket Dictionary of the English-Dutch and Dutch-English"（英蘭・蘭英ポケット辞典）』の1857年再版のオランダ語部分を日本語に訳して作成された。
節用集の一つ。平井易林刊行。「乾（いぬい）」の項から始まる乾本系節用集として代表的なもの。
俳諧。天文（1532〜1555）以降の作品を集めた撰集。室町時代の俳諧句集『犬筑波集』（1530年ごろ）の子になぞらえたもの。
法典。50巻。醍醐天皇の命により藤原時平、忠平らが編集。弘仁式、貞観式（じょうがんしき）およびそれ以降の式を取捨し、集大成したもの。
歴史物語。著者未詳。藤原道長の栄華を中心に、文徳（もんとく）天皇の嘉祥3年（850）から後一条天皇の万寿2年（1025）までの歴史を紀伝体で記す。鏡物（かがみもの）の最初で、四鏡の一。『世継物語』とも。
有職故実書。1巻。著者未詳。大上臈の名、女房の服飾や幼名、女房詞をしるす。
俳諧紀行文。1冊。松尾芭蕉作。元禄2年（1689）3月27日、門弟曾良を伴って江戸深川を出発し、奥州、北陸を巡り、同年9月6日伊勢に向かうため大垣に到着するまでの紀行。
藤原定家が宇都宮頼綱（蓮生）の依頼で、蓮生の小倉山麓中院の山荘の障子に貼る色紙形の和歌として選んだといわれる。天智天皇から順徳天皇までの、百人の歌人の秀歌を一首ずつ集めたもの。近世以降、歌ガルタとして広まった。定家が選んだ100人秀歌を、後年その子為家が改訂したものが今日伝わるものであるともいう。
物語。4巻。作者、成立年ともに未詳。『源氏物語』よりもやや早く、男性の手になるものと思われる。継子いじめの物語として有名。
咄本（はなしぼん）。江戸時代に、当時の笑い話・小咄などを集めて出版した本。

名称（よみ）	時代区分	成立年
『御湯殿上日記』 （おゆどののうえのにっき）	室町時代	1477年～ 1682年
『折たく柴の記』 （おりたくしばのき）	江戸中期	1716年頃
『於路加於比』 （おろかおひ）	江戸後期	1859～ 1860年頃
『温故知新書』 （おんこちしんしょ）	室町時代	1484年
『貝おほひ』 （かいおおい）	江戸前期	1672年
『海道記』 （かいどうき）	鎌倉時代	1223年
『花屋抄』 （かおくしょう）	室町時代	1594年
『下学集』 （かがくしゅう）	室町時代	1444年
『蜻蛉日記』 （かげろうにっき）	平安中期	974年
『かた言』 （かたこと）	江戸前期	1650年
『仮名文章娘節用』 （かなまじりむすめせつよう）	江戸後期	1831～ 1834年
『軽口御前男』 （かるくちごぜんおとこ）	江戸中期	1703年

解説
禁中の御湯殿に奉仕する女官が交代でつけた日記。かな文で、女房詞などが多く見える。
随筆。新井白石の自叙伝。3巻3冊。自分のおいたちから、六代将軍家宣を補佐して幕政に参与し、家宣の死後、退職するまでを和漢混交文でつづる。書名は『新古今』（哀傷）後鳥羽院の歌「思ひ出づるをりたく柴の夕煙むせぶもうれし忘れがたみに」からとったもの。
随筆。3巻3冊。柳亭種秀（笠亭仙果）作。師匠である柳亭種彦にならって、古今の人物・事物・風俗等を考証したもの。
国語辞書。3巻。大伴広公著。約1万3千項目につき、語頭音を五十音で分類し、それぞれを「乾坤」「時候」「気形」「支体」「態芸」など12項目に分類してある。五十音引き辞書としては最も古い。
俳諧発句合わせ。1巻。松尾芭蕉編。当時の小歌（こうた）や流行詞などを用いた発句30番の句合わせに、その判詞を添えたもの。
紀行文。1冊。作者未詳。洛外白川あたりに住む50歳を過ぎた出家者が都を出発し、東海道を経て鎌倉に着き、10日間ほど滞在の後、帰京の途につくまでの模様を記す。
『源氏物語』の注釈書。慶福院花屋玉栄著。『源氏花屋抄（げんじかおくしょう）』『源氏物語花屋抄（げんじものがたりかおくしょう）』とも。
百科事典的国語辞書。2巻。著者未詳。単語を天地、時節、神祇、言辞など18部門に分類し、片仮名で読みを記し、漢文で注を加える。
日記。3巻。右大将藤原道綱の母著。兼家と結婚してのちの不安定な結婚生活や一子道綱への愛などを自伝風につづった日記。
方言俚語辞典。5巻。安原貞室編。京言葉を中心に方言・訛語の類を項目別に集めて批判を述べたもの。
人情本。3編9冊。曲山人作・歌川国次画。流布本は歌川国直画。当時はやされた小三、金五郎の情話に取材した、素人作者の草稿をまとめた作品。武家社会における義理人情の悲劇を描く。
咄本（はなしぼん）。江戸中期の落語家米沢彦八著。上方落語の祖。

名称（よみ）	時代区分	成立年
『閑居友』 （かんきょのとも）	鎌倉時代	1222年頃
『菅家文草』 （かんけぶんそう）	平安前期	900年頃
『閑情末摘花』 （かんじょうすえつむはな）	江戸後期	1839～1841年
『看聞御記』 （かんもんぎょき）	室町時代	1416～1448年
『旱霖集』 （かんりんしゅう）	室町時代	1422年
『狂言記』 （きょうげんき）	江戸前期	1660～1730年
『玉塵抄』 （ぎょくじんしょう）	室町時代	1558～1570年
『玉葉』 （ぎょくよう）	平安後期	1164～1200年
『金葉和歌集』 （きんようわかしゅう）	平安後期	1127年
『愚管抄』 （ぐかんしょう）	鎌倉時代	1221年頃
『傾城酒呑童子』 （けいせいしゅてんどうじ）	江戸中期	1718年
『毛吹草』 （けふきぐさ）	江戸前期	1638年

引用文献一覧（五十音順） 265

解説
説話集。上・下2巻。慶政作か。仏教説話32編を収めたもの。鴨長明の『発心集』を強く意識し、西行の『撰集抄』に影響を与えている。
菅原道真の漢詩文集。12巻。道真みずから編して醍醐天皇に献上したもの。1〜6巻に詩460首あまり、7〜12巻に文160編ほどを収める。『道真集』とも。
人情本。5編15冊。松亭金水作、歌川貞重画。福見屋米次郎と馴染みの遊女清鶴、その妹のお里ほか、二組の恋人たちの愛と葛藤を描く。
後崇光院（伏見宮貞成親王）の日記。応永23年（1416）から文安5年（1448）にわたり、宮廷、室町幕府、諸大名の動向、世俗の出来事などを記す。原題『看聞日記』。
漢詩文集。南北朝時代の臨済（りんざい）宗聖一（しょういち）派の僧、夢巌祖応作。
江戸時代に刊行された能狂言の台本集。万治3年（1660）刊の『狂言記』、元禄13年（1700）刊の『続狂言記』『狂言記外五十番』、享保15年（1730）刊の『狂言記拾遺』を総称したもの。絵入りで各集5冊50番。読本として流布。群小諸派の台本を集めたものらしく、内容も一様でない。
京都五山の禅僧、惟高妙安による中国の韻書の講義録。全55巻。
日記。66巻。摂政関白九条（藤原）兼実著。父忠通の日記「玉林」にちなんだ名称。長寛2年（1164）から正治2年（1200）の朝儀や政界の実情などを詳細に記録。有職・風俗・天文その他の資料も豊富に含まれる。
第5番目の勅撰和歌集。10巻。白河上皇の命により、源俊頼の撰。源俊頼、源経信、藤原顕季ら227人の歌約650首を収録。八代集の一つ。
歴史書。7巻。九条兼実の弟、天台座主慈円の著。和漢の年代記や、神武天皇から順徳天皇までの歴史及び著者の歴史観を仮名まじり文で記したもので、後の史書に強い影響を与えた。
近松浄瑠璃。竹本座初演。
俳書。7巻5冊。松江重頼著。貞門俳諧の作法を論じ、発句・付句の作例のほか、季語・俚諺（りげん）・諸国名物などを収録。

名称（よみ）	時代区分	成立年
『源氏物語』（げんじものがたり）	平安中期	1001～1014年頃
『甲駅新話』（こうえきしんわ）	江戸中期	1775年
『好色五人女』（こうしょくごにんおんな）	江戸前期	1686年
『甲陽軍鑑』（こうようぐんかん）	江戸前期	17世紀初
『古今和歌集』（こきんわかしゅう）	平安中期	914年頃
『古今著聞集』（ここんちょもんじゅう）	鎌倉時代	1254年
『古今連談集』（ここんれんだんしゅう）	室町時代	1444～1448年頃
『古事記』（こじき）	奈良時代	712年
『古事談』（こじだん）	鎌倉時代	1212～1215年頃
『後拾遺和歌集』（ごしゅういわかしゅう）	平安中期	1086年
『後撰和歌集』（ごせんわかしゅう）	平安中期	955年前後

解説
長編物語。54巻。紫式部作。1001以後の起筆とされるが成立年代は未詳。登場人物の個性、心の陰影など写実的な描写にすぐれ、あらゆる物語的要素を含んで、日本古典の最高峰とされる。擬古物語はじめ、謡曲、御伽草子、俳諧、連歌など後世に多大な影響を与えた。
洒落本。風鈴山人（ふうれいさんじん、大田南畝）作。勝川春章画。甲州街道の駅、新宿で2人の男が遊里に遊ぶ話。田舎客の方言なども混じる。
浮世草子。5巻5冊。井原西鶴作。当時著名な巷説に取材し、お夏清十郎、樽屋おせん、おさん茂右衛門、八百屋お七、おまん源五兵衛の五組の恋愛・姦通事件を扱う。
軍書。20巻23冊。武田信玄の老臣、高坂昌信の口述による、大蔵彦十郎、春日惣次郎の筆録で、元和7年（1621）以前に小幡景憲の整理を経たものという。信玄・勝頼二代の合戦、刑罰、行政、軍法などの事跡を追って軍学を論じたもの。甲州流軍学の教典とされる。
最初の勅撰和歌集。20巻。醍醐天皇の勅命により、紀貫之、紀友則、凡河内躬恒、壬生忠岑が撰者。読人知らずの歌と六歌仙、撰者らおよそ127人の歌1111首を収める。貫之執筆の仮名序と紀淑望執筆の真名序が前後に添えられている。
説話集。20巻。橘成季（たちばなのなりすえ）編。平安中期から鎌倉初期までの日本の説話約700話を、神祇・釈教・政道など30編に分けて収める。
連歌学書。室町時代中期の連歌師、宗砌（そうぜい）著。
歴史書。3巻。天武天皇の命で稗田阿礼（ひえだのあれ）が誦習（文字化された資料の読み方を習い覚えること）し、元明天皇の命を受けた太安万侶（おおのやすまろ）が撰録した。
説話集。6巻。源顕兼編。王道・后宮、臣節、僧行、勇士、神社・仏寺、亭宅・諸道の六篇に分類された上代、中古の説話461を収める。文体は和製の漢文体、仮名交り文など多様で、どの説話も短文で、資料の抄出が多い。
勅撰和歌集。八代集の第4。20巻。白河天皇の命により藤原通俊（ふじわらのみちとし）が撰し、和泉式部らの歌約1200首を収録。
村上天皇の下命によって編纂された二番目の勅撰和歌集。撰者は讃岐権掾大中臣能宣・河内権少掾清原元輔・学生源順・近江少掾紀時文・御書所預坂上望城で、世に「梨壺の五人」と称される。歌数は1426首。成立時期は確定できないが、天暦9年前後とする説が有力。

名称（よみ）	時代区分	成立年
滑稽本 （こっけいぼん）	江戸後期	1804～ 1830年頃
『後奈良院御撰何曾』 （ごならいんぎょせんなぞ）	室町時代	1516年
『古本説話集』 （こほんせつわしゅう）	平安後期	1126～ 1201年
『小町踊』 （こまちおどり）	江戸前期	1665年
『コリャード羅西日辞書』 （こりゃーどらせいにちじしょ）	江戸前期	1632年
『金光明最勝王経』 （こんこうみょうさいしょうおうきょう）	奈良時代	8世紀
『金光明最勝王経音義』 （こんこうみょうさいしょうおうきょうおんぎ）	平安中期	1079年頃
『今昔物語』 （こんじゃくものがたり）	平安後期	1120年頃
『催馬楽』 （さいばら）	平安前期	859年頃
『作庭記』 （さくていき）	平安中期	1040年頃
『狭衣物語』 （さごろもものがたり）	平安中期	1069～ 1077年頃か
『実隆公記』 （さねたかこうき）	室町時代	1474～ 1536年

解説
江戸後期、文化・文政期（1804〜1830）を中心に行われた小説の一種。江戸の町人の日常生活に取材し、主として会話を通じて人物の言動の滑稽さを描写した。十返舎一九の「東海道中膝栗毛」、式亭三馬の「浮世風呂」「浮世床」など。
日本最初のなぞなぞ集。後奈良天皇編。1冊。172題の謎を収める。文字遊戯や地口の類が多い。
説話集。題簽、内題がなく、本来の書名は不明。仮題が定着している。編者未詳。前半に和歌説話46話、後半に仏教説話24話を収める。『今昔物語集』や『宇治拾遺物語』と共通の説話も多い。
俳諧。絵師・俳人の野々口立圃撰。
ラテン語・スペイン語・日本語対訳辞書。スペインの宣教師、コリャード（1589頃〜1641）編。
10巻。四天王（してんのう）をはじめとする諸天善神（しょてんぜんしん）による国家鎮護（こっかちんご）を説く経典。唐の義浄（ぎじょう）が長安3年（703）に漢訳し、日本には8世紀に伝えられた。
経典辞書。1冊。著者未詳。『金光明最勝王経』の巻音義で、436の漢字を掲出し、字音注、意義注を記し、万葉仮名で和訓を付す。
説話集。31巻。現存28巻。源隆国や覚猷（鳥羽僧正）を編者とする説があるが、未詳。12世紀初めの成立。天竺（てんじく）（インド）・震旦（しんたん）（中国）・本朝（日本）の3部に分かれ、一千余の説話を収める、日本最大の古説話集。
歌謡の一種。上代の民謡などを外来の唐楽の曲調にのせたもの。笏拍子（しゃくびょうし）・笙（しょう）・篳篥（ひちりき）・竜笛（りゅうてき）・琵琶・箏（そう）を伴奏とする。歌詞は律25首、呂（りょ）36首が残るが、曲は室町時代に廃絶、現在10曲ほど復興。
造園秘伝書。1巻。九条良経著と伝えられてきたが疑問。橘俊綱著とされる。造園上の用語、禁忌について述べる。
物語。4巻。作者は禖子（ばいし）内親王宣旨（せんじ）とされる。狭衣大将の、源氏宮との遂げられぬ恋を中心とした恋愛生活を描く。
公卿、三条西実隆の日記。朝廷や幕府を中心とする政治史の史料。当時の文化を知る上でも重要。

名称（よみ）	時代区分	成立年
『更級日記』 （さらしなにっき）	平安中期	1059年頃
『山家集』 （さんかしゅう）	平安後期	1185年頃か
『山谷詩集鈔』 （さんこくししゅうしょう）	江戸前期	1647年
『三国伝記』 （さんごくでんき）	室町時代	1407〜 1446年頃
『三体詩幻雲抄』 （さんたいしげんうんしょう）	室町時代	1527年
『四河入海』 （しがにっかい）	室町時代	1534年
『史記抄』 （しきしょう）	室町時代	1477年
『繁千話』 （しげしげちわ）	江戸中期	1790年
『七十一番職人歌合』 （しちじゅういちばんしょくにんうたあわせ）	室町時代	1500年頃
『十訓抄』 （じっきんしょう）	鎌倉時代	1252年
『悉曇要集記』 （しったんようじゅうき）	平安中期	1075年

解説
日記。1巻。菅原孝標女（たかすえのむすめ）著。作者13歳の寛仁4年（1020）、父の任国上総（かずさ）から帰京する旅に始まり、51歳で夫の橘俊通と死別するころまでの回想記。
平安末期の歌僧・西行法師の私家集。3巻。歌数は約1560首。別に『異本山家集』、『西行法師家集』と呼ばれるものがあり、『山家集』との重複歌を含む。
20巻。宋の黄庭堅（こうていけん、號は山谷、1045～1105）の詩集の解説・註釈書。
説話集。沙弥玄棟（しゃみげんとう）編。全12巻、各巻30話、合計360話を収録。インド、中国、日本の説話が順繰りに配置されている。
中国の詩集「三体詩」の注釈書の一つ。月舟寿桂（号は幻雲）編。『三体詩』巻1の七言絶句172首について注釈を施したもの。
抄物の一つ。25巻。室町後期の蘇軾（東坡）詩の注釈書。笑雲清三（しょううんせいさん）編。蘇軾の漢詩の注釈で、瑞渓周鳳（ずいけいしゅうほう）・大岳周崇（たいがくしゅうすう）・一韓智翃（いっかんちこう）・万里集九（ばんりしゅうく）の四人の説を集約して自説を加えたもの。
臨済宗の僧、桃源瑞仙著。中国の歴史書『史記』に関する講義の内容を講義口調で記録したもの。
洒落本。山東京伝作。寛政の改革（1787～1793年）で洒落本が発禁になり、京伝は手鎖てぐさり50日の刑を受け、以後は読本を書いた。
中世に作られた職人歌合の一つ。71番、142種の職人が登場。歌数は465首。絵の空白に職人の所作や表情に合った会話が記されている。室町時代の職人資料として貴重。
説話集。3巻10編。編者未詳。菅原為長説と六波羅二﨟左衛門入道説がある。約280の説話を集めた少年用の啓蒙書。
悉曇（梵字）に関する書物。寛智（かんち）著。2巻。

名称（よみ）	時代区分	成立年
洒落本 （しゃれぼん）	江戸中期	1751～ 1818年頃
『拾遺和歌集』 （しゅういわかしゅう）	平安中期	1005年～ 1007頃
『自由学校』 （じゆうがっこう）	昭和	1950年
『正倉院文書』 （しょうそういんもんじょ）	奈良時代	756年
『将門記』 （しょうもんき／まさかどき）	平安中期	11世紀初期
『女学世界』 （じょがくせかい）	明治	1909年
『続日本紀』 （しょくにほんぎ）	平安前期	797年
『書言字考節用集』 （しょげんじこうせつようしゅう）	江戸中期	1717年
『心中刃は氷の朔日』 （しんじゅうやいばはこおりのついたち）	江戸中期	1709年
『新撰字鏡』 （しんせんじきょう）	平安前期	898～ 901年
『信長公記』 （しんちょうこうき）	室町時代	1598年頃

解説
近世後期小説の一様式。宝暦（1751〜1764）頃、上方に起こり、のち江戸で発達。田舎老人多田爺作、明和7年（1770）頃刊の『遊子方言』で体裁を整え、山東京伝の活躍で頂点を迎えたが、寛政の改革（1787〜1793）以後衰微し、文化（1804〜1818）頃で終わる。遊里での遊興を主な題材とし、遊里の内部や恋のてくだを写実的に描く。
三番目の勅撰集。三代集の一つ。20巻。撰者、成立未詳。1351首の歌を収める。万葉歌や紀貫之、大中臣能宣、清原元輔の歌などを多く収める。
小説。獅子文六著。終戦後の社会や道徳のゆがみを風刺した作品。
奈良東大寺正倉院校倉の伝来文書。奈良時代の写経所の文書が一括して残ったもの。総数約1万点といわれる。紙背文書に戸籍など当時の社会を知る史料を含む。
軍記物語。1巻。作者未詳。承平5年（935）の一族の合戦から、天慶3年（940）の平将門の叛乱の内容を記す。近年では事件のかなりのち、11世紀初期に、史料をもとに創作をも加えてまとめられた文学作品とみる説が強くなっている。
女学生向け雑誌。明治34年（1901）1月に創刊され、大正14年（1925）6月、第25巻第6号、全350冊を刊行して廃刊となった。博文館発行。編集主任は長期間松原岩五郎（二十三階堂）がつとめたが、のち岡村千秋と交代。女子に必要な事柄を網羅し、知・徳・情を兼ね備えた良妻賢母の育成を目的とした教養雑誌。
官撰国史。六国史（りっこくし）の第二番目で『日本書紀』につぐ。40巻。文武元年〜延暦10年（697〜791）の95年間にわたる編年体の記録。『続紀』とも。
近世節用集の一つ。10巻13冊。最初に語を意味により「乾坤」から「数量」までの14大門、および附1大門に分け、それぞれの部門では、語の第1音節をいろは順に配列する。この点で室町以前の節用集とは配列の原理が異なる。
近松浄瑠璃。竹本座初演。
現存する日本最古の漢和辞書。12巻。昌住著。漢字約2万3千を偏・旁などによって分類・排列し、字音・意義・和訓を記したもの。
近世初期の伝記。16巻。織田信長の右筆、太田牛一著。織田信長の一代を編年体で記したもの。

名称（よみ）	時代区分	成立年
『新編常陸国誌』 （しんぺんひたちこくし）	江戸後期	1818～1830年頃
『新訳華厳経音義私記』 （しんやくけごんきょうおんぎしき）	奈良時代	奈良時代末
『醒睡笑』 （せいすいしょう）	江戸前期	1623年
『西洋衣食住』 （せよういしょくじゅう）	明治	1867年
『世間胸算用』 （せけんむなざんよう）	江戸前期	1692年
『世俗諺文』 （せぞくげんぶん／せぞくげんもん）	平安中期	1007年
『節用集』 （せつようしゅう）	室町時代	1469年頃から
『千載和歌集』 （せんざいわかしゅう）	平安後期	1188年
『艸山集』 （そうざんしゅう）	江戸前期	1674年
『宗長日記』 （そうちょうにっき）	室町時代	1530～1531年
『総籬』 （そうまがき）	江戸中期	1787年
『曾我物語』 （そがものがたり）	南北朝	南北朝時代

解説
常陸国の史誌。江戸時代前期に編纂された『古今類聚常陸国誌』を補正・拡充するために書かれたもの。中山信名著。
新訳である『八十巻華厳経』についての音義。2巻。著者未詳。『八十巻華厳経音義』とも。奈良時代の国語資料。
咄本。8巻。安楽庵策伝（あんらくあんさくでん）著。戦国末期から近世にかけて語られていた1000余の笑話を42項に分け、集大成したもの。のちの咄本や落語に大きな影響を与えた。
木版刷和紙の小型一冊本。著者は片山淳之助となっているが、『福沢全集緒言』の末尾によると、他名を用いたけれども、今回は実名（福沢）諭吉の文字を現わすという。西洋人の用いる衣服、食器、室内調度品などの簡単な図入りの説明書。
浮世草子。5巻。井原西鶴作。大みそかを背景に、町人たちの生活の悲喜劇を描いた20話からなる。町人物の代表作。
源為憲の著作。藤原頼通のために編纂（へんさん）した俗諺（ぞくげん）集で、寛弘4年（1007）成立。全3巻中で現存するのは上巻のみ。
国語辞書。編者未詳。語の第1音節をいろは順に配置し、その下位は「天地」「時節」「草木」などの意味分類となっている。諸本に、黒本（くろもと）本、天正18年本・饅頭屋本・易林本・伊勢本などがある。
第七番目の勅撰和歌集。20巻。藤原俊成撰。後白河院の院宣による。歌数は流布本で約1288首。八代集の一つ。
漢詩文集。30巻目録1巻15冊。元政著。文348編、詩1044首を体別に収める。
宗祇の高弟、宗長（1448—1532）の旅日記。
洒落本。1冊。山東京伝作。作者の当り作の黄表紙『江戸生艶気樺焼（えどうまれうわきのかばやき）』(1785)の人物名をそのまま移している。吉原を中心とする社交界の最新の事情やトピックが描かれる。
軍記物語。仮名本は12巻。原作は伊豆・箱根関係の唱導僧と考えられている。曾我兄弟の敵（かたき）討ちを語ったもの。

名称（よみ）	時代区分	成立年
『続寒菊』 （ぞくかんぎく）	江戸中期	1780年
『続虚栗』 （ぞくみなしぐり）	江戸前期	1687年
『其袋』 （そのふくろ）	江戸前期	1690年
『大智度論』 （だいちどろん）	平安前期	877年
『太平記』 （たいへいき）	南北朝	1368～1375年頃
『大宝律令』 （だいほうりつりょう／たいほうりつりょう）	奈良時代	701年
『太陽』 （たいよう）	明治	1895～1928年
『竹取物語』 （たけとりものがたり）	平安前期	平安初期
『多識編』 （たしきへん）	江戸前期	1631年
『辰巳之園』 （たつみのその／たつみのえん）	江戸中期	1770年
『多聞院日記』 （たもんいんにっき）	室町時代	1478年～1618年
『中外抄』 （ちゅうがいしょう）	平安後期	1137～1154年

引用文献一覧（五十音順） 277

解説
俳諧。杏廬（きょうろ）編
俳諧撰集。2冊。其角編。漢詩文の影響の濃い前集『虚栗』に対して、和歌・連歌の有心正風体を志向し、『猿蓑』へ続く句風を示す。
俳諧撰集。2冊。服部嵐雪編。芭蕉・其角など嵐雪に親しい江戸蕉門の俳人の発句・歌仙を主として集録。
大品般若経（摩訶般若波羅蜜経）の注釈書。100巻。龍樹著と伝えられる。別称、摩訶般若釈論。智度論、智論、大論、釈論など。
南北朝時代の軍記物語。全40巻。小島法師作と伝えられるが未詳。後醍醐天皇の即位から、2代将軍足利義詮の死去と細川頼之の管領就任までの約50年間を描く。
律6巻・令11巻。律は刑法に相当し、令は行政法・訴訟法・民法・商法などを包含し、あわせて国家統治の根本法典となった。
全34巻531冊。博文館発行。総合雑誌。政治・軍事・経済・社会、自然科学全般・文学・風俗などを掲載。
物語。1巻。作者未詳。つくり物語の祖とされる。羽衣説話を軸に、化生説話、致富長者説話、求婚難題説話など各種説話を配して物語化したもの。
中国の本草学の紹介書。林羅山（1583〜1657）編。『本草綱目』（李時珍著）や『農書』（王禎著）などの漢籍から、名詞を抜き出し、対応する和名を記したもの。
洒落本。1冊。夢中散人寝言先生（むちゅうさんじんねごとせんせい）作。深川遊びを描いた最初の洒落本。
日記。46巻。奈良興福寺の塔頭（たっちゅう）多聞院の院主の手による。奈良・京都を中心とする政治・仏教・経済・文化・風俗の諸般にわたる文献史料。
関白太政大臣藤原忠実の談話を大外記中原師元が筆録したもの。上下2巻。保延3年（1137）より久寿元年（1154）の間の有職故実に関することや人物の逸話などを、かな交じり文で筆記。

名称（よみ）	時代区分	成立年
『中華若木詩抄』 （ちゅうかじゃくぼくししょう）	室町時代	1520年頃
『堤中納言物語』 （つつみちゅうなごんものがたり）	平安中期	1055年以降
『貫之集』 （つらゆきしゅう）	平安中期	10世紀中頃
『徒然草』 （つれづれぐさ）	鎌倉時代	1331年頃
『天正本節用集』 （てんしょうぼんせつようしゅう）	室町時代	1590年
『東海道中膝栗毛』 （とうかいどうちゅうひざくりげ）	江戸後期	1802～ 1809年
『東海道名所記』 （とうかいどうめいしょき）	江戸前期	1660年頃
『当世左様候』 （とうせいさようさ）	江戸中期	1776年
『東大寺諷誦文』 （とうだいじふじゅもん）	平安前期	830年頃
『東南院文書』 （とうなんいんもんじょ）	奈良時代	750年
『土左日記』（『土佐日記』） （とさにっき）	平安中期	935年頃
『杜詩続翠抄』 （としぞくすいしょう）	室町時代	1439年頃

解説
仏典や漢籍に詳細な注釈を施した口語体の書物。京都五山禅林で多く著された抄物の一つ。如月寿印著。中国人と日本人の七言絶句を交互に並べ261篇を集めて仮名抄を付している。
短編物語集。天喜3年（1055）女房小式部作の「逢坂越えぬ権中納言」以外は、作者・成立年代未詳。「虫めづる姫君」「よしなしごと」など10編と一つの断章からなる。
紀貫之の家集。1冊または2冊。三十六人集の一つ。成立年未詳。
随筆。2巻。卜部（吉田）兼好著。全244段から成り、作者の随想、見聞などを順不同に述べる。無常観に基づく人生観・世相観・風雅思想などがみられ、枕草子とともに随筆文学の双璧（そうへき）とされる。
伊勢本類に属する節用集の一本。版本節用集としては最古の天正18年（1590）の年紀を持つ。
滑稽本。18冊。十返舎一九作。北川式麿ほか画。彌次郎兵衛、喜多八の江戸から京坂への旅行記。言語・風俗などを精細に描いている。続編は文政5年（1822）まで続いた。
地誌的仮名草子。浅井了意作。絵入。6巻6冊。江戸から京都まで東海道を上る旅の中で、名所・旧跡を訪ね、土地の歴史・風俗などを紹介し、発句、狂歌をよむ。
洒落本。藩中館新五三著。
仏教の諷誦文の草案。筆者未詳。南都東大寺辺の僧により書写されたとみられる。『東大寺諷誦文稿』とも。
東大寺の印蔵に伝わった奈良時代から室町時代にわたる112巻の文書群。明治5年に皇室に献納されて正倉院に入ったもの。
紀行日記。1巻。紀貫之（きのつらゆき）著。承平4年12月21日、任国土佐を発して翌年2月16日に京都に着くまでの見聞を女性に仮託して仮名書きで作品化したもの。男性官人の漢文日記に対し、新しい仮名日記文学のジャンルを確立した。
臨済（りんざい）宗の僧、江西龍派（1375～1446）が杜甫の詩を講義したものを文叔真要が抄したもの。

名称（よみ）	時代区分	成立年
『虎明本狂言』 （とらあきらぼんきょうげん）	江戸前期	1642年
『浪花聞書』 （なにわききがき）	江戸後期	1819年頃
『波形本狂言』 （なみがたぼんきょうげん）	室町時代	室町末～ 近世初
『日蓮遺文』 （にちれんいぶん）	鎌倉時代	鎌倉時代
『日葡辞書』 （にっぽじしょ）	江戸前期	1603～ 1604年
『日本紀竟宴和歌』 （にほんぎきょうえんわか）	平安中期	943年頃
『日本書紀』 （にほんしょき）	奈良時代	720年
『日本霊異記』 （にほんりょういき／にほんれいいき）	平安前期	810～ 824年頃
人情本 （にんじょうぼん）	江戸後期	1818～ 1844年
『人天眼目抄』 （にんてんがんもくしょう）	室町時代	1471～ 1473年
『俳諧四季部類』 （はいかいしきぶるい）	江戸中期	1780年
『俳風柳多留』 （はいふうやなぎだる）	江戸中期	1765～ 1840年

引用文献一覧（五十音順） 281

解説

大蔵流最古の狂言台本。江戸初期の狂言師、大蔵虎明（1597～1662）筆。『虎明本狂言』は通称。正式名称は『狂言之本』。

方言書。著者不明。浪花言葉をいろは順に掲げ、江戸言葉を以て註したもの。

狂言台本の一つ。

日蓮（1222～1282）が書き遺した著作や書簡、図録など。

日本語をポルトガル語によって説明した辞書。原題：VocabvlariodaLingoadeIapam。2冊。イエズス会宣教師数名の共編。長崎学林刊。本篇は慶長8年(1603)、補遺は慶長9年（1604）刊。当時の口語を中心に約3万2800語を収録。

和歌集。宮中の『日本書紀』の講読終了に伴う宴会で、『書紀』の中の神・天皇・人について詠まれた和歌、83首を載せる。

日本最初の勅撰の歴史書。『日本紀（にほんぎ）』『書紀』とも。全30巻。天武天皇皇子の舎人親王（とねりしんのう）らが編纂。歌謡など一部を除いて漢文表記である。

日本最古の仏教説話集。正称は『日本国現報善悪霊異記』。3巻。薬師寺の僧、景戒撰。因果応報説話116篇を漢文体で記述。

江戸後期、文政（1818～1830）頃に発生し、天保期（1830～1844）を最盛期として、明治初期まで続いた近世小説の一様式。

注釈書。曹洞宗の僧川僧慧済が行なった「人天眼目」の講述を記したもの。中世東国地方の日本語の姿を伝える。

俳諧。勝見二柳（じりゅう）著、半化房闌更（はんかぼうらんこう）校、菅沼奇淵（すがぬまきえん）再訂。

川柳集。167冊。呉陵軒可有（ごりょうけんあるべし）ほか編。初代柄井川柳、以下五世まで代々の撰集。『川柳評万句合』から前句を省いても意味の通じる句を集めた小型本。

名称（よみ）	時代区分	成立年
『波多野流平家物語』 （はたのりゅうへいけものがたり）	江戸中期	18世紀
咄本 （はなしぼん）	江戸前期	1620～ 1789年頃
『花見車集』 （はなみぐるましゅう）	江戸中期	1705年
『播磨風土記』 （はりまふどき）	奈良時代	715年頃
『一幅半』 （ひとのはん）	江戸中期	1700年
『風俗文選』 （ふうぞくもんぜん）	江戸中期	1707年
『蕪村句集』 （ぶそんくしゅう）	江戸中期	1784年
『仏足石歌』 （ぶっそくせきか）	奈良時代	753年頃
『物類称呼』 （ぶつるいしょうこ）	江戸中期	1775年
『文明本節用集』 （ぶんめいぼんせつようしゅう）	室町時代	15世紀末～ 16世紀初頭
『平家物語』 （へいけものがたり）	鎌倉時代	13世紀前半
『保元物語』 （ほうげんものがたり）	鎌倉時代	鎌倉時代前期

解説
平曲の流派の一つ波多野流の譜本。波多野流は寛永（1624〜1644）のころ、波多野検校けんぎょうが創始。江戸の前田流に対して、主に京都で行われたが、今日には伝わらない。
落語・軽口・笑話などを書き集めた本。特に、江戸時代、短編の笑話の類を集めて、元禄期（1688〜1704）には半紙本五冊、天明期（1781〜1789）には小本一冊の形で出版され、広く流行した。
雑俳。青峰斎紅梅堂酔月編。
地方誌。1巻。稿本で解（げ）文風の体裁をもつ。地理、産物、古伝承などを記すが、未整理な状態を示す。
俳諧。路草庵乙孝（ろそうあんおつこう）編。
俳文集。10巻5冊。森川許六編。松尾芭蕉および蕉門俳人28人の俳文116編を集め、作者列伝を加えたもの。
俳諧句集。2冊。与謝蕪村（1716〜1783）作。几董（きとう）編。蕪村一周忌に際し、門人几董が868句を四季別に編んだもの。後編も企画されたが未刊。子規が取り上げて以来、蕪村自筆句帳が発見されるまで、蕪村の句の中心資料として大きな影響を与えた。
薬師寺の仏足跡歌碑に刻まれた歌。21首。およびそれと同じ歌体を持つ和歌。
方言辞書。5巻5冊。越谷吾山（会田秀真）編。各地の方言約500項目4000語を天地・人倫・動物・生植・器用・衣食・言語の七部門に分類し、考証・解説を加えたもの。
室町時代に成立した節用集の一写本。文明6年（1474）の成立と考えられていたが、後に、延徳2年（1490）の年記が見えることから、それ以降の成立であるとされるようになった。
軍記物語。作者・成立年ともに未詳。12世紀末の治承・寿永期（1177〜1185）の動乱を素材に、平家一門の興亡を描く。
軍記物語。3巻。著者未詳。鎌倉初期に原型が成立したらしい。保元元年（1156）に起こった保元の乱の顛末を、鎮西八郎為朝の活躍を中心に、和漢混淆文で活写した作品。

名称（よみ）	時代区分	成立年
『方丈記』 （ほうじょうき）	鎌倉時代	1212年
『法華経単字』 （ほけきょうたんじ）	平安後期	1136年
『法華経玄賛』 （ほけきょうげんさん）	平安中期	950年ごろ
『本草綱目啓蒙』 （ほんぞうこうもくけいもう）	江戸後期	1803〜1806年
『本草和名』 （ほんぞうわみょう）	平安中期	918年
『本朝文粋』 （ほんちょうもんずい）	平安後期	1060年頃
『本朝麗藻』 （ほんちょうれいそう）	平安中期	1008〜1010年頃
『枕草子』 （まくらのそうし）	平安中期	995〜1004年頃
『松屋会記』 （まつやかいき）	室町時代	1586〜1650年
『万葉集』 （まんようしゅう）	奈良時代	759年以降編纂
『御堂関白記』 （みどうかんぱくき）	平安中期	1021年頃
『名語記』 （みょうごき）	鎌倉時代	1275年

解説
随筆。1巻。鴨長明著。仏教的無常観を主題とし、都の大火・辻風・飢饉・疫病・地震・遷都等を描く。和漢混淆文。
法華経の音義書。1冊。著者未詳。法華経中の漢字一字（単字）ずつを出現順に並べて反切・声点・字音注・和訓を付した巻音義の一つ。
法華経の注釈書。10巻。基（慈恩）著。
本草書。48巻。小野蘭山述、小野職孝編。明の李時珍の『本草綱目』所収の動植鉱物に国産のものも加えて考証・解説を施し、整理・編集したもの。
本草書。2巻。深根輔仁撰。唐の『新修本草』に記載の薬物について異名・起源・用途などを解説し、和名を記した薬物辞典。
漢詩文集。全14巻。藤原明衡撰。嵯峨天皇から後一条天皇までの時代に生きた68人の漢詩文427編を収める。平安時代の文藻の粋を集め、後の文章家の模範となった。
漢詩集。高階積善（もりよし）編。全2巻。約200首。作者は具平（ともひら）親王、藤原伊周（これちか）、大江以言（もちとき）ら一条朝寛弘期の詩人をほぼ網羅して36名に及ぶ。
随筆。清少納言著。一条天皇皇后定子に仕えた宮中生活の体験をもとにした300余の章段からなる。『源氏物語』と並ぶ平安文学の双璧、随筆文学の代表とされる。
奈良の富商、通称松屋源三郎久政・久好・久重三代の茶会記。茶道成立期のようすを知るうえでもっとも貴重な資料の一つ。
現存最古の和歌集。20巻。約4500首。現存の形に近いものにまとめたのは大伴家持、成立は奈良時代の末頃とされる。短歌、長歌、旋頭歌（せどうか）、仏足石歌、連歌、東歌（あずまうた）、防人歌（さきもうたり）などを含む。
摂政太政大臣藤原道長の日記。道長は関白にはならなかった。「御堂」の名称は、晩年の道長が法成寺無量寿院を建立して「御堂殿」「御堂関白殿」と呼ばれたことによる後世の呼称である。長徳4年（998年）から治安元年（1021年）の間の記事。自筆本14巻は、現存する日本最古の自筆日記として貴重。
辞書。全10巻。経尊著。当時の通用語を音節数によって分類したものをさらにいろは順に配列し、問答体で語源説明を加えたもの。

名称（よみ）	時代区分	成立年
『明応本節用集』 （めいおうぼんせつようしゅう）	室町時代	1496年
『明徳記』 （めいとくき）	鎌倉時代	1392～ 1393年頃
『野狂集』 （やかんしゅう）	江戸前期	1650年
『山崎与次兵衛寿の門松』 （やまざきよじへえねびきのかどまつ）	江戸中期	1718年
『大和物語』 （やまとものがたり）	平安中期	947～ 957年頃
『大和本草批正』 （やまとほんぞうひせい）	江戸後期	1810年頃
『山の井』 （やまのい）	江戸前期	1648年
『野良立役舞台大鏡』 （やろうたちやくぶたいおおかがみ）	江戸前期	1687年
『夕霧阿波鳴渡』 （ゆうぎりあわのなると）	江戸中期	1712年
『淀鯉出世滝徳』 （よどごいしゅっせのたきのぼり）	江戸中期	1708年
『洛陽集』 （らくようしゅう）	江戸前期	江戸前期
『羅葡日辞書』 （らぽにちじしょ）	室町時代	1595年

引用文献一覧（五十音順）　287

解説
室町時代に成立した節用集の一写本。明応5年（1496）成立。『伊京集』に同じ。
軍記物語。3巻。作者未詳。明徳の乱（1391年）のいきさつを記したもの。乱の後ほどなく成立したといわれる。
俳諧。三浦定環（三浦為春、1573〜1652）著。三浦為春は安土桃山時代から江戸時代初期にかけての武将だが、歌人、文人としても知られている。
近松浄瑠璃。竹本座初演。
歌物語。170余段。作者は花山院、敦慶親王女房大和など諸説ある。『伊勢物語』が作り物語、日記文学への移行を示すのに対し、説話文学への契機を持つといわれる。
本草書。貝原益軒が編纂した本草書。『大和本草』（1709年刊行）を小野蘭山が講議し、井岡桜泉が記録したもの。
俳諧季寄せ。五冊。北村季吟著。主要な季題114語について、異称・類語等を注記、内容解説等を記し、例句をあげたもの。
評判記。役者や舞台の評判を記したもの。
近松浄瑠璃。竹本座初演。
近松浄瑠璃。竹本座初演。
俳諧集。浜川自悦編著。自悦は村季吟門下から西山宗因風に転じ、京都談林派の主要なひとりとなる。
イタリア人のアウグスチノ会士カレピノ（カレピヌス）の『羅伊辞典』（1502年）のラテン語に日本語を当てた辞書。天草学林刊。ラテン語見出しにポルトガル語で語釈、日本語類義語を記載する。約3万語。

名称（よみ）	時代区分	成立年
『俚言集覧』 （りげんしゅうらん）	江戸中期	1797年頃
『凌雲集』 （りょううんしゅう）	平安前期	814年
『令義解』 （りょうのぎげ）	平安前期	833年
『令集解』 （りょうのしゅうげ）	平安前期	859〜 877年頃
『類聚名義抄』 （るいじゅみょうぎりょう）	平安後期	平安末
『六波羅殿御家訓』 （ろくはらどのごかくん）	鎌倉時代	13世紀中期
『ロドリゲス日本大文典』 （ろどりげすにほんだいぶんてん）	江戸前期	1604〜 1608年
『無論里問答』 （ろんのないさともんどう）	江戸中期	1776年
『和英語林集成』 （わえいごりんしゅうせい）	明治	1867〜 1910年
『和漢三才図会』 （わかんさんさいずえ）	江戸中期	1712年
『和訓栞』 （わくんのしおり）	江戸中期	1777〜 1887年

解説
国語辞書。26巻。太田全斎著。石川雅望の『雅言集覧』に対するもので、俗語・方言・諺の類を集成、五十音図の横列の順に排列、語釈を施す。同じ著者の俗諺集『諺苑』をもとにしたもの。
『凌雲新集』。略して『凌雲集』という。1巻。日本最初の勅撰漢詩文集。小野岑守（みねもり）・菅原清公・勇山文継（いさやまのふみつぐ）撰。延暦元年（782）から弘仁5年（814）までの作品91首を配列。
養老令の官撰の注釈書。10巻30編。うち2編は欠けて伝わっていない。額田今足（ぬかだのいまたり）の建議で勅命により清原夏野・菅原清公ら12人の編。
法制書。50巻（現存36巻）。惟宗直本著。養老令に関する私撰の注釈書で、先行の諸注釈書を集成し、さらに直本の説を加えたもの。
漢和辞典。法相（ほっそう）宗の僧侶の編で、院政期の成立かという。和訓に声点が付されており、平安時代のアクセントを知るのに貴重。原撰本系の「書陵部本」と改編本系の「高山寺本」「観智院本」「蓮成院本」「西念寺本」とがあるが、完本は「観智院本」だけである。
北条重時が子孫に遺した家訓。43ヵ条。子息長時に対して、一家の主人としての心構えや、世間との交わりのときの注意を処世訓として記したもの。
当時の日本の口語文法をポルトガル語によって記述したもの。原題：ArtedaLingoadeIapam。ロドリゲス著。長崎で刊行。
洒落本。百尺亭竿頭著。
幕末に出版された日本最初の和英・英和の部からなる辞典。一冊。Ｊ＝Ｃ＝ヘボン編。慶応3年（1867）の初版から明治34年（1910）の9版に及ぶ。ローマ字表記の日本語の見出しに片仮名と漢字表記を添え、英語の説明を加えたもの。明治19年（1886）の第三版で用いられた日本語のローマ字のつづり方を「ヘボン式」という。和英の部には二万を越える日本語を収める。
図入り百科事典。全105巻。寺島良安著。明の王圻（おうき）撰になる『三才図会』にならい、和漢古今の万物を天・地・人三才に分け、それぞれに絵図を付し漢文で簡潔に解説したもの。
国語辞書。93巻82冊。谷川士清（ことすが）編。古語・雅語・俗語・方言など、語を五十音順（第二音節まで）に配列、語釈・出典・用例を示す。日本最初の近代的国語辞書とされる。一般に、井上頼圀・小杉榲邨増補改正の『増補語林和訓栞』3冊が流布している。

名称（よみ）	時代区分	成立年
『和玉篇』 （わごくへん）	室町時代	15世紀後半
『倭語類解』 （わごるいかい）	江戸中期	17世紀後～ 18世紀初
『和名類聚抄』 （わみょうるいしじゅしょう）	平安中期	934年頃

解説
漢和字書。3巻。編者・成立年未詳。漢字を部首により分類、片仮名で音訓を示す。通俗字書として流布した。
18世紀初頭に韓国で刊行された、日本語学習のための日本語辞書。
漢和辞書。十巻本と二十巻本とがある。源順（みなもとのしたごう）編。醍醐天皇皇女勤子内親王の令旨によって撰進された。『和名抄』とも。

引用文献一覧（時代順）

「名称（よみ）」「成立年」「解説」は主に「ジャパンナレッジ」を参考にして作成した。「時代区分」は「文化庁重要指定目録」の基準に従って作成された「前近代日本史時代区分表」に従った。
(chrome-extension://efaidnbmnnnibpcajpcglclefindmkaj/https://wwwap.hi.u-tokyo.ac.jp/ships-web-help/images/periodization.pdf)

名称（よみ）	成立年
奈良時代	
『大宝律令』 （だいほうりつりょう／たいほうりつりょう）	701年
『古事記』 （こじき）	712年
『播磨風土記』 （はりまふどき）	715年頃
『日本書紀』 （にほんしょき）	720年
『出雲風土記』 （いづもふどき）	733年
『東南院文書』 （とうなんいんもんじょ）	750年
『仏足石歌』 （ぶっそくせきか）	753年頃
『正倉院文書』 （しょうそういんもんじょ）	756年
『万葉集』 （まんようしゅう）	759年以降編纂
『新訳華厳経音義私記』 （しんやくけごんきょうおんぎしき）	奈良時代末
『金光明最勝王経』 （こんこうみょうさいしょうおうぎょう）	8世紀
平安前期	
『岩淵本願経四分律平安初期点』 （いわぶちぼんがんぎょうしぶんりつへいあんしょきてん）	平安初期
『竹取物語』 （たけとりものがたり）	平安初期

名称（よみ）	成立年
『続日本紀』 （しょくにほんぎ）	797年
『日本霊異記』 （にほんりょういき／にほんれいいき）	810〜 824年頃
『凌雲集』 （りょううんしゅう）	814年
『東大寺諷誦文』 （とうだいじふじゅもん）	830年頃
『令義解』 （りょうのぎげ）	833年
『催馬楽』 （さいばら）	859年頃
『令集解』 （りょうのしゅうげ）	859〜 877年頃
『大智度論』 （だいちどろん）	877年
『新撰字鏡』 （しんせんじきょう）	898〜 901年
『菅家文草』 （かんけぶんそう）	900年頃
平安中期	
石山寺本法華経玄賛平安中期点 （いしやまでらぼんほけきょうげんさんへいあんちゅうきてん）	平安中期
『古今和歌集』 （こきんわかしゅう）	914年頃
『本草和名』 （ほんぞうわみょう）	918年
『延喜式』 （えんぎしき）	927年
『和名類聚抄』 （わみょうるいじゅしょう）	934年頃
『土左日記』『土佐日記』 （とさにっき）	935年頃
『日本紀竟宴和歌』 （にほんぎきょうえんわか）	943年頃

名称（よみ）	成立年
『貫之集』 （つらゆきしゅう）	10世紀中頃
『大和物語』 （やまとものがたり）	947～ 957年頃
『法華経玄賛』 （ほけきょうげんさん）	950年ごろ
『後撰和歌集』 （ごせんわかしゅう）	955年前後
『伊勢物語』 （いせものがたり）	955年頃
『宇津保物語』 （うつぼものがたり／うつほものがたり）	970～ 999年頃
『蜻蛉日記』 （かげろうにっき）	974年
『落窪物語』 （おちくぼものがたり）	10世紀末
『枕草子』 （まくらのそうし）	995～ 1004年頃
『源氏物語』 （げんじものがたり）	1001～ 1014年頃
『和泉式部日記』 （いずみしきぶにっき）	1004年
『拾遺和歌集』 （しゅういわかしゅう）	1005年～ 1007頃
『世俗諺文』 （せぞくげんぶん／せぞくげんもん）	1007年
『将門記』 （しょうもんき／まさかどき）	11世紀初期
『本朝麗藻』 （ほんちょうれいそう）	1008～ 1010年頃
『御堂関白記』 （みどうかんぱくき）	1021年頃
『栄花物語』 （えいがものがたり）	1028～ 1092年頃
『作庭記』 （さくていき）	1040年頃

名称（よみ）	成立年
『和泉式部集』 （いずみしきぶしゅう）	11世紀中頃
『堤中納言物語』 （つつみちゅうなごんものがたり）	1055年以降
『更級日記』 （さらしなにっき）	1059年頃
『狭衣物語』 （さごろもものがたり）	1069〜 1077年頃か
『悉曇要集記』 （しったんようじゅうき）	1075年
『金光明最勝王経音義』 （こんこうみょうさいしょうおうきょうおんぎ）	1079年頃
『後拾遺和歌集』 （ごしゅういわかしゅう）	1086年
平安後期	
『本朝文粋』 （ほんちょうもんずい）	1060年頃
『大鏡』 （おおかがみ）	11世紀後半〜 12世紀前半
『今昔物語』 （こんじゃくものがたり）	1120年頃
『古本説話集』 （こほんせつわしゅう）	1126〜 1201年
『金葉和歌集』 （きんようわかしゅう）	1127年
『法華経単字』 （ほけきょうたんじ）	1136年
『中外抄』 （ちゅうがいしょう）	1137〜 1154年
『玉葉』 （ぎょくよう）	1164〜 1200年
『色葉字類抄』『伊呂波字類抄』 （いろはじるいしょう）	1177〜 1181年
『山家集』 （さんかしゅう）	1185年頃か
『千載和歌集』 （せんざいわかしゅう）	1188年

名称（よみ）	成立年
『類聚名義抄』 （るいじゅみょうぎりょう）	平安末
鎌倉時代	
『吾妻鏡』 （あづまかがみ）	1180～ 1266年
『保元物語』 （ほうげんものがたり）	鎌倉時代前期
『小倉百人一首』 （おぐらひゃくにんいっしゅ）	13世紀前半
『平家物語』 （へいけものがたり）	13世紀前半
『方丈記』 （ほうじょうき）	1212年
『古事談』 （こじだん）	1212～ 1215年頃
『宇治拾遺物語』 （うじしゅういものがたり）	1220年頃
『愚管抄』 （ぐかんしょう）	1221年頃
『閑居友』 （かんきょのとも）	1222年頃
『海道記』 （かいどうき）	1223年
『六波羅殿御家訓』 （ろくはらどのごかくん）	13世紀中期
『十訓抄』 （じっきんしょう）	1252年
『古今著聞集』 （ここんちょもんじゅう）	1254年
『名語記』 （みょうごき）	1275年
『日蓮遺文』 （にちれんいぶん）	鎌倉時代
『徒然草』 （つれづれぐさ）	1331年頃
『明徳記』 （めいとくき）	1392～ 1393年頃

名称（よみ）	成立年
南北朝	
『太平記』 （たいへいき）	1368〜 1375年頃
『曾我物語』 （そがものがたり）	南北朝時代
室町時代	
『三国伝記』 （さんごくでんき）	1407〜 1446年頃
『看聞御記』 （かんもんぎょき）	1416〜 1448年
『旱霖集』 （かんりんしゅう）	1422年
『杜詩続翠抄』 （としぞくすいしょう）	1439年頃
『下学集』 （かがくしゅう）	1444年
『古今連談集』 （ここんれんだんしゅう）	1444〜 1448年頃
『節用集』 （せつようしゅう）	1469年頃から
『人天眼目抄』 （にんてんがんもくしょう）	1471〜 1473年
『実隆公記』 （さねたかこうき）	1474〜 1536年
『史記抄』 （しきしょう）	1477年
『御湯殿上日記』 （おゆどののうえのにっき）	1477年〜 1682年
『多聞院日記』 （たもんいんにっき）	1478年〜 1618年
『温故知新書』 （おんこちしんしょ）	1484年
『明応本節用集』 （めいおうぼんせつようしゅう）	1496年
『和玉篇』 （わごくへん）	15世紀後半

名称（よみ）	成立年
『文明本節用集』 （ぶんめいぼんせつようしゅう）	15世紀末〜 16世紀初頭
『七十一番職人歌合』 （しちじゅういちばんしょくにんうたあわせ）	1500年頃
『大上臈御名之事』 （おおじょうろうおんなのこと）	16世紀前か
『後奈良院御撰何曾』 （ごならいんぎょせんなぞ）	1516年
『中華若木詩抄』 （ちゅうかじゃくぼくししょう）	1520年頃
『三体詩幻雲抄』 （さんたいしげんうんしょう）	1527年
『宗長日記』 （そうちょうにっき）	1530〜 1531年
『四河入海』 （しがにっかい）	1534年
『運歩色葉集』 （うんぽいろはしゅう）	1548年
『玉塵抄』 （ぎょくじんしょう）	1558〜 1570年
『松屋会記』 （まつやかいき）	1586〜 1650年
『天正本節用集』 （てんしょうぼんせつようしゅう）	1590年
『天草版平家物語』 （あまくさばんへいけものがたり）	1592年
『花屋抄』 （かおくしょう）	1594年
『羅葡日辞書』 （らぽにちじしょ）	1595年
『易林本節用集』 （えきりんぼんせつようしゅう）	1597年
『信長公記』 （しんちょうこうき）	1598年頃
『波形本狂言』 （なみがたぼんきょうげん）	室町末〜 近世初

名称（よみ）	成立年
江戸前期	
『日葡辞書』（にっぽじしょ）	1603〜1604年
『ロドリゲス日本大文典』（ろどりげすにほんだいぶんてん）	1604〜1608年
『甲陽軍鑑』（こうようぐんかん）	17世紀初
咄本（はなしぼん）	1620〜1789年頃
『醒睡笑』（せいすいしょう）	1623年
『多識編』（たしきへん）	1631年
『コリャード羅西日辞書』（こりゃーどらせいにちじしょ）	1632年
『毛吹草』（けふきぐさ）	1638年
『虎明本狂言』（とらあきらぼんきょうげん）	1642年
『山谷詩集鈔』（さんこくししゅうしょう）	1647年
『山の井』（やまのい）	1648年
『かた言』（かたこと）	1650年
『野犴集』（やかんしゅう）	1650年
『東海道名所記』（とうかいどうめいしょき）	1660年頃
『狂言記』（きょうげんき）	1660〜1730年
『赤烏帽子』（あかえぼし）	1663年
『犬子集』（えのこしゅう）	1663年
『小町踊』（こまちおどり）	1665年

名称（よみ）	成立年
『一休咄』 （いっきゅうばなし）	1668年
『貝おほひ』 （かいおおい）	1672年
『艸山集』 （そうざんしゅう）	1674年
『洛陽集』 （らくようしゅう）	江戸前期
浮世草子 （うきよぞうし）	1682～ 1781年頃
『好色五人女』 （こうしょくごにんおんな）	1686年
『続虚栗』 （ぞくみなしぐり）	1687年
『野良立役舞台大鏡』 （やろうたちやくぶたいおおかがみ）	1687年
『曠野』 （あらの）	1689年
『其袋』 （そのふくろ）	1690年
『世間胸算用』 （せけんむなざんよう）	1692年
江戸中期	
『倭語類解』 （わごるいかい）	17世紀後～ 18世紀初
『一幅半』 （ひとのはん）	1700年
『奥の細道』 （おくのほそみち）	1702年
『軽口御前男』 （かるくちごぜんおとこ）	1703年
『花見車集』 （はなみぐるましゅう）	1705年
『風俗文選』 （ふうぞくもんぜん）	1707年
『淀鯉出世滝徳』 （よどごいしゅっせのたきのぼり）	1708年

名称（よみ）	成立年
『心中刃は氷の朔日』 （しんじゅうやいばはこおりのついたち）	1709年
『和漢三才図会』 （わかんさんさいずえ）	1712年
『夕霧阿波鳴渡』 （ゆうぎりあわのなると）	1712年
『折たく柴の記』 （おりたくしばのき）	1716年頃
『書言字考節用集』 （しょげんじこうせつようしゅう）	1717年
『傾城酒呑童子』 （けいせいしゅてんどうじ）	1718年
『山崎与次兵衛寿の門松』 （やまざきよじへえねびきのかどまつ）	1718年
『浮世親仁形気』 （うきよおやじかたぎ）	1720年
洒落本 （しゃれぼん）	1751～ 1818年頃
『俳風柳多留』 （はいふうやなぎだる）	1765～ 1840年
『辰巳之園』 （たつみのその／たつみのえん）	1770年
『異本郭中奇譚』 （いほんかくちゅうきたん）	1772年
『御伽話』 （おとぎばなし）	1773年
『物類称呼』 （ぶつるいしょうこ）	1775年
『甲駅新話』 （こうえきしんわ）	1775年
『一話一言』 （いちわいちげん）	1775～ 1822年頃
『無論里問答』 （ろんのないさともんどう）	1776年
『当世左様候』 （とうせいさようさ）	1776年

名称（よみ）	成立年
『和訓栞』 （わくんのしおり）	1777〜 1887年
『続寒菊』 （ぞくかんぎく）	1780年
『俳諧四季部類』 （はいかいしきぶるい）	1780年
『蕪村句集』 （ぶそんくしゅう）	1784年
『総籬』 （そうまがき）	1787年
『繁千話』 （しげしげちわ）	1790年
『俚言集覧』 （りげんしゅうらん）	1797年頃
『波多野流平家物語』 （はたのりゅうへいけものがたり）	18世紀
江戸後期	
『東海道中膝栗毛』 （とうかいどうちゅうひざくりげ）	1802〜 1809年
『本草綱目啓蒙』 （ほんぞうこうもくけいもう）	1803〜 1806年
滑稽本 （こっけいぼん）	1804〜 1830年頃
『浮世風呂』 （うきよぶろ）	1809〜 1813年
『大和本草』 （やまとほんぞう）	1810年頃
『新編常陸国誌』 （しんぺんひたちこくし）	1818〜 1830年頃
人情本 （にんじょうぼん）	1818〜 1844年
『浪花聞書』 （なにわききがき）	1819年頃
『明烏後の正夢』 （あけがらすのちのまさゆめ）	1821〜 1824年
『仮名文章娘節用』 （かなまじりむすめせつよう）	1831〜 1834年

名称（よみ）	成立年
『閑情末摘花』 （かんじょうすえつむはな）	1839〜 1841年
『於路加於比』 （おろかおひ）	1859〜 1860年頃
『英和対訳袖珍辞書』 （えいわたいやくしゅうちんじしょ）	1862年
明治	
『西洋衣食住』 （せいよういしょくじゅう）	1867年
『和英語林集成』 （わえいごりんしゅうせい）	1867〜 1910年
『太陽』 （たいよう）	1895〜 1928年
『女学世界』 （じょがくせかい）	1909年
昭和	
『自由学校』 （じゆうがっこう）	1950年

執筆者の現職
木部暢子（きべ・のぶこ）：人間文化研究機構機構長
　　　　　　　　　　　　　（元国立国語研究所副所長）
中澤光平（なかざわ・こうへい）：信州大学人文学部講師
中西太郎（なかにし・たろう）：東北大学文学部准教授
平子達也（ひらこ・たつや）：南山大学人文学部准教授

起源でたどる日本語表現事典

　　　　　　　　　　　令和 6 年 12 月 25 日　発　行

編著者　　木　部　暢　子

　　　　　中　澤　光　平
著作者　　中　西　太　郎
　　　　　平　子　達　也

発行者　　池　田　和　博

発行所　　丸善出版株式会社
　　　　　〒101-0051 東京都千代田区神田神保町二丁目17番
　　　　　編集：電話（03）3512-3264／FAX（03）3512-3272
　　　　　営業：電話（03）3512-3256／FAX（03）3512-3270
　　　　　　　　https://www.maruzen-publishing.co.jp

Ⓒ Nobuko Kibe, Kohei Nakazawa, Taro Nakanishi, Tatsuya Hirako, 2024

組版印刷・精文堂印刷株式会社／製本・株式会社 松岳社

ISBN 978-4-621-31035-9　C 3581　　　　　Printed in Japan

JCOPY 〈(一社)出版者著作権管理機構 委託出版物〉
本書の無断複写は著作権法上での例外を除き禁じられています．複写される場合は，そのつど事前に，(一社)出版者著作権管理機構（電話 03-5244-5088, FAX 03-5244-5089, e-mail: info@jcopy.or.jp）の許諾を得てください．